名家通识讲座书系

丝路文明
十五讲

□　张信刚　著

北京大学出版社

PEKING UNIVERSITY PRESS

图书在版编目（CIP）数据

丝路文明十五讲/张信刚著. —北京：北京大学出版社，2018. 11
（名家通识讲座书系）
ISBN 978 - 7 - 301 - 29762 - 9

Ⅰ. ①丝… Ⅱ. ①张… Ⅲ. ①丝绸之路—文化史 Ⅳ. ①K203

中国版本图书馆 CIP 数据核字（2018）第 177948 号

书　　　名	丝路文明十五讲
	SILU WENMING SHIWU JIANG
著作责任者	张信刚　著
责 任 编 辑	张　晗
标 准 书 号	ISBN 978 - 7 - 301 - 29762 - 9
出 版 发 行	北京大学出版社
地　　　址	北京市海淀区成府路 205 号　100871
网　　　址	http://www. pup. cn　新浪微博：@北京大学出版社
电 子 信 箱	pkuwsz@126. com
电　　　话	邮购部 010 - 62752015　发行部 010 - 62750672
	编辑部 010 - 62767315
印 刷 者	大厂回族自治县彩虹印刷有限公司
经 销 者	新华书店
	965 毫米 × 1300 毫米　16 开本　17.5 印张　242 千字
	2018 年 11 月第 1 版　2022 年 12 月第 2 次印刷
定　　　价	52. 00 元

"名家通识讲座书系"
编审委员会

编审委员会主任

许智宏(原北京大学校长　中国科学院院士　生物学家)

委　员

许智宏

刘中树(原吉林大学校长　教育部中文学科教学指导委员会主任　教授　文学理论家)

张岂之(原西北大学校长　清华大学教授　历史学家)

董　健(原南京大学副校长、文学院院长　教授　戏剧学家)

李文海(原中国人民大学校长　教育部历史学科教学指导委员会主任　中国人民大学教授　历史学家)

章培恒(原复旦大学古籍研究所所长　教授　文学史家)

叶　朗(原北京大学艺术系主任　教育部哲学学科教学指导委员会主任　教授　美学家)

徐葆耕(原清华大学中文系主任　教授　作家)

赵敦华(原北京大学哲学系主任　教授　哲学家)

温儒敏(原北京大学中文系主任　原北京大学出版社总编辑　教授　文学史家　中国现代文学学会会长)

执行主编

温儒敏

"名家通识讲座书系"总序

本书系编审委员会

"名家通识讲座书系"是由北京大学发起,全国十多所重点大学和一些科研单位协作编写的一套大型多学科普及读物。全套书系计划出版100种,涵盖文、史、哲、艺术、社会科学、自然科学等各个主要学科领域,第一、二批近五十种将在2004年内出齐。北京大学校长许智宏院士出任书系的编审委员会主任,北大中文系主任温儒敏教授任执行主编,来自全国各学科领域的一大批权威专家主持各书的撰写。到目前为止,这是同类普及性读物和教材中学科覆盖面最广、规模最大、编撰阵容最强的丛书之一。

本书系的定位是"通识",是高品位的学科普及读物,能够满足社会上各类读者获取知识与提高素养的要求,同时也是配合高校推进素质教育而设计的讲座类书系,可以作为大学本科生通识课(通选课)的教材和课外读物。

素质教育正在成为当今大学教育和社会公民教育的趋势。为培养学生健全的人格,拓展与完善学生的知识结构,造就更多有创新潜能的复合型人才,目前全国许多大学都在调整课程,推行学分制改革,改变本科教学以往比较单纯的专业培养模式。多数大学的本科教学计划中,都已经规定和设计了通识课(通选课)的内容和学分比例,要求学生在完成本专业课程之外,选修一定比例的外专业课程,包括供全校选修的通识课(通选课)。但是,从调查的情况看,许多学校虽然在努力建设通识课,也还存在一些困难和问题:主要是缺少统一的规划,到底应当有哪些基本的通识课,可能通盘考虑不够;课程不正规,往往因人设课;课量不足,学生缺少选择的空间;更普遍的问题是,很少有真正适合通识课教学的教材,有时只好用专业课教材替代,影响了教学效果。一般来说,综合性大学这方面情况稍好,其他普通的大学,特别是理、工、医、农类学校因为相对缺少这方面的教学资源,加上很少有可供选择的教材,开设通识课的困难就更大。

这些年来,各地也陆续出版过一些面向素质教育的丛书或教材,但无论数量还是质量,都还远远不能满足需要。到底应当如何建设好通识课,使之能真正纳入正常的教学系统,并达到较好的教学效果? 这是许多学校师生普遍关心的问题。从 2000 年开始,由北大中文系主任温儒敏教授发起,联合了本校和一些兄弟院校的老师,经过广泛的调查,并征求许多院校通识课主讲教师的意见,提出要策划一套大型的多学科的青年普及读物,同时又是大学素质教育通识课系列教材。这项建议得到北京大学校长许智宏院士的支持,并由他牵头,组成了一个在学术界和教育界都有相当影响力的编审委员会,实际上也就是有效地联合了许多重点大学,协力同心来做成这套大型的书系。北京大学出版社历来以出版高质量的大学教科书闻名,由北大出版社承担这样一套多学科的大型书系的出版任务,也顺理成章。

编写出版这套书的目标是明确的,那就是:充分整合和利用全国各相关学科的教学资源,通过本书系的编写、出版和推广,将素质教育的理念贯彻到通识课知识体系和教学方式中,使这一类课程的学科搭配结构更合理,更正规,更具有系统性和开放性,从而也更方便全国各大学设计和安排这一类课程。

2001 年年底,本书系的第一批课题确定。选题的确定,主要是考虑大学生素质教育和知识结构的需要,也参考了一些重点大学的相关课程安排。课题的酝酿和作者的聘请反复征求过各学科专家以及教育部各学科教学指导委员会的意见,并直接得到许多大学和科研机构的支持。第一批选题的作者当中,有一部分就是由各大学推荐的,他们已经在所属学校成功地开设过相关的通识课程。令人感动的是,虽然受聘的作者大都是各学科领域的顶尖学者，不少还是学科带头人，科研与教学工作本来就很忙，但多数作者还是非常乐于接受聘请，宁可先放下其他工作，也要挤时间保证这套书的完成。学者们如此关心和积极参与素质教育之大业，应当对他们表示崇高的敬意。

本书系的内容设计充分照顾到社会上一般青年读者的阅读选择，适合自学；同时又能满足大学通识课教学的需要。每一种书都有一定的知识系统，有相对独立的学科范围和专业性，但又不同于专业教科书，不是专业课的压缩或简化。重要的是能适合本专业之外的一般大学生和读者，深入浅出地传授相关学科的知识，扩展学术的胸襟和眼光，进而增进学生的人格素养。本书系每一种选题都在努力做到入乎其内，出乎其外，把学问真正做活了，并能加以普及，因此对这套书的作者要求很高。我们所邀请的大都是那些真正有学术建树，有良好的教学经验，又能将学问深入浅出地传达出来的重量级学者，是请"大家"来讲"通识"，所以命名为"名家通识讲座书系"。其意图就是精选名校名牌课程，实现大学教学资源共享，让更多的学子能够通过这套书，亲炙名家名师课堂。

本书系由不同的作者撰写，这些作者有不同的治学风格，但又都有共同的追求，既注意知识的相对稳定性，重点突出，通俗易懂，又能适当接触学科前沿，引发跨学科的思考和学习的兴趣。

本书系大都采用学术讲座的风格，有意保留讲课的口气和生动的文风，有"讲"的现场感，比较亲切、有趣。

本书系的拟想读者主要是青年，适合社会上一般读者作为提高文化素养的普及性读物；如果用作大学通识课教材，教员上课时可以参照其框架和基本内容，再加补充发挥；或者预先指定学生阅读某些章节，上课时组织学生讨论；也可以把本书系作为参考教材。

本书系每一本都是"十五讲"，主要是要求在较少的篇幅内讲清楚某一学科领域的通识，而选为教材，十五讲又正好讲一个学期，符合一般通识课的课时要求。同时这也有意形成一种系列出版物的鲜明特色，一个图书品牌。

我们希望这套书的出版既能满足社会上读者的需要,又能够有效地促进全国各大学的素质教育和通识课的建设,从而联合更多学界同仁,一起来努力营造一项宏大的文化教育工程。

目 录

第一讲

文明的起源和特质

大约十万年前现代智人走出非洲和一万年前的农业革命是人类文明的起源。全球八个独立发展出农业的地区和欧亚大陆上的四个古代文明将人类引入文明时代。文明可以是一个具有空间、时间、人群、态势这几个变量的函数，具有互动性、延续性和多样性。

文明的发生

文明当然是人创造出来的。那么人是怎么来的呢？现在多数的考古学家都认为人是从东非走出来的。东非大裂谷出现后，气候发生变化，一些本在树上生活的猿类需要下地，在东非大草原上寻找食物。大约 750 万年前从猿类中分化出原始人类(hominid)，他们的后裔经过长期进化之后开始用后肢走路。原始人类空出来的上肢可以做许多事，而且一旦直立行走，颈骨和脊椎可以承受较大的重量，因此原始人类的脑容量逐渐增加，头颅越来越重。

图 1－1 是我在埃塞俄比亚的国家博物馆拍的照片。1974 年，在埃塞俄比亚发现了一副骨骼，学者判断属于 320 万年前的一名女性，给她取名叫"露西"；她属于"Australopithecus afarensis"，即南方古猿阿法种。猿类的前

图 1-1 "露西"化石

肢仍然比较长,它们用后肢走路时身体平衡还不够好,每走两三步就需要用前肢触地。英文把这个动作叫作knuckle walking(用指节走路)。露西的上肢明显比下肢短很多,已经不方便用她的指节帮助走路。除此之外,考古学家还在肯尼亚的岩石上找到一些人类两脚走路的足印,时间大约是 220 万年前。人类出自东非的说法,主要就是根据这些证据。

现代智人(Homo sapiens)大约是10 万年前从非洲走出来,先到西亚,再分散到欧亚大陆各地。学者们称这些人为现代智人,因为他们和我们已经没有解剖学上的区别,能够用很发达的喉部声带发出许多不同的声音,形成了语言。这些现代人类以 20—30 人为一小群,四处活动,以捕捉动物和采集果实为生。

那么文明又是什么呢? 文明其实就是一种生活方式。文明作为中文词是最近一百年才开始使用的,并没有很明确的定义;它实际上是英语和不少欧洲语言里"civilization"这个单词的对应词, 指城市生活。"文明"这个词的意义和"文化"并不相同,但是在中文里时常被互相替换。"文化"这个汉语词也是最近一个世纪才开始使用的。当然"文"和"化"两个字在汉文古籍里就有一种意思:"文"就是"纹",指的是陶器上的花纹;"化"是改变的意思。比较高雅的审美观和思想,可以改变和陶冶人,因此"以文化人"是指用文学、艺术陶冶人,这就是现代汉语里"文化"二字的根源。而"文化"这个现代词汇是拉丁文 cultura(耕耘)的对应词;耕耘和城市生活方式都始自下面要讲到的"农业革命",因此并没有严格的区分。

大约 10000 年前西亚地区有些人从以打猎、捕鱼和采集果实、谷类为生转变到有意识地种植谷类和饲养动物，开始了"农业革命"。后来某些气候合宜、水源充足的地区的农业收获比较丰裕，因而粮食充足，可以养活更多的人；那里的人便开始聚居，建立市镇，使一部分人可以从事农业以外的工作，如手工业、祭祀、战斗等。多数历史学家认为这是文明的开端。而过惯了城市生活的人就认为以其他方式生活的人是"野蛮的"，自己才是"文明的"。文明出现后，开始有了文字、法律、庙宇以及管理庙宇的人，这就形成了文明社会。既然在西方语言里"文明"和"文化"都源自农业活动，两者之间也就没有严格的区分。18、19 世纪，当欧洲学者热衷于讨论这些问题的时候，他们对"文明"和"文化"这两个词也经常分辨不清。

按法国历史学者布罗代尔（F. Braudel）的说法，文明大致是指在一个大区域内，比较有长久性、持续性的生活方式，这可以包括物质文明（关于人与自然界）、政治文明（关于人和人）以及精神文明（关于人的内心）。范围小一些，时间短一些的，也更加抽象一些的（如意识形态和社会风气），称之为文化。比如说 5000 年来的中华文明是"文明"，4000 年前的龙山文化就叫"文化"。有时文化还可以更加具有局限性，比如说微软公司有自己公司的文化，但不能说微软公司有它自己的文明。当人们说文明交往的时候，指的是大规模的、长时段的两种以上不同文明的接触，包括碰撞和交融。至于文化交流，可以指不同文化的人相互切磋。比如说，一些人会唱歌剧，另一些人会拉胡琴，还有些人会跳印度舞，当他们在一起彼此观赏，相互切磋时就发生了文化交流。

人类的文明跟利用动植物是分不开的。当人们采集果实、谷类，发现某几种食物可以发芽，于是主动加以种植培育的时候，农耕便出现了；农业是利用植物来改善人类生活质量的生活方式。人在打猎、捕鱼之余，能够把某些动物饲养起来，甚至把它们驯化，这就是畜牧。从畜牧开始，人就发现可以带着牛、羊、马等动物到处迁徙，这就开始了游牧的生活方式，或称游牧文明。农耕需要人定居在一个地方，至少要等到种植的作物成熟。这就是农耕的生活方式,或称农耕文明。游牧文明和农耕文明的关系始终是欧亚大陆历史的一个主题,两者之间有冲突,也有互相学习,彼此融合。

全世界早期的文明大多产生于欧亚大陆上,为什么呢？第一,从非洲东部到阿拉伯半岛北方,再到两河流域,甚至再向东到伊朗高原,纬度比较相近,从非洲走到这些地方,气温不会相差太远,各地的动植物也可能比较相似,有利于这些早期人类的存活。而从非洲东北部向非洲南部甚至是美洲走的话,则路途遥远;而且因为南北向的温度改变可能很大,原来习惯采集的植物和捕猎的动物可能无处可觅。第二,牛、羊、马、驴、骆驼等大型并且又可以被人类驯化的动物,主要生活在欧亚大陆上,其他地区除了南美洲曾利用羊驼之外,都没有可以驯化的大型动物。在撒哈拉以南的非洲,大型动物都是不能驯化的狮、虎、豹、犀牛、斑马、长颈鹿等。可以说,人类文明跟动物分不开,是我们改变了某些动物的自然进化方式,利用了这些动物,才得以发展出人类的文明。

游牧文明的主要交通工具是马。人类最早驯化马匹大概是6000年前在黑海之北的南俄罗斯草原上,原本是为了吃它的肉。但是后来发现马有不少本事,就改变了它的用途。马的耳朵很长,还能转动方向,听觉十分灵敏;两只眼睛在头的两侧,视角很宽;脖子很长,头高昂时能够看得很远。(一般而言,人没有马高,两只眼睛只能向前看,侧视范围不广,因此视觉不如马。)马的记性很好,能认路,所以我们常说老马识途。马被驯化不久,人就发明了车轮,于是让马拉车,后来因为要打仗,又让马拉战车,这更凸显了马对人的重要性。再后来人发明了马镫,可以骑在马背上,用缰绳和马镫操纵它,让它冲锋陷阵,战斗结束后还靠它认路回营地。

重要家畜驯化时间表

物种	距今年数	地点
狗	12000	西南亚、中国
绵羊	10000	西南亚

物种	距今年数	地点
山羊	10000	西南亚
猪	10000	中国、西南亚
奶牛	8000	西南亚、印度
马	6000	乌克兰
驴	6000	埃及
水牛	6000	中国
双峰驼	4500	中亚
单峰驼	4500	阿拉伯半岛

上表列出的是不同动物被驯化的时间和地点。狗最早被驯化,大约是在12000年前(从考古遗迹看,人类驯化狗并不是为了吃它的肉,可能就是要它做伴)。羊在10000年前被驯化。马和驴是6000年前被驯化,而驴和马繁殖出骡则是较晚的事。水牛大概也是6000年前被驯化的。骆驼有两种,一种是单峰,一种是双峰,彼此不能交配繁殖。单峰骆驼是阿拉伯骆驼,双峰骆驼主要生活在中亚,英文叫bactrian camel(意为大夏人的骆驼);在甘肃、内蒙古和新疆看到的都是中亚骆驼。

地图1-1显示出,农业是在全世界八个不同的地方独立发生的,分别是中美洲、南美洲安第斯地区、南美亚马逊河流域、西非、苏丹非洲、西南亚、东南亚、东亚。从农业的传播来说,北美洲和南美洲素来有联系,各自都有农业发生,但独立于欧亚大陆上的农业。非洲虽有独立发源的农业地区,但除了在非洲大陆内部传播之外,也曾和欧亚两洲有过交往。西南亚、非洲、南亚、东南亚和东亚虽然各自都出现过原始的农业,但是彼此借鉴比较频繁,因此文明的发展比较迅速。

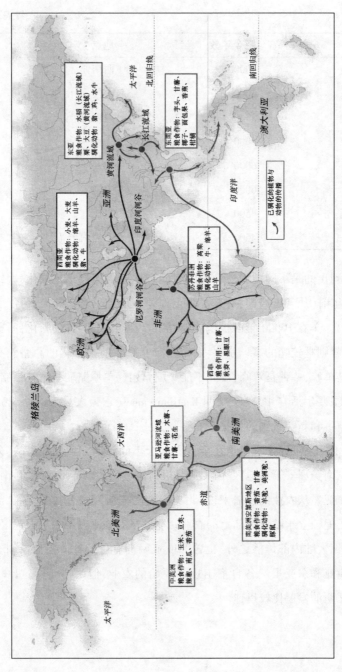

地图 1－1　农业的起源和早期传播

四个早期文明

下面我举四个早期文明的例子,就是许多人都知道的四大古代文明,它们都是农耕社会创造出来的。欧亚大陆上的农耕社会一般都会发展出一套书写系统,有发达的手工业和商业,也有城郭和庙宇等。

早期游牧社会一般都没有城市,也没有自己的书写系统。但他们传播扩散了很多对人类文明产生深远影响的工具,比如铁器。铁器最早出现于埃及或西亚,公元前11世纪时赫梯人已经使用铁制兵器了,后来通过游牧者的传播,南亚和东亚等地也出现了铁器。

从早期欧亚大陆看,不论是东亚中国人的社会、西亚波斯人的社会,还是希腊罗马人的社会,都认为居住在自己北方的游牧人口不文明,称他们为野蛮人。在英语里,"野蛮"这个词是"barbarism",这是因为古代希腊人觉得北方游牧人口讲话很不清楚,认为他们只是在 bar-bar 地叫嚷,所以就用这个模仿野蛮人说话声音的词表达野蛮的意思,进而影响到英语。

美索不达米亚文明

全世界最早出现的文明起源于距今6000年前的美索不达米亚(Meso-potamia),在今天的伊拉克-叙利亚一带。美索不达米亚是希腊语"河流之间地区"的意思,所以中文又称为"两河流域",即底格里斯河和幼发拉底河之间的地带。

全世界最早的文字是苏美尔人约5500年前发明的楔形文字(见图1-2),是在美索不达米亚出现的。楔形文字是用尖锐的工具在泥制的平板上刻出来的,最近一百多年发现了很多,在欧美几个主要的博物馆和巴格达的博物馆里都有收藏。在美索不达米亚附近地区使用过的几种不同的楔形文字大都已经被破译。

统治美索米亚的苏美尔人和稍迟的阿卡德人(Akkadians)、亚摩利人

图 1-2　楔形文字的泥板书

(Amorites)(建造了古巴比伦城)十分注重天文观察,并由此发明了历法。他们将一天分为两个 12 小时,每小时 60 分钟;黄道 12 宫(Zodiac)的概念也来自美索不达米亚。

图 1-3
萨尔贡青铜头像

图 1-4
乌尔王旗

图 1-5
亚述象牙雕刻

图 1-6
汉谟拉比法典

上面的四张图片,从左到右,图1-3是阿卡德国王萨尔贡(Sargon)的青铜人头像,是世界最早的人头铜像(公元前28世纪)。图1-4是早期乌尔(Ur)的王旗。乌尔在美索不达米亚南部,距离今巴格达不远。历史上最出名的乌尔人是说一种闪米特语的亚伯拉罕(Abraham),他带领游牧的族人从乌尔迁徙到今天的巴勒斯坦。根据希伯来《圣经》和伊斯兰教的《古兰经》,他的子孙包括希伯来(犹太)人和阿拉伯人。图1-5是公元前8世纪,亚述帝国时期的象牙雕像,描绘的是带翅膀的斯芬克斯,是在尼姆德(Nimrud)的宫殿里发现的。图1-6是刻有古巴比伦国王汉谟拉比所颁布的法典的石柱,距今约3800年;《汉谟拉比法典》最早把法律用文字记载下来,很清楚地规定什么样的罪要怎么罚,其中贯彻着一种"买家自付"和"以牙还牙"的思想;后来罗马的法典受到过它的影响。

尼罗河河谷文明

第二古老的文明是尼罗河河谷文明。埃及人创造的古文明离不开尼罗河,而埃及历史一般是从公元前3150年尼罗河的上游(上埃及)和下游(下埃及)统一讲起;埃及的象形文字大约也是从这时开始。在此后两千多年里,埃及人创造了辉煌的文明,其遗址包括许多建于不同时代的金字塔、装饰别致的木乃伊、精致传神的塑像、细腻而悦目的绘画以

地图1-2 尼罗河河谷及附近区域

图 1-7 收获谷物的男女

及富有神秘感的象形文字（图1-7中一对男女收获谷物图像的背景即象形文字）。

总体来说,埃及的古代文明平和而安详,其最主要的元素是宗教;它影响到政治、文学、建筑、艺术和日常生活的方式。虽然埃及文明开始的时间和美索不达米亚文明相差只有几百年,而且彼此一向有不少联系,但是两者却有显著的差别。这基本上可以用地理环境来解释。一方面,美索不达米亚的气候令人不适,两条河流不定期地泛滥,让人觉得自然界无助于生活。此外,美索不达米亚位于宽阔的平原上,自然环境不利于防止外来者的进犯,所以这里的居民需要随时准备军事行动。另一方面,埃及的尼罗河则很靠得住,有助于人类的生产生活。河两岸的土壤非常肥沃,每年夏天的泛滥不但会及时退去,让农民得以耕作,河水还会带来新的富有养分的淤泥,令土地肥沃。此外,尼罗河谷四周都是沙漠,因此埃及几乎没有受外敌侵犯的威胁。两相对照下,埃及神像往往带着微笑就不难理解了。

图 1-8 罗塞塔石碑及碑身文字

埃及古文字的破解是19世纪的事。拿破仑率领法国军队于1798年入侵埃及之前，已经有差不多1000年的时间没有人认识埃及的古文字了——因为公元7世纪之后埃及开始伊斯兰化、阿拉伯化，原来的文字便渐渐被废弃。法军入侵后，有法国军人在尼罗河三角洲的一个村庄里发现了一块石碑，后来学者们就以这个村庄的名字为这块石碑命名，即罗塞塔石碑（Rosetta Stone）。石碑上刻着三种文字，上部是古埃及象形文字（Hieroglyphic），中间是公元前4世纪亚历山大入侵埃及之前广泛使用的通俗埃及文字（Demotic），石碑的下部则是亚历山大部将托勒密家族统治埃及时使用的古希腊文（Ancient Greek）。由于许多19世纪的欧洲学者都通晓古希腊文，这就使他们可以利用这个线索来破解另外两种文字。一位法国军官和一位英国学者最早破解了象形文字，接着大批欧洲学者继续破译埃及各地保存的古文字，形成了埃及学（Egyptology），令今人对古代尼罗河谷的文明有相当明确的认识。

印度河河谷文明

第三古老的文明在印度河河谷（主要在今天的巴基斯坦）产生。印度河河谷的古文明早于现在大家所熟悉的婆罗门教或印度教文明。婆罗门教文明的起始应该在3500年前，大批浅肤色、高鼻梁、深眼眶的雅利安人，驾着牛车从今天阿富汗一带进入印度河流域以及恒河流域，渐次征服了印度次大陆上的原居民达罗毗荼人（Dravidians），先是在北印度，后来在南印度逐渐建立和推广了自己的信仰体系、社会制度和书写系统。

图1-9
印度河流域出土方形印章

图1-10
印度流河流域出土陶器

图1-11
因陀罗像

地图1-3　雅利安人迁入印度

但是在7000—8000年前,印度河流域就有相当发达的农业了。20世纪初期,考古学家在印度河流域发掘出4500年前的相当发达的城市,有下水道和公共浴室,还有方形的平面印章(图1-9)和圆柱形的滚动印章;后者的时代大约是在4500年前,与美索不达米亚所发掘的滚动印章类似。还有5000年前的绘有一只水鸟的陶制器皿(图1-10)。

印度河河谷的古代文明早于雅利安人入侵至少一千年,学者至今仍然无法知晓这个文明的创造者是什么人,他们的文明为何会消失,以及雅利安人入侵时,在印度河河谷有没有遭遇这个文明继承者的抵抗。但是大部分学者都同意,印度河河谷文明对世界的一大贡献是棉花的种植和利用。

由于事实不清楚,我们说印度是一个文明古国的时候有两层含义。一是3500年前进入印度的雅利安人所创造的以吠陀经(Vedas)为基础的婆罗门教、耆那教、佛教以及后来演绎出来的许多被统称为印度教的信仰和礼仪,这些当然是古文明(图1-11是雅利安人的战神因陀罗[Indra]的塑像);二是指这之前更古老的文明,也就是神秘消失了的印度河河谷文明。

黄河河谷文明

黄河河谷是世界上第四个古代文明区,位于黄河中下游的黄土丘陵区和华北平原上;城市在黄河河谷出现大概是 4000—3500 年前,有可能是在还没有获得充分考古实证的夏代。但商代肯定已经出现了城市,这可以殷墟和甲骨文为证。

与上述的三个古代文明不同,这里的粮食作物最早是粟米,没有小麦。因为黄河河谷文明是欧亚大陆上四大古代文明中最晚出现的,所以出现不久之后,小麦、马匹、青铜器、战车和历法就传到了黄河流域。(在极为偶然

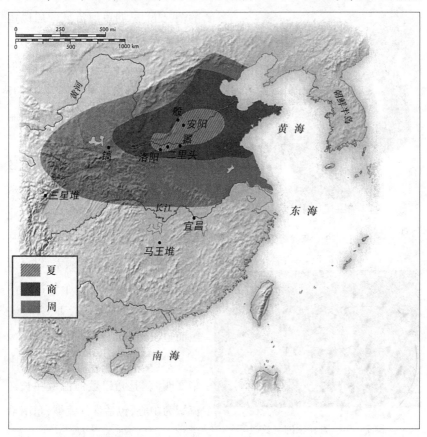

地图 1-4　夏商周时期的黄河流域文明

图 1 - 12 甲骨文

图 1 - 13 商代青铜器

图 1 - 14 有轮辐的马拉战车

的情况下,早期黄河流域的居民也有可能对西亚的早期发明完全不知情而自己创造了历法和青铜器,但是几乎不可能独立地在黄河流域开始种植小麦并驯化和培育马匹、制造战车。)

以粟米为主要作物的黄河流域与以稻米为主要作物的长江流域从青藏高原一直延伸到太平洋,彼此平行且距离很近。所以从很早开始,这两大地区就交往频繁,以至于在 3000 年前出现了一个包括这两个流域的规模巨大的农业经济体,因而也出现了近于统一的国家。

我们一般说的"源远流长的中华文明"就是指以黄河流域和长江流域为中心,包括珠江流域,东南沿海诸河流域、淮河流域,以及山东、河北、辽宁各河谷及平原区的三千多年前即已形成、在此后不断拓展、至今仍然持续的经济与文化体系。所以在研究世界文明史时,单独讨论黄河河谷的文明,可能会突出一点而不及其余;就中国历史而言,强调黄河河谷文明的作用则忽略了中华文明很早便由多元走向一体的基本事实。

然而,黄河河谷与这些水域毕竟也有不同之处。从地理上看,黄河上游和河套地区接近蒙古高原与河西走廊。而这两个地区恰巧是连通中国中原地区与西亚地区的枢纽。早期的游牧民族吐火罗人(Tokharian)和稍后的斯基泰人(Scythian)是从北亚草原越过阿尔泰山进入新疆北部与蒙古高原西部的;华夏族很可能与他们有过接触,也可能是通过狄、戎、羌等古代民族间接地接触到他们,从而得到源自西亚的小麦、马匹、青铜器和战车等器物。这就使黄河流域比长江、珠江流域的人口更早地掌握到西亚的先进农业、牧业和冶金技术,使黄河流域的人口有力量整合黄河流域以外的广大地区。

值得一提的是利用蚕茧造丝的发源地。虽然长江流域下游(今日江苏、浙江之间的良渚文化)出土了5000年前的丝织物,但黄河流域的人口必然很早也已经能够生产丝绸。由于黄河与长江流域的早期经济与文化整合,目前很难确认哪里的人最早养蚕和利用蚕茧造丝。黄河流域很早就有丝绸的佐证很多。第一,古代汉字中"纟"字旁的字数量极多,说明丝在很早期已经通行于黄河流域。第二,《诗经·卫风·氓》用"氓之蚩蚩,抱布贸丝"开篇,而且诗中几次用桑叶、桑葚做比喻,更证明了这一点。卫国在

图1-15 马王堆出土丝旗

今天河北与河南交界的地区,那里的一个男子于两千七八百年前为了追求一个女子而抱着一捆币帛假装和她家人买丝,可见种植桑树和造丝在当时的卫国已经十分普遍。

综观以上四个例子可见,所有早期文明都是沿着江河而起。美索不达米亚和尼罗河河谷彼此交往很多;印度河河谷与美索不达米亚也应该有过直接往来。由于路途遥远,兼有高山和沙漠的阻隔,黄河河谷地区和前三个文明区在早期缺乏直接交往;但是通过草原游牧人口的间接联系,东西亚古代文明的交往仍然极为可能。

文明的特质

多样性

前面提及的历史学家布罗代尔是 20 世纪法国"年鉴学派"的领军人。

图 1-16　伊斯坦布尔的天主教堂

年鉴学派在历史研究的方法上对欧洲的历史学界产生了颇大的冲击。他们认为,地理环境对历史的影响非常重要,而那些政治军事的细节研究却不能使我们对人类历史有真正的了解。布罗代尔搜集了大量的历史资料,在第二次世界大战时的德国战俘营里以五年时间写了《地中海与菲利普二世时代的地中海世界》,说明欧洲经济的发展、社会以及文化的变迁与地理环境分不开。我个人相当赞赏这个观点。他晚年写了一本《文明史纲》,提到上文讲过的文明和文化的区别。

　　文明是某种大面积、长时段的生活方式的表现。我举几个例子来说明文明的多样性。图1-16是伊斯坦布尔的一个天主教堂；伊斯坦布尔是土耳其最重要的都市，而这座教堂是意大利人获得允许在以伊斯兰教立国的奥斯曼帝国的首都修建的。

　　另一个法国学者列维-施特劳斯（C. Levi-Strauss）于二战前到巴西住了多年并做了许多田野调查，后来写了一本书叫《忧郁的热带》。他在一个亚马逊丛林部落中，发现这些部落居民的智商和科学能力都很强，但由于环境的限制，他们走不出那片丛林。所以他们就对附近的野草分类，命名了200多种不同的草，差不多每个人都能叫得出这些草的名字。事实上，这些草和他们根本没有什么关系，是好奇心和智力需求驱使他们对这些草进行分类研究。

　　列维-施特劳斯研究的结果是，亚马逊河流域那些所谓的野蛮人虽然几乎都衣不蔽体，只以吹箭作为武器，但是他们跟一个法国索邦大学的教授并没有智能上的差异，只有教育水平的区别。他自己在法国受到那样的教育，所以他有那样的知识。而这些"野蛮人"在亚马逊大

图1-17　吴哥窟

丛林里面，没有找到一个能够逃出他们所在环境的方法，而他们的地理环境不允许他们做其他的事情。这是热带的悲伤，也是一种文明多样性的表现。

　　图1-17是我在柬埔寨的吴哥窟里拍到的照片。吴哥窟这座宏伟华丽的建筑群，不知道是因为疟疾还是气候的变化，在最近几个世纪里被丛林湮没了。因为南宋的士兵曾经到过柬埔寨，吴哥窟这幅壁画上有一些人作南宋士兵的打扮，证据是他们头上的发髻和武器都是南宋样式的。

　　图1-18是我在巴黎看到的用阿拉伯文举行宗教仪式的天主教叙利亚教会巴黎教区座堂的铭牌。叙利亚不只有伊斯兰教，还有叙利亚东正教、天

图 1－18　巴黎的天主教叙利亚教会
　　　　　座堂铭牌

主教叙利亚教会,以及使用古叙利亚文的基督教东方教会,它的历史比天主教会还早。

巴黎的叙利亚教会座堂、吴哥窟的南宋士兵壁画、伊斯坦布尔的天主教堂和巴西亚马逊丛林部落的生物学知识,这些明显都体现了不同文明的交往。

东正教非常注重仪式,信众在华丽多彩的偶像前面诵经祈祷,并且经常会触摸圣像以祈福。图 1－19 明显具有东正教的艺术风格,表现圣母玛利亚抱着小耶稣。图 1－20 是东正教里曾经风行一时的破坏圣像运动的遗迹。9 世纪时,可能是受到当时强势的伊斯兰教坚决反对偶像崇拜的影响,在东正教文明里也出现了毁坏偶像的运动。这个运动的理论和犹太教以及伊斯兰教的大致相同,即上帝是无形无相的,不应该把上帝画出一个人的样子来加以崇拜。所以这些毁坏偶像的人就用一个十字架和一些几何图形把原来教堂里的圣像遮起来。他们当时把不少教堂里的装饰都改变了。文明具有多样性,即使在同一个文明系统里面,在不同的时段也有不同的表现。

图 1－19　东正教风格的圣母子像

图 1－20　破坏圣像运动遗迹

互动性

公元前 14 世纪，在中东的肥沃新月和周围地区同时有六个说不同语言的王国。今天伊朗西部的埃兰（Elam）王国是由操印欧语系伊朗语的部族建立的；在今天伊拉克两河流域的古巴比伦王国这时已经式微，由最后一批亚摩利人统治，但当时的通用语言是阿卡德语；在巴比伦北方则是操一种闪米特语的新兴强国亚述（Assyria）；亚述之北是米坦尼（Mitanni）王国，统治阶层来自黑海北岸，说一种印欧语，但国内多数人说的是既非印欧语也非闪米特语的胡里安语（Hurrian）；在米坦尼之西是曾经非常强大的操西部印欧语的赫梯（Hittite）王国；赫梯的西南是新王国时期的埃及，说的则是非亚（含闪）语系的古埃及语。

赫梯王国和东边的米坦尼王国在公元前 1380 年签订了一个协议，是世界上最早的国际条约之一。这两个邻国本来有领土纠纷，但是赫梯为了专心应付西南方的埃及，不愿意与东边的米坦尼继续冲突；米坦尼则为了应付来自南方的亚述的压力，也决定不与赫梯冲突。于是，两国正式签订了用楔

地图 1 - 5　前 1800—前 600 年的美索不达米亚

形文字写成的和平条约;双方承诺遵守条约,并对自己的神灵发誓,如有违背,必将遭到惩罚。从两国发誓的对象可以看出,这两个国家的统治阶层应该都有早期印欧语部落的文化传统,因为他们各自神祇的名字很近似,而且都有一对翅膀。

属于尼罗河文明的埃及新王国在 3300 年前与晚期的赫梯王国有长期互动。它们持续争锋将近一百年,曾在今日叙利亚境内的古城卡迭石(Kadesh)发生一场激烈的战斗。然后两国开始和好,并且于公元前 1300 年前后签订了和平条约:其中一份以阿卡德楔形文字写成,刻在黏土板上;另一份以埃及象形文字写成,刻在当时的埃及首都卢克索(Luxor)的王宫墙壁上。双方保证永久和平,子孙后世不得违背;互相允诺遣返对方的难民和罪犯,并且有义务帮助对方平定叛乱。立约双方宣布向一千位男女神灵以及天、地、海、风等立誓。

后来,赫梯公主嫁给了埃及国王,这位埃及皇后还用楔形文字写信给赫梯皇后。信写在一块黏土板上,为了防止别人看到信的内容,还特别在信的外面用另外一层泥做成“信封”,在泥“信封”上刻上收信者的名字。等信送到收信人的手里,她用榔头先把信封敲碎,再细读内容。

图 1 - 21 波斯波利斯遗址的浮雕

图 1 - 21 中的浮雕发现于今天伊朗西南部波斯波利斯(Persepolis)最早的波斯帝国王宫遗址。在秦始皇统一中国 300 多年之前(公元前 539 年),波斯的居鲁士国王击败埃兰(Elam),建立了波斯王国;他的继承人大流士(Darius)又修建了规模宏大的波斯波利斯作为首都。波斯帝国设立了 20 个行省;这 20 个行省的范围,不小于当时秦始皇统治的领土。那个时候许多不同民族和王国的人要去向波斯国王进贡,这一小片浮雕表现的

是一队留大胡子的人牵着双峰骆驼前来送礼。所以,当我们看世界古文明的时候,不应该总是强调我们多么古老。我们的确是延续性最强的,也是今天人口最多的文明古国,但不是最古老的。

图1-22　狮心王理查与萨拉丁

图1-22描述的是中世纪欧洲骑士作战的方法。双方骑着马,握着长矛,冲向对手,被刺中跌下马者输。在这幅画里,左边的英国国王狮心王理查用长矛刺中了从十字军手里收复耶路撒冷的萨拉丁——当时埃及和叙利亚的统治者;画面显示后者身体后仰,立刻就要坠马。但是历史事实是萨拉丁从未在个人的角斗中被理查打败过。二人曾经通过书面方式进行谈判,却从来没有见过面。狮心王理查发现无法用武力重夺耶路撒冷,就在1192年撤军回欧洲,萨拉丁则是1193年因病在叙利亚去世。这幅画说明,在文明的互动中,也往往存在偏见、误解和恶意宣传。

图1-23绘于萨拉丁死后大约一个世纪,蒙古人统治波斯时期。内容是说元朝学者带着历史书到波斯,献给蒙古伊利汗。中国的历史书本

图1-23　中国学者觐见伊利汗

来就多,但是此前恐怕很少传到波斯。统治中原的蒙古大汗叫人送书给同是蒙古人的伊利汗(蒙古文意为"子辈汗王"),使他了解历史是很有可能的事。由于蒙古人在 13 世纪末期同时征服了中国和波斯这两大文明古国,以至于这两者之间的互动增加,这是文明互动的另一种形态。

图 1-24　回鹘字母拼写的蒙古文书信

图 1-24 是一封用回鹘字母拼写的蒙古文书信。11 世纪末,欧洲的天主教徒在教皇的鼓励下,对东方的伊斯兰世界连续发动十字军东征,占领了耶路撒冷,并且在黎凡特(叙利亚、黎巴嫩、以色列、巴勒斯坦等地)建立了若干个拉丁王国。但是,如上所述,十字军东征的最后结果是十字军被萨拉丁的军队击败,失去在黎凡特的占领地,最终于 13 世纪退回到西欧。

13 世纪中叶蒙古人在旭烈兀的指挥下西征伊拉克和叙利亚,几乎占领了伊斯兰世界的核心地带。但是旭烈兀只打到叙利亚北部便率领主力部队回师,参加即将举行的推选大汗的高层会议;他所留下的少量兵力非但不足以继续南下耶路撒冷,还被取代萨拉丁统治埃及与叙利亚的马木留克军队打败。

第四任伊利汗阿鲁浑得知法国的圣殿骑士(Templars)曾经占领过耶路撒冷,法国国王圣路易(路易九世,1214—1270)也曾建议和蒙古联盟,但是十字军最终被马木留克军队击败,于是在 1289 年写了一封信给法国的菲利普国王(英俊的菲利普)。信中建议双方军队在大马士革集结,共同攻打耶路撒冷,打下来之后平分战利品,但耶路撒冷可以由基督教徒占领。这封信由一个意大利商人作为特使带到法国,但法国的反应不积极。等到那位意大利特使按计划去英国寻求联盟也失败之后回到波斯时,阿鲁浑已然去世。1304 年,继阿鲁浑成为伊利汗的完者都又写了一封信给英俊的菲利普,再次交给那个意大利特使带到巴黎,但法国人此时更加不想到东方冒险。这两封信现在都保存在法国国家图书馆。图1-24那封蒙古文写的信有什么特色呢？在信里有三处盖了有"辅国安民之宝"六个汉字的国玺。这是北京的忽必烈大汗为册封在波斯的伊利汗,特别赐给他的玉玺。前后两位伊利汗写信给法国国王的时候,都没有忘记盖上用汉字篆刻的玉玺。这是文明互动的一则趣事。

延续性

图1-25是法国科学院的入口处。我有一次应邀参加法国科学院的年会,看到法国科学院门口有穿图中所示的军装、亮出军刀的迎宾仪仗队。这是因为法国科学院创立于拿破仑时代,因此其穿着的军装式样是拿破仑时代法国的,这就表现了文明的延续性。尽管法国是文化、科学都非常先进的国家,但是它的现代性没有终止延续性。

图1-25 法国科学院入口

图1-16 伊朗的"左哈纳"

图1-26是一家伊朗的"左哈纳"(Zurkhaneh)。人们在里面举重、做体操、跑步,同时又击鼓,诵念《古兰经》。它的性质和作用与中国的武术馆类似,据说是11世纪就出现的一种民间活动场所。目前它是一种集体健身,加强宗教热忱和爱国情操的场所。伊朗社会和朝代虽然经过了一千年的改变,经历了塞尔柱突厥人和蒙古人的统治、帖木儿的占领和土库曼人的入侵,这种民间的武术馆却始终存在。

图 1-27　苏莱曼一世　　　　图 1-28　塞利姆三世　　　图 1-29　阿卜杜勒·
　　　　　　　　　　　　　　　　　　　　　　　　　哈米德二世

　　文明都有延续性。图 1-27 是奥斯曼帝国最伟大的苏莱曼苏丹(苏莱曼一世),16 世纪前半叶在位;图 1-28 是苏莱曼苏丹的玄孙塞利姆三世,他在 18 世纪后期开始进行改革,装束已经与苏莱曼有所不同,但是两位苏丹的服饰还是有类似之处。图 1-29 是塞利姆三世的玄孙,19 世纪末、20 世纪初在位的阿卜杜勒·哈米德二世。他已经穿上欧洲式的军装,但是头上戴着红色的费兹帽(Fez)。三位苏丹的衣着各有差别,但也具有延续性。

图 1-30　凯末尔

　　图 1-30 是阿塔图克·凯末尔,土耳其共和国的第一任总统。他的装束又改变了,穿了一套欧式燕尾服。从奥斯曼帝国到土耳其共和国虽然有巨大的政治和社会变动,而凯末尔自己是十足的西化派,但是土耳其社会基本的组成和信仰系统并没有突变,所以仍然表现了延续性。今天在土耳其各地,虔诚的穆斯林仍占相当大的比例,大多数城市都可以吃到奥斯曼时期的食物,买到当时式样的瓷器和细密画等等。土耳其全国

各地清真寺极多,很多是奥斯曼时期遗留下来的,也有很多是最近一个世纪里新建的;清真寺里的装饰和写在墙上的《古兰经》字句与以前没有分别,宣礼塔的诵经声没有改变,清真寺里祈祷时的礼仪和内容也没有改变。

图 1－31 展示的是土耳其一个苏非教团特有的宗教仪式,是一种连续旋转的舞蹈。这是诗人鲁米在 13 世纪时创造的,是一种可以使舞者感觉到和真主合一的崇拜方式。中国也有参加苏非教团的穆斯林,但并不利用旋转舞蹈这种方式,而是通过重复用特定的腔

图 1－31 苏非的舞蹈

调颂念《古兰经》的某些章节达致与真主的合一。今天仍然有许多土耳其人尊崇伊斯兰教的各派苏非主义。这是伊斯兰文明中既统一又多样的表现,也是它整体延续性的一部分。

研究文明发展的"流体动力学"方法

下面要讲一点我的老本行——流体动力学(Flow Dynamics),用流体动力学的研究方法来观察文明发展。让我先把文明看成是一个多变量的函数 C(代表 Civilization):

$$C = f(s, t, p, q)$$

$$C = 文明 \quad s = 空间 \quad t = 时间$$

$$p = 人物/人群 \quad q = 状态/态势$$

上述公式表明,文明这个函数(C)依四个变量的改变而改变:空间(s)、时间(t)、人物/人群(p)、状态/态势(q)。依据研究流体动力学的方法,我们可以对文明(C)进行全微分,也就是先把空间(s)固定,让 t, p, q 变化,看看 C

会怎么变化;再把时间(t)固定,让s,p,q变化,看看C又会如何变化。为了简化,我们可以假设p和q是大致不变的常数,那么上述两个微分的步骤可以用数学符号表示为:

$$\frac{Dc}{Dt} = \frac{\partial c}{\partial t} + V\frac{\partial c}{\partial s}$$

怎样把这个数学方法用于研究历史呢?

首先,你可以把你的注意力固定在一个地区,观察这个地区在不同时间的不同情况;然后,你可以作为一个移动中(速度和方向必须明确)的观察者,记录你在不同地区观察到的不同情况。举一个例子,假如我想研究这个演讲厅内的温度(W)的变化,就是说我想要知道厅内的温度是如何根据位置的高低、左右、近窗口还是近讲台、在听众集中的地方还是在没人的地方而变化,并且也想知道在每个地方又如何随时间改变而变化,我可以用数学概念把温度称为一个温度函数,$W = W(s, t, p, q)$,一如上面的文明函数$C = C(s, t, p, q)$。如果我把一支温度计放在讲台上,记录两小时,我就可以得到讲台附近温度变化的信息;如果我在大厅不同的地方再加上10支温度计,每支温度计也都记录两小时,那我就知道了大厅内11个定点在两小时内温度变化的情况。这就是先固定s,再观察W随t而变化的情况。另外,我也可以用一个飘浮移动的气球,上面挂一支温度计。这个气球可以有时低飞,有时高飞,有时靠窗,有时接近讲台;它的飞行轨迹决定上面那个偏微分方程式最右边一项前面的V的速率和方向。气球上面的温度计随时都会记录温度,所以两小时之后,温度计会有一个颇为详细却又需要解释的记录。这个记录不是大厅里某一个定点的温度记录,而是气球所有到过的地方在不同时刻的温度,也就是观察者在气球飘动的轨迹上所观察到的温度记录。如果你把两种记录按照上面的方程式用数学方式加以处理,你便能得到一个对整个大厅温度变化的理解,也就是对大厅任何地方温度变化的综合理性认识。

在中国,以及在许多有文字的社会,都有自己的历史(如中国的"二十五史"),有地方志,有宫廷、宗祠、法院、教堂、学校、海关、公司等的档案。这些都是研究历史的好资料。这样的资料属于上面的偏微分方程式等号右边第一项的内容。

14世纪有一个摩洛哥旅行家叫伊本·白图泰,比马可·波罗稍微晚一点。他曾经一个人在北非、东非、西亚、南亚、中亚、东南亚和东亚旅行了27年。他在印度住过8年,在中国也住过半年多。他回到摩洛哥之后,出版了他的见闻录《伊本·白图泰游记》。伊本·白图泰去过这么多地方,他的见闻就是很好的研究资料。我们可以把时间固定在公元1325—1354年这段时期,如果我们按照他的路线走,研究他所观察到的东西,那么他在这27年观察到的文明变化就等于是我刚才提到的飘动气球上的温度计在一段特定时间里得到的数据。对伊本·白图泰的观察做出系统化的处理,对于了解文明交通史很有益处。除了马可·波罗和伊本·白图泰,历史上还有许多人,如张骞、法显、玄奘、汪大渊、郑和等,记载了他们的见闻。他们的记载都是研究历史很重要也很有用的资料。这些资料属于上面的偏微分方程式等号右边第二项的内容。

理论上,如果能有足够的地方志之类的资料和《马可·波罗游记》《伊本·白图泰游记》之类的资料,我们就能得知偏微分方程式中等号左边的全微分,即欧亚大陆文明交往的全貌。

第二讲

亚历山大东征与希腊化时代

从语言与族裔看,希腊人与波斯人都源自黑海北部的印欧人部落。亚历山大在征服了波斯世界之后,认识到这两个文明可以彼此融合。他的长途东征使欧亚大陆的很大一部分进入了历史学家所称的希腊化时代。在中亚,希腊化时代见证了印度佛教与希腊艺术的融合,产生了犍陀罗艺术。这一艺术风格对东亚中、韩、日三国的佛教影响至巨。

文明谱系

这一讲的起点是下面这张文明谱系图。谱系图的中左侧是美索不达米亚(两河流域)文明,有时候也称作苏美尔文明,因为两河流域的早期居住者是苏美尔人。他们发明了楔形文字,在今天巴格达附近建立了一座阶梯形的神庙;这座神庙虽然经历过多次战火,至今仍保存在原地。犹太(希伯来)人的祖先亚伯拉罕带领族人从美索不达米亚平原走到巴勒斯坦,开创了犹太人的世界。

拉丁文里中国称为 Sinae。Sinic 意为中国的,Sinic 文明就是中华文明。Chinese 一般被用来指称近代和现代中国。这二者其实是一回事,因为中国的历史一脉相承。印度则不然:来去不明,传承不确的印度河河谷古代文明

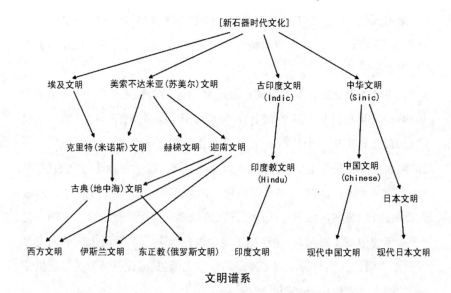

文明谱系

被称作 Indic 文明,吠陀时代的婆罗门教文明以及它在中古时代的继承者(被近世欧洲学者称为 Hinduism 的印度教的文明)被叫作 Hindu 文明;近世以来印度教信徒和伊斯兰教、锡克教、基督教人口同在一个国家里生活,这就是现代的 Indian 文明。

我讲张骞的时候主要是讲中华文明,讲亚历山大的时候主要是讲地中海文明。因为本书的主题是文明交往,所以我选择了在几个不同时段里成对出现的题目,含有东西方文明交流的意思。

埃及和美索不达米亚平原不是截然分开的地域,它们通过西奈半岛互相连接。因为这一带土壤湿润肥沃,而且连接起来像一弯新月,所以被称为"肥沃新月"。新月的弯曲处即今天的叙利亚、黎巴嫩、以色列、巴勒斯坦、约旦,而美索不达米亚就是今天的伊拉克。

在埃及文明和美索不达米亚文明影响之下,周边地区的一部分人也创造了自己的文明。在爱琴海南部的克里特岛发现了公元前 15 世纪的彩色陶罐。克里特岛的首都叫米诺斯,因此这种文明也被称为米诺斯文明。埃及文明集中在尼罗河下游,面向地中海,而克里特岛就位于尼罗河出海口偏北方向不远处。沿美索不达米亚至今天的黎巴嫩、叙利亚一带,就是地中海东岸,向西航行不远就到了克里特岛。因此,米诺斯文明受到了埃及和美索不达米亚的双重影响。

克里特岛以北即是爱琴海诸岛及希腊南部的迈锡尼地区,是早期希腊(迈锡尼)文明的区域。从地理上看,希腊是山、岛交错,基本上"地无三里平",因此很难产生一个传统意义上的农业王国。这迥异于黄河流域。一般的大河两岸多是平地,可以靠发展农业建立起一个人口众多的文明,并且可以支撑一个统一的政权对全境抽税。两河流域、尼罗河流域、印度河流域、恒河流域、黄河流域、长江流域、珠江流域都有这个特性。希腊文明则是一个依赖地中海发展起来,并跨越了地中海的文明。耶稣诞生前的两三个世纪,地中海地区盛行最早源于波斯的救世主思想,因此基督教关于救世主耶稣的概念受到地中海文明的影响。

从美索不达米亚向西北去是赫梯帝国,在今天土耳其东部和中部,赫梯人4000年前已使用楔形文字,掌握了制作青铜器的技术;或说他们还发明了铁器。距离赫梯帝国不远是善于海上贸易的腓尼基人的地区,又称迦南地(今叙利亚、黎巴嫩、以色列、巴勒斯坦、约旦一带)。犹太教和基督教的《圣经》记载,以色列人(即希伯来人、犹太人)在摩西带领下逃出埃及后,上帝把迦南地应许给以色列人。考古资料显示,大约距今3250年前,以色列人打败腓尼基人后移入迦南地,继承并且发扬了迦南文明。米诺斯文明和迦南文明共同影响了地中海文明,而地中海文明发展为后来亚历山大所代表的古希腊文明。古希腊文明逐渐向西传到今天的意大利,从意大利再向西传到今天的法国、英国、德国等地,这就是今日西方文明的起源与传播路线。

源自地中海文明的古希腊文明的另一个分支是信奉东正教的斯拉夫(主要是俄罗斯)文明。公元9世纪末,两个希腊传教士根据希腊大写字母创造了一套适合斯拉夫语言的字母,用来拼写《圣经》,以便使斯拉夫人信奉东正教。所以俄罗斯和其他斯拉夫人的东正教源自希腊正教。西欧的基督教会以拉丁文作为《圣经》和宗教仪式的语言,因此被称为拉丁教会。对天主教会而言,拉丁文一直是宗教仪式的语言,直到 1962 年各地教会才开始用本地语言做弥撒。今天中国的天主教会是除梵蒂冈之外唯一用拉丁文做弥撒的教会。

后文会提到,地中海文明和迦南文明除了对以东正教为代表的希腊和俄罗斯文明有直接影响之外,也影响了西欧基督教文明和伊斯兰文明。

波斯与希腊东西对峙

东方的波斯人和西方的希腊人一直有冲突。希波战争中最为人所熟悉的莫过于马拉松战役——在此次战役中为了传递捷报,一名希腊战士跑了 42.2 公里回雅典,在说完"我们赢了"之后就倒地而亡。虽然波斯人跟希腊人世代为敌,二者在地理上、语言上和族裔上却颇为接近,都是说印欧语系语言的高加索人种。

根据考古学、人类学、语言学综合判断,学者们大致同意一个未必完全准确却有相当证据的理论。现将该理论介绍如下。

大约 7000—6000 年前,有一群操(现在已无人知晓的)"原始印欧语" (Proto-Indo-European language)的部落生活在乌拉尔山脉南部,高加索山脉北部以及黑海之北的草原-森林混合地带。在距今 6200—3000 年的时间里,说"原始印欧语"的部落群先后有三次人口大迁徙,一批一批地(许多人赶着牛或马拉的四轮车辆,也有许多士兵驾着双人战车)到达欧亚大陆的许多地方。他们或是用武力征服了各地原有的居民,或是先为当地居民当兵再转而成为当地的统治者。在这个迁徙和定居的过程中,印欧人与各地原来的居民混居,经常娶当地的女子为妻,不但产生了大量的混血人口,也产生了印欧语与各地语言混合而成的许多新印欧语言。正是这样一个漫长的迁徙、征服、融合的过程使"原始印欧语"逐渐扩张和发展为一个庞大的"印欧语系",以至于今天世界上 45% 人口所使用的语言都属于这个语系。

值得一提的是,第一批(距今约 6200—5000 年前)离开黑海以北的家乡

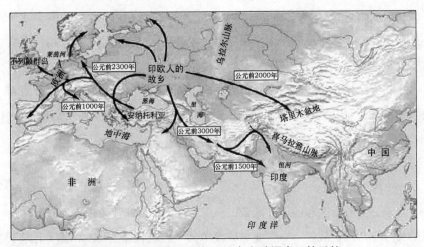

地图 2-1　前 3000—前 1000 年印欧语人口的迁徙

图 2-1　波斯波利斯遗址鸟瞰

的印欧人迁徙得很远,他们的后裔包括后来定居小亚细亚的赫梯人和定居塔里木盆地的吐火罗人。第二批(距今约 4500—3700 年前)离开家乡的印欧人逐渐定居在欧亚大陆上不少地区,他们的语言形成了今天的各种日耳曼语言、亚美尼亚语、希腊语、意大利语,以及伊朗和印度地区的多种语言;第三批(距今约 4000 年前)印欧人则是从与第二批印欧人不同的居住地开始迁徙到西欧、波罗的海地区、东欧、东南欧,他们的语言逐渐形成了今日的波罗的海语言、斯拉夫语和阿尔巴尼亚语。

希波战争中的东西对峙,是以小亚细亚的西端为分界线,其西是希腊,其东属波斯。如果从古代欧亚大陆中部的各种族群和语言来看,"东方"的波斯和"西方"的希腊在语言上和族源上相差其实并不远。

公元前500年左右,波斯在大流士统治时期达到鼎盛,疆土包括埃及,有统一的度量衡,时间比秦朝早了将近300年。波斯帝国2500年前在波斯波利斯修建的皇宫残迹至今仍保存在波斯湾东岸。残破墙壁上不同装束进贡者的浮雕令人感受到帝国的辉煌,让人联想起唐代王维的名句"万国衣冠拜冕旒"。

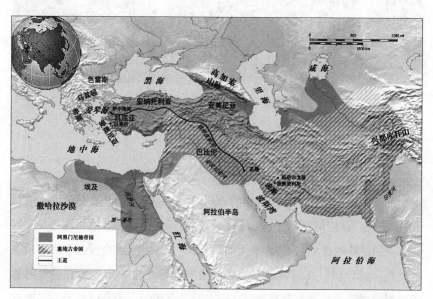

地图2-2　阿黑门尼德帝国(前558—前330)和塞琉古帝国(前323—前83)

经常有人提到强势文化和弱势文化的问题。万方来朝当然是强势文化的表现。近200年来,中原文明受到前所未有的冲击。这次冲击远比匈奴人、鲜卑人、突厥人、契丹人、女真人、蒙古人,乃至满洲人的冲击都要剧烈。因为这次冲击,我们今天的知识结构偏重于西方,对希腊知道不少,对意大利文艺复兴,西班牙、葡萄牙发现新航路,法国理性主义,英国工业革命都耳熟能详。但是离我们更近的,过去同我们交往也更多的波斯文明却不甚了然。这就说明了今日的强势文化在西方而不在东方。

图 2－2　波斯波利斯遗址的浮雕

希腊文明

希腊多山、多岛,少有大面积的农田,因此希腊人的生活资源主要来自贸易。游牧人口有自己的牛羊,逐水草而居;希腊人则经常随贸易路线而迁徙。一如早期的腓尼基人,希腊人如果常去一个海港,就会设法在那里建立居民点(殖民地)。所以希腊人的居住范围远远超过希腊半岛和爱琴海地区。他们在今天的意大利和法国南部各建立了几个殖民地,今天法国南部大城市马赛(来自希腊战神的名字)就是其中一个。希腊人超过了早先的腓尼基人,绕过地中海西端的直布罗陀海峡,再沿海岸向北,于公元前 6 世纪在苏格兰西海岸建立了殖民地。希腊人划着大船去各地做买卖,有时候甚至不知道漂流到了哪里。公元前 8 世纪就形成了关于水手的神话,后来进一步发展为史诗,即荷马整理的《奥德赛》(*Odyssey*)。

由于地理环境的限制,古典希腊有许多独立的城邦,虽有大小和制度的分别,彼此却不互相从属——因为没有任何城邦有足够的地理或资源优势去胁迫别的城邦服从它。在一般情形下,任何人都可以到任何地区去做买卖;赚了钱之后,就可以回家放债生利,或是买奴隶帮着做事。希腊城邦政

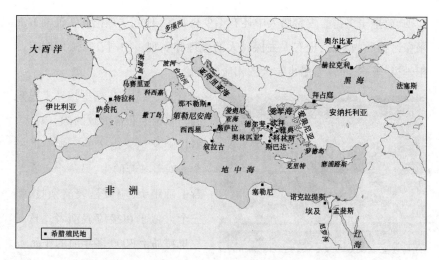

地图 2 – 3　前 800—前 500 年的地中海和古典希腊

治中最有代表性的是雅典,雅典政治的实质就是大事由豪族主导,但是每一个自由民(奴隶不算)都可以在自己的社区(demo)里参与讨论,并选出自己的代表参与全雅典的大会。雅典发明了民主(democracy)这个词——demos就是人群或社区,cracy是权力和统御的意思。

雅典有崇尚自由、尊重商人和学者的风俗,而斯巴达则规定小孩由公社而非父母抚养,旨在训练他们的尚武精神。这是两种明显不同的社会文化,所以城邦之间也有战争。公元前5世纪就有过由雅典与斯巴达分别领导的两个城邦联盟之间的伯罗奔尼撒战争。但是城邦之间即使有敌对的军事联盟,仍有共同的信仰,这就是对天王宙斯(Zeus)、天后赫拉(Hera)、智慧之神雅典娜(Athena)、海神波塞冬(Poseidon)、爱神阿芙洛狄忒(Aphrodite)、酒神狄奥尼索斯(Dionysus)等12个神的崇拜。大家相信诸神都住在"奥林匹斯"(Olympus)山上,所以"奥林匹克"(Olympic)有"大家的""公众的"这么一种意思。今天奥林匹克运动会的由来就同古希腊各城邦间旨在促进大家"奥林匹克精神"的"奥林匹克"运动会有关。

古典希腊(主要在雅典)产生了很多思想家,最著名的有苏格拉底、柏拉图、亚里士多德。古希腊人中还有不少科学家,他们从理论和实证两方面来探讨物质的本源,也有人去探讨人的生理和病理。中国春秋战国时有阴阳学说、五行论等,希腊也有大致相应的理论。

图2-3　克里特岛上的希腊绘画

图2-3是在克里特岛上发现的一幅描绘非常细致的画,内容大概是画家想象出来的。画中的一个人对着狂奔的牛,另一个人在牛背上翻跟头,应该是表演杂技,第三个人似乎在接应表演者。这是克里特岛上3000多年前的作品。

希腊农业并不发达,种植业基本限于种植葡萄和橄榄等经济作物,谷类极少。粮食主要依靠以军力控制黑海北岸的克里米亚,使它成为希腊的谷仓;有时也和埃及贸易以获取粮食。所以,希腊文明不是偶然拼凑出来的,而是通过多世纪的生活经验发展出来的一套生活方式,包括地理、生态、贸易、政治、社会和信仰等要素。只有当希腊的地理环境和古希腊人的生活经验相结合,才能形成一个有持续性的文明体系。

图2-4　绘有赫拉克勒斯故事的希腊花瓶

图2-4中这个著名的希腊花瓶描绘的是大力神赫拉克勒斯(Hercules)制服凶猛的野猪的故事。这件彩陶大概制作于距今2800多年前,现在收藏在雅典的博物馆里。

图 2 – 5 是一件掷铁饼者的雕塑。希腊人很早就注意人体的构造、肌肉、骨骼。人体小腿的肌肉,在这件公元前的作品中表现得十分清楚。在中国从来没有发现过类似这样对人体构造有深入研究的作品。这种类型的作品到了中世纪基督教盛行之后,在欧洲也衰退了。意大利文艺复兴时期,米开朗琪罗和达·芬奇等艺术家再度重视人体的肌肉、骨骼,着重对人体的表现,使其成为文艺复兴(Renaissance,意为"再生")的艺术特征之一。文艺复兴并不是单指文艺

图 2 – 5　希腊雕塑:掷铁饼者

上效仿古代的希腊文明,而是指整个文明得到重生。

希波战争一共发生过三次,前两次以波斯的失败告终。波斯人必须乘船才能攻入希腊本土,他们远没有希腊人熟悉大海,海军本就不易战胜希腊的海军。自然界的力量比希腊人更强大,波斯人两次进攻都遇到大风,没能登陆。第三次波斯人上了岸,又遇到了雅典人的顽强抵抗。波斯士兵因为晕船呕吐等原因,登岸后战斗力损耗严重,因此被希腊的军队重创,于是发生了前面提到的故事——马拉松战役后,希腊人派了一名士兵报捷,他跑了42.2 公里将捷讯传回雅典。

三次波希战争持续了七八十年,希腊人完胜,从此进入扩张时期,开始把文明继续向四方传播。其间最有历史意义的就是北方的近邻马其顿王国成为希腊世界的主宰者(现代马其顿曾是南斯拉夫的六个共和国之一,现为一个独立的共和国,但希腊共和国不承认这个国名)。马其顿在希腊古典时代之初处于半文明状态,雅典衰落后,马其顿的菲利普国王崇慕希腊文化,因此请了一位希腊学者来教自己年方八九岁的儿子,这个希

腊人叫亚里士多德,而菲利普国王的儿子就是本章接下来的主人公亚历山大。

亚历山大东征

图2-6是文艺复兴时代著名画家拉斐尔的名作,画的是雅典学派的盛况,画中群贤毕至。这幅画当然是想象的,希腊的建筑肯定不是这样。据说画面左侧雕像下面左起第五个就是亚历山大。王勃曾在《滕王阁序》里说自己"童子何知,躬逢胜饯",亚历山大好像没有发过类似的感触,可能是因为他没有受过孔孟教育的王勃那么谦恭。但无论如何他师从亚里士多德是真的。亚里士多德写过很多书,如《逻辑学》《形而上学》《法律学》《修辞学》等,还对宇宙的本源做过推测。他认为宇宙的本源是光,光溢出之后,世界就产生了。他的宇宙起源理论和《圣经·创世纪》很不一样,但是他去

图2-6 雅典学派

世多个世纪之后,基督教神学家和伊斯兰教教法学家却大量引用他的哲学观点。

亚历山大没有跟亚里士多德学过军事,因为亚里士多德也不懂军事。亚历山大20岁时,父王菲利普国王去世,亚历山大继承王位,统御他父亲的军队,自己又发展出一种方阵(phalanx)作战法。亚历山大21岁时,出兵统一了已经衰落的希腊,获得了巨大的人力和物力资源。许多人的内心都会有一种动力,这种动力可能出自本能,可能来自生活经验,也可能出于对某一种思想或是宗教的信仰。亚历山大的动力就是要征服曾经想征服希腊的波斯,打败那个代表野蛮的强大力量。

据称图2-7是亚历山大的大理石像,是否确实如此,我们不得而知。图片中他的头发是波浪形、弯卷状,这或许跟他去世后由中亚希腊人创造的犍陀罗艺术有关(见后文)。

亚历山大先要征服他最熟悉的地方,也就是盛产粮食、当时被波斯人统治的埃及。因此他先向东,深入小亚细亚,通过地中海东岸,征服了埃及。然后再东进,占领了波斯帝国的首都苏撒(Susa),接着一路打到波斯势力的东界,进入操东伊

图2-7 亚历山大像

朗语的粟特人的地区(主要在今天的乌兹别克斯坦及塔吉克斯坦)。在这里,亚历山大娶了十六岁的粟特公主罗克珊娜(Roxana,女名,意为光明。唐朝安禄山父亲为粟特人,"禄山"就是男性粟特名Roxan的音译)。

亚历山大率军从巴克特里亚(Bactria,汉名"大夏")再向东、向南推进到印度。渡过印度河后,他的士兵因为已经离家十年,不肯继续前进,于是亚历山大下令班师。他在东征和回程路上一共建立了大约八十座以亚历山

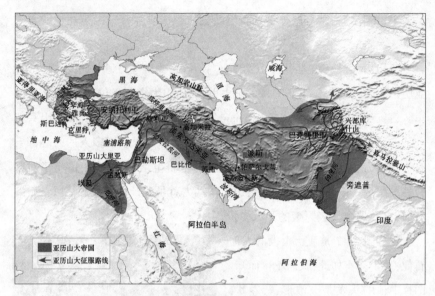

地图 2－4　约前 323 年的亚历山大帝国

大为名的城市(汉译"蓝氏城")。

　　这个被亚里士多德调教得非常完美的希腊学者式的帝王,这个曾怀着一种傲慢与偏见去征服敌人的统帅,不但打败了他的近邻和敌人,还征服了敌人的邻居,以及敌人邻居的邻居。他回程时在每个地方都留下一部分士兵;回到波斯时,军队仅剩下一万人。

　　当时亚历山大三十二岁。在跟"东方"交手十年之后,他觉得对方不是不讲道理的野蛮人,而是有不同的文化和文明体系,所以认定他真正该做的是同他们融合而非斗争。

　　因此他又娶了一位波斯公主,并鼓励他的部属也娶波斯女子为妻。亚历山大为自己的婚礼摆了万人宴,要希腊士兵都穿上波斯服装参加婚宴。

　　亚历山大手下有人反对波斯化。他的一个副将就认为这其实是一种投降,使希腊人的强势文化变成了弱势文化。两人为此发生冲突,亚历山大杀死了那人,自己也受了伤。不久,他因病在波斯去世。

图2-8这座雕像今天收藏在
伊朗的德黑兰博物馆,学者们认为
这就是亚历山大,可能跟上面的头
像属于同一座雕像。但是二者不
是一起发现,很难确定究竟是否为
一体。亚历山大在公元前334年
开始东征,在公元前324年娶了波
斯大流士国王的女儿为第二任妻

图2-8　德黑兰博物馆藏亚历山大像

子,公元前323年的时候逝于巴比伦。亚历山大之后,欧亚非三洲中央地区
的历史就进入了希腊化时代。

欧亚非中央地带的希腊化时代

　　希腊化时代是由希腊人统治,以希腊文明为社会生活范式的时代(见
地图2-5)。希腊化的地区从埃及一直延伸到今天的阿富汗,这一时代持
续了将近二百年,直到罗马人崛起。罗马帝国最远曾延伸至两河流域,波斯
湾的西岸。

　　希腊的英文名是Greece,希腊化时代的英文表述却是Hellenistic period。
这是因为Greece源自拉丁文的Graecia,是罗马人对希腊人的称呼,但是希
腊人把自己的国家称为Hellas,自称是Hellenes。在中文里,无论"希腊"这
个国家,或是"希腊化时代",都是以希腊文为准。Hellas怎么会译成希腊
呢?我相信这是因为早期的中国翻译者是福建人或广东人。译者按福建或
广东地方音把"希"读作"hei",所以"希腊"两字的读音就和希腊人自己的
称谓颇为接近。

　　亚历山大之后,辽阔帝国的大片疆土由他的部将分别承袭,形成了几个
不同的希腊化国家。当时最重要的城市是埃及的亚历山大,其次是地中海
东岸的安条克,再次是爱琴海东岸的帕加马,最后是希腊本土的雅典。希腊

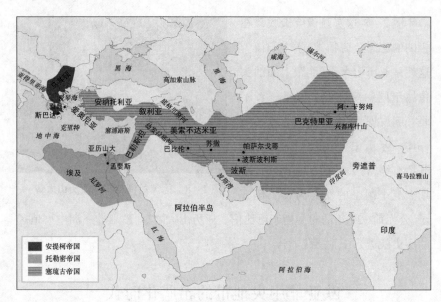

地图 2-5　约前 275 年的希腊化帝国

化时代的双中心应该是埃及的亚历山大和叙利亚的安条克。前者位于地中海东南岸,北望希腊,西接意大利,东连巴勒斯坦,南可溯尼罗河而入中非,是亚、欧、非贸易的枢纽。后者位于地中海之东,越过底格里斯河,可同波斯交往,从波斯达到中亚,从中亚又可通中国;它是从亚洲各地通往地中海道路的西部终点。

图 2-9 为位于土耳其西部的希腊化时代的帕加马图书馆,它在罗马时

图 2-9　帕加马图书馆遗址

代仍是很重要的公共图书馆。古代中国虽然也有大批藏书,但从来没有建立规模很大的图书馆让学者公用。巨大的图书汇编《四库全书》抄写了七部,收藏在全国不同地方,但仍没有公共图书馆的概念。帕加马的图书馆则供许多学者使用。这里还有地下水道,马桶

是暖的,这是因为大理石冷,所以在下面放置了火炉。

希腊化时代几个王国里最富有、持续时间最久的是埃及的托勒密王朝。托勒密王朝的统治者在亚历山大修建了古代世界最重要的图书馆,但后来毁于战火。托勒密家族是马其顿人,他们统治埃及时,除了名君,其他方面也是人才辈出:广为人知的是公元前 2 世纪的地理和天文学家托勒密,在天文史中占主导地位长达 1400 年的地球中心理论就是这位托勒密提出的。

托勒密家族统治埃及的方法是保持希腊精神,借重埃及传统。今日许多埃及神庙都是托勒密家族修建的,但是有不少是经过了他们的重新诠释。到了后期,王室虽穿埃及人的服饰,但仍讲希腊语;到最后,希腊人也讲埃及话了。这也说明当文明与文明刚刚接触的时段,并不一定能很清楚地立刻分辨出孰强孰弱。穿别人的衣服就叫弱势文明?过人家的节日就叫弱势文明?并非如此简单。即使本来是一家人,在不同的地方住久了,说的话就不一样了,服饰也在变化,宗教信仰也会不同。据说有一个记者曾经问周恩来总理怎样看待法国大革命在今天世界的影响。周总理回答说,法国大革命离我们还太近,还看不出真正的影响。这虽是外交辞令,却表达了一种真知,即看历史要从长时段着眼,短期的行为以及局部的形势往往令人看不清意义和影响在哪里。今天妄言哪一个是强势,哪一个是弱势,或是对某种文明存有抗拒心理,以为不愿意穿人家的衣服,不愿意唱人家的歌,就可以守住自己的传统,未见得正确。

简单地说,托勒密王朝的统治方式就是希腊人扮埃及神,因为埃及的法老既是人又是神,依靠神的身份统治国家。可是希腊人去的时候明明是人,怎么能统治人家呢?所以他们需要逐渐把自己神化。我这里用的词是"人扮神",因为一开始此举只是为了统治埃及的权宜之计,但久而久之统治者就真正接受了埃及的文化。托勒密王朝的统治者盖了好多庙,著名的如今天尼罗河中游卢克索城的主要神庙都是希腊化时代所建。希腊人将他们的建筑艺术,包括雕塑、柱廊式样等等带到尼罗河畔,神像是埃及的,建筑艺术是希腊的,这就是文明同文明的融合。这两百年之间希腊跟埃及一

图 2 - 10 女性埃及法老

仗都没打,但是文明却实实在在融合为一了。

托勒密王朝对科学发展的最大贡献是建立了当时世界上最大的学院缪塞昂(Mouseion)。欧几里得等名垂青史的学者都在这里取得了辉煌的成就。今天英文的博物馆一词(museum)就是从 Mouseion 来的。托勒密王朝的最后一位女法老也是打扮成埃及人的样子,但她已经不觉得她是刻意乔装,而是觉得这就应该是她本来的模样。这位女法老叫克利奥帕特拉,也就是电影《埃及艳后》的女主角。她号称既是人也是神;她的神性无从表现,人性倒表现得很清楚。她爱上了两个罗马将军,第一个是恺撒,并与之育有一子。后来比恺撒更让她动心的是安东尼,她跟安东尼又生了一对双胞胎。等到恺撒的侄孙屋大维和安东尼争夺罗马统治权的时候,她毫不犹豫地站在安东尼那边。当时埃及已经是罗马的附庸,安东尼是罗马帝国派来统治埃及的,她自己又是埃及的法老。为了自己的感情也为了国家的利益,她先后爱上了两个罗马在埃及的统治者。但是,安东尼最后败给屋大维,埃及艳后和安东尼同时服毒自尽。

克利奥帕特拉有一个特点是爱漂亮,对自己的身材非常自信。她和当时罗马贵族都认为,最能够展示身材的材料,绝不是呢绒或者棉布,而是丝绸。所以她们都穿丝制的袍子,风吹之下飘逸贴身,美丽动人。历史记载克利奥帕特拉非常喜欢丝绸制品。在她的时代一两丝绸要值一两黄金,中国的农民采桑养蚕,缫丝成绸,然后经过粟特、波斯商人之手,一直卖到了遥远的埃及。

塞琉古王国继承了亚历山大在亚洲开拓的大部分领土,但是不到 100 年就分裂了。分裂出来的诸国中有一个叫希腊-大夏国(在今天阿富汗南部),希腊人在这里又统治了 100 年左右。他们继续在此处传播希腊的建筑艺术、雕刻以及思想。

犍陀罗艺术

大约与亚历山大同时,印度有一个孔雀王朝(Mauryan Dynasty)。孔雀王朝的一代雄主阿育王(Asoka,公元前 268—前 232 年在位)本来是一个杀人如麻的暴君,但是在征服了很多地方之后,大概感到自己罪孽深重,就皈依了佛教,并以佛教为国教,在自己的统治范围内广为传播。孔雀王朝的势力曾到达希腊-大夏国南境,所以这一带也信奉了佛教。后来,印度西北部的佛教徒把佛教进一步传到了希腊人统治的地区,于是大夏的希腊人也就改宗佛教。希腊人信仰佛教的同时仍保留着希腊的审美观和价值观,二者逐渐融合。

此前尼泊尔、印度一带只是传播佛陀的精神和经文的手抄本。到了阿育王时代,凡是皈依佛教的地方就立一根高大的柱子,称为阿育王之柱,以记录佛教弘法所及。希腊文明与印度佛教文明交汇于犍陀罗(今巴基斯坦西部),此地的佛陀造像艺术特别发达,在艺术表现上明显有希腊雕塑之风,被称作犍陀罗艺术。再后来,曾住在河西走廊的月氏人被匈奴赶到葱岭以西一带,之后又继续南迁,取代了大夏国的希腊人和斯基泰人,建立起历史上很重要的贵霜王国,其位置在今天的阿富汗跟巴基斯坦交界的地方。贵霜王国在公元 1 世纪成为世界四

图 2-11　贵霜王国的金币

大帝国之一,辖有印度西北、中亚阿姆河流域,向东一直到帕米尔高原(今塔吉克斯坦东部)。贵霜王国承袭了佛教,并把佛教传到更广阔的地区,包括中国的新疆。图2-11是贵霜王国的金币,既有希腊字母也有佛像,这就是文明交汇的见证。

巴基斯坦的首都伊斯兰堡附近有个地方叫塔克西拉,考古学家在这个地方发现了数量最多的犍陀罗艺术作品。史籍记载,犍陀罗艺术的中心在今日的白沙瓦(见地图2-6)。那么犍陀罗艺术的真正意义是什么?

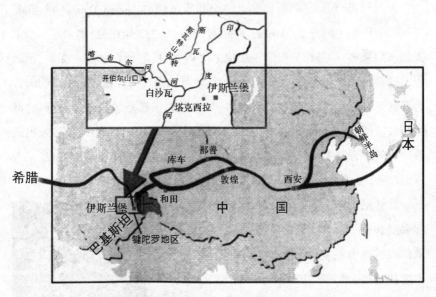

地图2-6　犍陀罗地区与犍陀罗佛教艺术传播路线示意图

图2-12中的左图是雅典博物馆里的希腊重要神祇——太阳神阿波罗的头像;右图是犍陀罗佛教艺术中的佛像,保存在今天的巴基斯坦。二者的造型,特别是卷曲的头发,非常相似,这是因为在犍陀罗时代有希腊裔工匠或雕刻家能够按希腊手法去雕刻佛像。图2-13中的左图是希腊的智慧之神雅典娜,右图是在巴基斯坦发现的一个女子的塑像。她的褶裙也跟雅典娜塑像里的褶裙极其相似。

图 2 - 12　阿波罗像与犍陀罗艺术风格的佛像

图 2 - 13　雅典娜像与犍陀罗风格的女子塑像

　　佛教创建于公元前 6 世纪,至今没有发现创教最初 400 年的雕塑,却发现这一时期有不少佛教经文反对为佛陀塑像。但犍陀罗文化的遗迹中发现了很多塑像,所以可以肯定中南亚的雕塑艺术是在公元前 200 年之后才开始的,而最早的佛像应是公元前 1 世纪才出现的。因为犍陀罗离佛教的中心恒河中游很远,并且其文化主要是向北扩展,所以塑造雕像没有遇到太大的阻力。到魏晋南北朝时,中国的佛像制造也繁盛起来,不论是天水的麦积山石窟、大同的云冈石窟,还是洛阳的龙门石窟,造型都渐趋一致。

图2-14 在巴基斯坦、柬埔寨和印度尼西亚发现的佛像

后来的佛像造型更加地方化。图2-14中的三尊佛像依次是在巴基斯坦、柬埔寨、印度尼西亚发现的。印度尼西亚在伊斯兰化之前是信仰佛教的,后来又曾盛行印度教。每个地方都按照本地人的样子塑造佛像,所以今天中国佛像的面貌都是中国人的样子。基本的雕塑概念是一样的,但是表现的方法是地域化的。唯有一点没有改变,那就是佛像的头发还是卷曲的,一如希腊奥林匹斯诸神中阿波罗的头发。

张骞凿空与汉代的西域

温带农耕人口与北方游牧人口之间的互动是欧亚大陆历史的主旋律。汉朝自高祖以来连续受匈奴威胁,所以汉武帝派张骞通西域,希望包抄匈奴,并得到西域宝马。张骞凿空的壮举正式并且有序地开启了中原与西域的物产和文化交流,丝绸之路因而开通。东汉时,班超父子统兵驻扎西域逾大半个世纪,经营西域卓有成效,并曾尝试联系罗马帝国。近代多处考古发现证明,丝绸之路是汉文明与波斯文明对接之路,也使中国和罗马帝国得以间接进行物品交换。

匈奴——北方草原帝国

匈奴是中国北方的草原民族,匈奴帝国是中国北方民族建立的第一个草原大帝国。草原民族是一个什么概念呢?从生产方式的角度概而言之,草原民族一定以饲养大群牲畜为标志,牲畜越多,财富越多,影响力越大。牲畜把一个地方的草吃光了之后,必须要到另外一个地方去寻找牧草,因此冬夏两季他们的驻地不同。因为草原民族需要不断迁徙,即逐水草而居,所以要住在可以迁徙的帐篷里面。我们讲的"室",带有宝盖头,草原民族没有"室"的概念,只有帐篷。历史上最早的草原游牧民族可能是由在南欧草

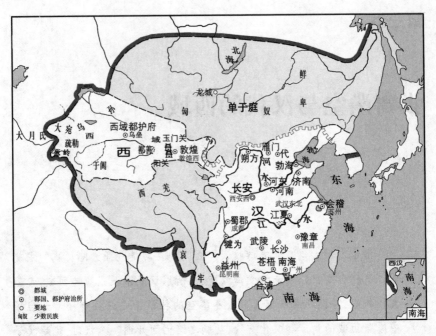

地图 3-1　西汉形势图

原游牧的印欧语部落群组成的。一部分生活在南俄罗斯草原、哈萨克草原以及阿尔泰山区的游牧者被称为斯基泰人(Scythian)或塞人(Saka)。汉文古籍里提到的康居人、疏勒人与和阗人可能都是斯基泰人的后代,而楼兰人也可能与斯基泰人有血缘关系。属于印欧(高加索)人种的斯基泰人在公元前9—前6世纪曾经建立过广袤的草原帝国。

在东亚,属于蒙古人种的匈奴、鲜卑等是历史上对中原影响最大、与中原交往最多的草原民族,有学者认为他们的语言都属于阿尔泰语系的蒙古语族。匈奴人、鲜卑人以及后来的蒙古人在文化上大抵属于同一个系统,其特点是一群人带着一群牲畜在草原上迁徙,两个部落相遇后或是谈判或是激战,总有一方胜出,而后大家就以胜利者为中心聚集在一起,小的部落就汇成了大的部落集团,每个部落仍保留各自的领袖。他们聚集在一起后力量增大,遇到风险也容易互相周济。草原上的部落集团聚散无常,并非语言相同或是有共同祖先的人才能聚集在一起，因此草原游牧民族的血统、语言、信仰、生活用具等彼此交融、交换非常频繁，唯一不会改变的是游牧这种生活方式。游牧是草原民族最为本质的特点。

在各种原因作用下，匈奴内部逐渐出现了一些很有力的集团，他们控制了大量资源，能够支配和统治语言类似、地理邻近的部落，于是就建立了帝国。

赵武灵王胡服骑射

在中国春秋时期，中原文明已经知道草原国家的存在，只是未必以"匈奴"唤之，战国时期才出现"匈奴"的名称。比如说孔子称赞管仲说："微管仲，吾其被发左衽矣！"这句话的意思是："没有管仲的话，我们就都要像草原民族那样披散头发，把衣襟向左系了。"因为当时的草原民族（也包括后来的鲜卑人和突厥人）是披发的，不像中原居民那样把头发束个鬏。同时，中原人着装是以左襟压住右襟，向右系带，叫作右衽，而草原民族恰恰相反，叫左衽。

草原民族的另外一个特性是较早驯服并且蓄养了大量的马匹。在19世纪机动车辆出现之前，行动最便捷的方式就是骑马。同样，发明火药武器之前最有效的作战行军方法也是利用马匹。因此草原民族在军事上有先天的优势：一是习惯于迁徙，能够快速地调动；二是他们每个人都善于骑马，因为经常需要去打猎，所以每一个牧民都会弯弓射箭，即每个人都是潜在的士兵。所以在战争中，草原民族相对于定居的农耕民族有先天的优势。如果从整个欧亚大陆着眼，不论是欧洲的拉丁民族、伊朗的定居民族，还是中国的汉民族，在一开始应对草原民族的军事进攻时都处于劣势。本讲地图3–1展现的就是匈奴最强盛时的状态，可以清晰地看到当时匈奴的势力已经渗入阴山和河套地区。

在春秋战国的末期，韩赵魏三家分晋，其中赵在最北边。这就意味着它是最早和匈奴发生大规模接触的中原国家。赵武灵王提倡胡服骑射的故事中值得强调的一点是：文明的强势弱势，不能以一时一地的盛衰而论。就当时的战争能力而言，匈奴人强于以赵国为代表的中原文明。赵武灵王因此反思，赵国的士兵穿着大袍子，远不如胡人穿裤子方便，因此他率先穿起了裤子。从这个故事中我们明显能看到中原文明向草原民族学习的事迹。除了服装上的改变外，中原文明还跟草原民族学习席地而坐。就当时而言，赵武灵王从国家的生存之道、兴盛之道出发，认为赵国人要想繁衍下去，就要学习胡人的长处，因此需要胡服骑射。但是文化保守主义的人会说，这样岂不是把我们的祖先都忘掉了吗？我们怎么可以数典忘祖、背弃祖宗呢？于是赵国朝廷里面就产生了一种要不要改革的争论。以赵武灵王为代表的改革派认为只有改革才能跟匈奴一争短长，不改革则只能坐以待毙。但是多数人还没看到这一点，只有他的一个叔叔和另外一个大臣愿意接受。所以有一天在文武相聚的时候，他的叔叔穿了一身胡服就来了，很多人大为吃惊。还好他是王叔，反对派对他也不敢怎么样。于是从这件事以后慢慢地就形成了改革的风气——赵国购买了很多马匹，并学习在马上弯弓射箭。《史记》记载赵武灵王说："夫有高世之名，必有遗俗之累。吾欲胡服。"他还明确地说："吾不疑胡服也，吾恐天下笑我也。"这句话的意思是："我穿胡服没关系，可是如果我被胡人消灭了，天下都会笑我。"

赵在今天的河北和山西的北部，燕在今天河北北部和东北的交界。战国结束以后二者都成为秦朝的北方区域。匈奴在秦时已经进入河套地区了。出自西北的秦朝王室很有远见，吞并东方六国后意识到，如果想要巩固江山，就一定要能和北边的民族抗衡。贸易仅是和平时期的手段，但是如果他们真的要打过来怎么办呢？后来的事就是大家都熟知的秦始皇修长城以御匈奴。关于这一段，民间有诸如孟姜女哭长城之类的传说，虽然并非信史，但是秦朝开始连通战国时期各国修建的旧长城，大量训练骑兵，却是不争的事实。

匈奴与汉的和战

秦朝之后,汉高祖刘邦雄才大略。他是江苏人,曾经写过一首《大风歌》,其中唱到,"大风起兮云飞扬,威加海内兮归故乡,安得猛士兮守四方"。他所谓的守四方,是守什么呢?汉朝的东边是海;西边有很多山;南边呢,秦朝的时候已经派南越王到广

图 3 - 1 描绘农业活动的画像砖

州了。他所谓对四方的担忧,其实就表现在他自己的一段经历中:当年他打败了项羽,建立了汉政权之后,就立刻去经略北方——那时候匈奴趁中原大乱进入长城以南,高祖决定率军亲征。但是在战斗中汉军安营地选择失误,刘邦在一座山上被匈奴包围了七天七夜不得脱身,这就是著名的白登之围。就在汉高祖被困,几乎要饿死的时候,汉臣陈平想出一个办法——利用女人的妒忌心让匈奴退兵。他们早上看到匈奴的冒顿单于和他的阏氏(匈奴皇后的称谓)并辔而行,陈平就派人带了最好的首饰去见匈奴的阏氏说,这是送您的礼物,希望您劝单于明天退兵,否则我们计划给你丈夫送去几位美女,作为这次战后议和的条件。这位阏氏当晚就劝服了冒顿单于,第二天早上匈奴果然退兵而去。此役之中,汉朝开国之君仅以身免。继位的几代汉朝皇帝明白不能仓促兴兵北伐,一定要筹备足够的力量,于是劝课农桑,休养生息,开启了长达七十年之久的"文景之治"。

汉景帝之后继位的是汉武帝。因为文、景二帝已经帮他积蓄了足够的国力,所以武帝有条件雪前耻,拓疆土。

这里插一句,汉与匈奴的关系始终是微妙的,汉经常以派公主与匈奴统治者和亲作为维系两国和平关系的手段,但因为每次和亲时双方具体的实力对比不同,和亲的性质和内容也有所不同。有时是派一个出身民间的美

貌宫女,称作汉家公主前往匈奴王庭。在中国家喻户晓的就是武帝之后好几代的汉元帝时的王昭君。王昭君是汉元帝的一个宫女,而非汉朝公主。她入宫后不肯贿赂画师,画师故意把她画得很丑,以致皇帝没有宠幸过她。有人建议让她去和亲,皇帝就同意了。临走时汉元帝召见昭君,见她优雅大方,容貌美丽,十分懊悔。但他已经答应了匈奴单于的使者,所以王昭君就在公元前33年(前讲提到的埃及艳后克利奥帕特拉服毒殉国又殉情之前3年)嫁到塞北去,前后嫁给三任单于,死后落得"独留青冢向黄昏"。但是她对汉匈之间长期和平的贡献,以及沟通农耕与游牧两种文明的功绩流芳千古。

汉武帝执政后认为和亲之策终非长久之计,要想一个根本的解决方法,这就是所谓的"断匈奴右臂"。因为匈奴在汉的北方,如果面向南,右臂就在西边。匈奴帝国地域辽阔,很难统治,所以在东、西部各有一个单于,两个单于多为兄弟或叔侄关系。因此匈奴就能够从东面的朝鲜、辽东和西面的西域两个方向威胁包抄汉朝。汉武帝得到的信息是,匈奴在冒顿单于即位后发兵南下,对河西走廊的月氏(亦称禺支、禺知)人大事残杀,将月氏人首领的头颅做成酒杯。残余月氏人的多数(汉文史书称为大月氏人)逃到新疆伊犁河西北,即今天吉尔吉斯斯坦境内伊塞克湖附近。汉武帝的构思是联络大月氏人夹击匈奴,所以需要派人到西域,劝说大月氏人跟汉合作。当时汉固然很强大,但西域数十个国家中的多数却唯匈奴马首是瞻,不是娶匈奴公主为后,就是派王子到匈奴当人质。况且,匈奴的骑兵随时可以大军压境,对这些国家有相当大的威慑力。这就是当时的政治现实。

张骞通西域

张骞出生于今天陕西汉中地区,汉武帝时担任名为"郎"的侍从官,奉命去西域联络大月氏人。张骞于公元前139年率领官兵百余人出发,在西

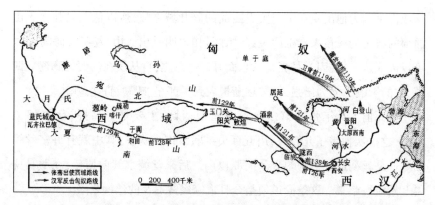

地图 3-2　西汉同匈奴的战争和张骞出使西域

行途中被匈奴抓住软禁长达十年,并在当地娶妻生子,还有一位匈奴的仆人。后来匈奴内讧,对他的看管放松,于是他在公元前 129 年乘机逃走。他不是带妻、儿、仆人东返汉境,而是继续向西走,翻越葱岭,经过大宛、康居等地后到了今天阿拉木图一带,足见张骞对汉朝的忠诚和个人意志力之顽强。他到大月氏人的住地时发现,大月氏人因受到乌孙人的压迫,已向南迁徙到阿姆河附近(今日阿富汗北部)。张骞于是又往阿姆河地区劝说大月氏人。在这里他看到产自中国的布,还有四川产的邛竹杖。他打听到这些商品都是自南方的身毒(印度)转运过来的,因此便猜测中国西南方可能有另外一条路可以通到印度。但是外交上,张骞没有成功。因为月氏人已经在当地落户扎根,不愿意再跟匈奴打仗,所以张骞只能在公元前 128 年启程回国复命,路上又被匈奴扣留了一年多,终于在公元前 126 年回到长安。他把这十几年的见闻详细地向汉武帝做了汇报,使汉朝廷对西域和匈奴都增加了认识。

　　汉武帝于公元前 121—前 118 年几次对匈奴用兵,把匈奴逐出河西走廊后,立刻建立了武威、张掖、酒泉、敦煌四郡。敦煌再向西就到了玉门关。王之涣的《凉州词》里有"羌笛何须怨杨柳,春风不度玉门关"两句,突出西域之荒凉遥远。但是李白在《关山月》中却说"长风几万里,吹度玉门关",

这或许是因为他出生在玉门关更西面的碎叶城之故,所以他是以驻守天山西部的将士的视角来看玉门关;起始两句的"明月出天山,苍茫云海间",也可以佐证这一点,因为月亮是从东面升起。总之,自从汉在河西走廊建立四郡,它的影响力大为增强,不久逐渐扩大到了莎车、疏勒,直达葱岭。

公元前119年张骞第二次奉命出使西域,主要是去乌孙(伊犁河流域)。这一次他带了几百人,用五百头牛驮了许多货物,其中就有许多丝织品。这是丝绸最早传到帕米尔高原以西。后来丝绸继续向西传,在罗马境内开始流行起来。这条商道便是今日大家经常提及的丝绸之路。

张骞从乌孙回来后,乌孙修改了过去亲匈奴的政策。因为汉朝能给它商业实惠,所以乌孙逐渐采取与汉和匈奴都亲善友好的"等距离外交"政策。不久,乌孙国王要求迎娶一位汉朝公主。这就是历史上悲凉艰辛的细君公主的故事。

刘细君是汉朝第一位嫁到乌孙的公主。她不像后来的王昭君是以宫女充公主,而是真的汉室皇亲,是江都易王刘建(汉武帝之侄)的女儿,其父母因谋反失败而死后,她以戴罪之身被收养到宫廷里。既然她是戴罪之人,那么以真公主和亲时自然就会优先选她。她以二十几岁的芳龄,嫁给了七十岁的乌孙老王。该乌孙王先娶的皇后是匈奴人,而那位匈奴皇后十分排挤这位汉家公主。主动要娶汉公主的老王也没有特别喜欢刘细君,每年只不过和她相见几次而已,刘细君每次都不亢不卑,送一些中原礼品给乌孙王的左右。细君公主入乌孙两年之后老王去世,按照游牧民族的习惯——丈夫死后,剩下的妻子就要嫁给非亲生的儿子,如果继子不在就要嫁给继孙——细君公主又被迫嫁给继承了王位的孙子。

源自草原的游牧民族政权,包括后来的奥斯曼帝国的皇室在内,一直到19世纪的时候都保有一套独特的继承制度。中国中原各个朝代大多实行嫡长子继承制,有时也另立太子。西欧的封建制也采用长子继承制,爵位、土地和其他财物都是由长子继承,非长子需要自谋生路。因此西欧封建贵族的次子、三子等人常常成为军人、教士、商人或是学者。这种继承制有一定的透明性和可测性，能避免宫廷内斗。但是欧亚内陆的游牧民族不采取（嫡）长子继承制，他们以一种家族大会的形式来决定继承权，在统治部落则表现为宗亲会。所有的草原民族，从公元前3世纪一直到19世纪的2200多年中都是由宗亲大会决定继承人的。这主要是因为草原民族经常要有军事行动，继承人必须根据体魄、性格和领导能力来决定，不能固定由长子继承。孔子的三纲五常中有辈分的概念，所以中原人对辈分十分注重，而游牧民族没有这种概念，只有年龄的概念。换一种思路，如果我们置身于当时的历史地理环境中思考，则会发现在游牧民族逐水草而居的生活里，假如一个妇女，丈夫死后，没人照顾她，没有人娶她，她的境况会是怎么样的？迁徙时谁来帮助她？平日里谁来供养她？所以弟弟娶嫂子不只是一种习俗，也是因为有这个必要。同理，儿子娶后母，也是替逝去的父亲照顾他所遗留下来的"财产"。按照这个风俗，乌孙的汉家公主自然需要嫁给继孙。但公主自幼受到孔孟教育，嫁给一个老头已经心不甘情不愿了，无论如何也不愿意再嫁给自己的继孙，所以就力争要回中原。无奈朝廷不允，汉武帝批复"从其俗"，意思就是说入乡随俗吧。于是她就写了一首歌："吾家嫁我兮天一方，远托异国兮乌孙王。穹庐为室兮毡为墙，以肉为食兮酪为浆。"这四句非常准确形象地描写了游牧民族的生活，足见这位公主的才华。但是最后两句"居常土思兮心内伤，愿为黄鹄兮归故乡"，则流露了她自己的心声。她可能中国第一位西域诗人。后来著名的边塞诗人王昌龄、王之涣等人都比她要晚得多。

自来人们认为张骞通西域和丝绸之路的开辟密不可分。其实丝绸之路这个词不是张骞之后就有的，甚至不是中国人首先用的，而是1877年一位名为李希霍芬的德国地理学家在他的书里首先提及丝绸之路一词并阐述了它的重要性。他曾被德国政府委派，调查从德国修铁路到中国的最佳路线。经过实地考察和研究大量资料之后，他认为人类文明史的一个主轴就是欧亚大陆上横贯东西的路线——丝绸之路（Seidenstrasse）。所以他建议铁路应该沿着这条路线修建。这条路线的主要功能是把一种贵重、轻便，又不易损烂的产品,从东亚分段运到欧洲。李希霍芬把公元前115年当作丝绸之路的开始,很明显是因为公元前115年是张骞第二次出使西域回国的时间。他把丝绸之路定义为:"连接中国与河中(指中亚阿姆河与锡尔河之间)以及中国与印度,以丝绸贸易为主要媒介的西域交通路线。"20世纪初又有学者认为丝绸之路的概念应该向西延伸到叙利亚。总之,丝绸之路不是一条线而是一个道路网络。它大致可以分为三段:东段由洛阳、长安到敦煌,中段由敦煌到撒马尔罕,西段由撒马尔罕到地中海。

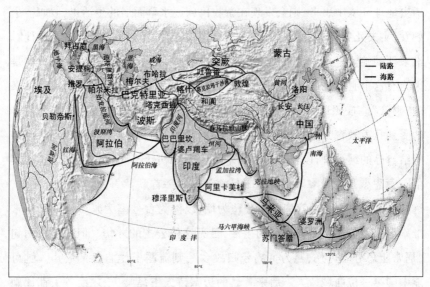

地图3-3 前200—300年的丝绸之路示意图

如地图3-3所示,丝路的东方起点是洛阳、长安,西北的终点是罗马帝国的君士坦丁堡,即今天土耳其的伊斯坦布尔,西南方则到今天的埃及。

丝绸之路开通之后,沿途贸易通畅,商旅络绎不绝,中国丝织品等大批货物西运,远达欧洲。很多物产也从西域传入中原,使中国的社会生活发生了重大的改变。西域传入中原的有葡萄、胡桃、葱、蒜之类水果、蔬菜,以及西域的音乐、舞蹈、乐器,希腊、波斯、罗马的艺术等。中国传入西域的除了丝绸、茶叶、陶瓷等之外,还有生产技术,比如冶铁、凿井等。

班超巩固基业

　　丝绸之路的历史上还有一个值得特别纪念的人,即班超。班超有一兄,名班固,是史学家,著有《汉书》。班超还有一妹叫班昭,是著名的才女。班超生活于东汉,那时汉朝已经很有力量,对西域也有相当的认识。所以班超前往西域的目的是笼络和震慑西域各小国。他本是宫廷里的抄写员,但认为男儿应该志在四方,于是便毅然"投笔从戎"。他带了一支类似于今天特种兵的小型部队,共36人,游走于西域的各地。当时的塔里木盆地周缘据说有36国,他都走遍了,效果很好。所以皇帝命他驻守在塔里木盆地长达三十年。

　　班超晚年觉得落叶须归根,便上书申请回中原,皇帝三年没有答复他,等于不准班超回来。最后是他妹妹班昭找机会向皇帝陈情说,我哥哥镇守西域三十年,还请陛下看在哥哥为国艰辛多年和建树颇多的功劳上,恩准他告老还乡吧!皇帝这才准奏,但又指派班超生长于西域的儿子班勇继任父亲的职位。

　　班超对罗马帝国(大秦)已经有所知悉,曾派了一个叫甘英的副手去探访罗马帝国。从历史记录看,公元1世纪时,所有东亚人中西行最远的应该就是中国的甘英,他到了今天波斯湾东岸地区,因找不到适当的船只过海才折回。这说明汉人当时的视野已经相当开阔了。

　　张骞通西域极大地开扩了当时人的眼界,使后人有意愿向西开拓。但这也是因为匈奴存在并对汉朝产生了巨大压力,否则汉朝皇帝也未必会采取这种向西扩张的措施。汉朝派班超到西域去安抚各国,又派他驻节三十年不准回来,正是因为他在西域的治理卓有成效,为汉帝国在西域建立了坚实的力量。

　　由于东汉有党锢之争、外戚专权等一系列矛盾,所以整体实力要比西汉弱。汉光武帝建立东汉之前的政权,是王莽篡位后所建的新朝。王莽的内政固然不得人心,对外政策也非常简单粗暴,其对匈奴的政策简直可以说是一塌糊涂。公元前3世纪到公元6世纪的中原政权,无论哪个皇帝执政都要面对北方游牧民族问题,就像现代每任美国总统都要面对族裔分歧和财政赤字一样,这是客观形势使然。王莽在十几年里搞的所谓新政,在北方民族政策方面错得很厉害,因此留给东汉朝廷一个难题。

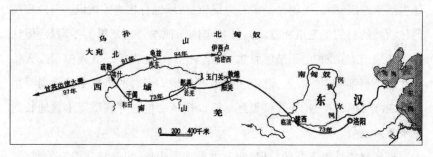

地图3-4 班超出使西域

地图3-4是班超出使西域的路线图,那时东汉的首都已经是洛阳了。从洛阳一直向西,就到了敦煌,出阳关,沿塔里木盆地的南缘西行,可以到鄯善、于阗、疏勒,再沿塔里木盆地北缘折回东行,可以到龟兹、伊吾卢等地。

下面介绍若干有关汉代西域文化的考古发现。

首先要介绍的是大家耳熟能详的楼兰。图3-2这口棺材估计有两千年的历史。因为楼兰气候干燥,所以这口棺材保存得很好。上面画的鸟类似伊朗神话里的一种神鸟。这也佐证了文明之间的交流——伊朗的势力从来没有到过楼兰,也没有听说有什么伊朗的公主来到这边,但这里仍出现了伊朗风格的纹饰图案,足以说明民间文明交流的力量。

图3-2 楼兰出土伊朗风格纹饰的棺木

其次要介绍的是位于塔里木盆地南缘、昆仑山以北的于阗(今天和田地区)。于阗素来以出产高品质的玉石而闻名,在超过四千年的时间里这里都是重要的玉石产地。本地居民主要是斯基泰人的后裔,同时也融合了羌人的血统。于阗和汉的关系非常密切,这里也是佛教东传的重要中介。在这里发现了很多双语或汉语写成的文书。

再次是尼雅,位于今天和田以北的沙漠里。中国史书上对它有很详细的记载,但它在最近几个世纪中却无迹可寻;斯坦因发现了这座古城并且进行了初步考察。直到1995年,一支中日联合考察队才进行了大范围的详细考察。

中日联合考察队在沙漠里发现了一对男女合葬的古尸,身体用汉代织锦裹着。男尸肘下有一块长方形有边的织锦,绣着"五星出东方利中国"几个汉字,而织锦上的花纹是波斯风格的异兽(图3-3)。经学者考据,这句汉文出自中国古代的占卜术语,意思是当金木水火土五星同时在东方出现时,次日的战斗有利于中国。

图3-3 "五星出东方利中国"织锦　　图3-4 尼雅出土汉代印章

考察队也发现了不少木简。上面的文字多数是用古印度西北部(如犍陀罗)使用的佉卢文字母拼写的犍陀罗语;一部分木简则使用汉字。佉卢文其实在19世纪就已经被梵文专家成功释读,所以出土的木简很快就被解

图 3-5　尼雅出土木简

读出来,讲的是一些贸易、买卖奴隶,或者借贷之类的事情。

这里还出土了一些汉朝时候的印章,即汉朝派驻西域官员的印,图 3-4 中这一枚叫作"司禾府印",或许就当时农业局的印吧!

以上种种,说明尼雅的贵族在汉代是生活在两种文化并存的环境里。这种并存的文化状态并不是两种人在居住地位置上的简单接近,而是渗入他们的生活中并从生活的各方面反映出来。这在研究文化发展史时是一个重要的线索,同时出现的绣在织锦上的中国占星术的词句与犍陀罗语木简,能够帮助说明东汉时西域文化的不同成分和它们之间的融合程度。

毫无疑问,张骞、班超把汉朝的国威远播于西域。因此,西域各国都纷纷遣使入汉,并常派质子到中国的京城来学习。比如说西域的于阗,就是现在的和田,统治者本是斯基泰人。他们派来的王子往往定居中原,改用汉姓。唐初的一个将军叫作尉迟恭(敬德),"尉迟"就是于阗王族的汉姓。他们世居长安,慢慢就融入汉族社会,成为汉族的一部分。

汉帝国和罗马帝国的交往

现在讲汉帝国和罗马帝国之间的文明交往。两千多年前,山河阻隔,交通闭塞,按理说汉帝国和罗马帝国应该是音信阻隔,两不相犯;在老百姓的生活中也的确是如此,汉朝的人不会太关心罗马的第几个皇帝怎么样了,谁又在哪里新建了一个图书馆。

罗马的皇帝大多是由上层贵族和高级军人共同推选出来的军人充当。在蛮族入侵前的极盛时期,罗马帝国东部边境与波斯接壤。前文讲过希腊

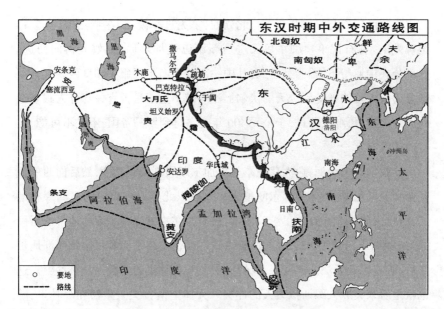

地图 3 – 5 东汉时期中外交通路线图

的敌人曾是波斯帝国,罗马帝国时代控制波斯的则是帕提亚帝国。波斯帕提亚帝国的东边是由大月氏人建立的贵霜帝国,再东面就是汉帝国。这四个帝国之间首先通过北方草原,其次经由绿洲丝绸之路,再次是经过海路逐段相通,货物和思想互有往来。

从大兴安岭、黑龙江之北向西,一直到乌克兰以北的中欧平原,延绵着南北几百公里宽的寒温带草原。这个大草原上很早就有草原民族居住。史书上说窦宪北逐匈奴五千里。所谓的北逐,不是匈奴人从他们的草原老家笔直向正北逃逸五千里。实际上匈奴人向北回到草原地带后,一定会折而向西。问题是,他们去了哪里?

欧洲人一直相信的,但是历史上无法确切证明的一个观点就是,一度攻到罗马城下并导致罗马衰亡的阿提拉(Attila)就是匈奴人的后代。阿提拉的部落称作 Hun,因为"匈"字古时读"hong",欧洲学者一般认为 Hun 就是匈奴。匈奴西逃和阿提拉攻打罗马在时间上也衔接得上:公元 100 年左右,已内附的南匈奴与汉军联合攻打北匈奴,窦宪进军漠北,在燕然山(今蒙古国杭爱山)勒石记事。汉军后又进占新疆巴里坤草原,匈奴人再向西逃。一部分在中亚留下,称为嚈哒人;其中一部分又南下征服了印度西北。另一部分匈奴人可能迁徙到今天的伏尔加河一带。至于是否有一部分人跟当地人通婚之后,再继续西进,于公元400年左右打到罗马帝国,不是不可能,但目前还没有定论。

让我们做一个回顾:大草原东起贝加尔湖周围及其北面,然后向西一直延伸到罗马尼亚、匈牙利等东欧地区。草原以北是以白桦树为主的森林地带,游牧民族不能在森林里游牧驰骋,被阻拦在森林以南。森林地带的居民另有一种不同于草原游牧民的游猎方式。汉朝控制了河套以南及绿洲地带之后,游牧民族无法向南发展,就转而向北与森林里的居民发生了冲突。这也就是后来突厥人跟斯拉夫人的冲突。大体上斯拉夫人生活在森林里,游牧民族大都生活在草原上,而农耕民族则主要在江河流域生活。

除了北方草原和绿洲丝路,古代文明还有第三条交往的道路,也就是海上丝绸之路。这条道路通过马六甲海峡、暹罗湾(现在叫孟加拉湾),一直到阿拉伯半岛南部,然后再经由海路和陆路(此段陆路更为重要),到达今天约旦的佩特拉(Petra),因此这里成为罗马盛世时的贸易转运中心,曾经非常繁荣。

海上丝绸之路有没有什么考古证据呢?本来只是存在一些传说,近年来有了一部分零散的实物证明,典型的一个例子就是我在2000年到2003年任香港特别行政区的文化委员会主席时,去参观访问广东省的文化厅及广州市的文化局,因缘际会看到的南越王墓的遗址。这个遗址是2000年广州市文化局要盖楼的时候挖掘出来的,今天已经办成一个很好的主题博物馆。

南越王在秦朝的时候已受封,秦亡后,南越王继续受到汉朝的册封。图3-6的西亚银盒是在南越王的墓里发现的,时间约为公元前122年,正是张骞通西域的时代。盒子为银铜合金铸造,造型同当时波斯的器具一模一样。因为出土于广州珠江岸边,所以不太可能来自陆上丝绸之路,也不太可能是通过草原来的,那么应该是从海上来的。

图3-6　南越王墓出土西亚银盒

欧亚大陆东西向的陆上交往还有很多。比如沿着丝绸之路,特别是在宁夏的固原附近,今天发现了很多波斯的钱币,包括铜币和银币。固原在银川向南约七八百公里的地方,是宁夏回族自治区的一部分,已经在丝绸之路的东段了。而据我所知,香港有个收藏家有100多枚出土于丝绸之路中段的希腊货币。这说明,亚历山大征服了大夏之后,留在那里的一部分希腊人曾按照传统的方法铸币,即在钱币上铸上头像等。图3-7就是罗马时代的钱币。

图3-7　罗马时代的钱币

由于中国内地(敦煌之东)没有发现过罗马时代的货币,中国历史上也没有汉代人到过罗马帝国的记载(甘英没有进入罗马境内),汉帝国和罗马帝国的文明交往是通过西亚和中亚间接进行的。

第四讲

西方有神,其名曰佛:佛教的起源

　　本讲重点探讨佛教传入中国的几个条件。首先述说汉代河西走廊与塔里木盆地的地理、文化和居民组成,因为这里是佛教传入中国的必经之处。其次是回顾佛教传入之前的中国早期思想,以便于理解为何佛教可以在中国生根。再次是简介印度的早期宗教,包括婆罗门教、耆那教和佛教。

汉代的河西走廊与塔里木盆地

　　讲到佛教在中国的传播,不能不提塔里木盆地。塔里木盆地在天山山脉之南,昆仑山脉之北,中央是世界第二大沙漠塔克拉玛干沙漠。在沙漠的东缘有一个名为罗布泊的小咸水湖,楼兰就在罗布泊的北侧。罗布泊现在已经干涸了。塔里木盆地的边缘有许多历史上的重要城市。

　　历史上所谓的西域是一个十分辽阔的地区,其重要的地理单元包括河西走廊、准噶尔盆地、塔里木盆地、费尔干纳盆地等等,重要的山脉有天山山脉、昆仑山脉、帕米尔高原等,重要的河流有塔里木河、伊犁河、楚河、额尔齐斯河、锡尔河、阿姆河,大湖泊有巴尔喀什湖、伊塞克湖。汉代西域主要在今日新疆。大概而言,新疆的地形是所谓的"三山夹两盆"。"三山"自北而南分别是阿尔泰山、天山、昆仑山。阿尔泰山和天山之间夹着准噶尔盆地，天山和昆仑山之间则是塔里木盆地。塔里木盆地以沙漠为主，准噶尔盆地则有大片草原，也有一些沙漠。塔里木盆地的河流水量很小，而且时常下渗成为地下河，所以表面部分水域时有时无。其中最有名的是流经和田附近的和田河，还有阿克苏河、叶尔羌河，它

地图 4 - 1 "三山夹两盆"示意图

们一起汇合成为塔里木河。和田河之所以最有名，是因为闻名数千年的和田玉就是从那里面冲出来的，直到最近还有人在干涸的河床里捡拾玉石。另一条重要的河流是伊犁河，它起源于天山，流经伊犁，最终注入今天哈萨克斯坦的巴尔喀什湖。费尔干纳盆地在喀什西边不远，汉时称为大宛，张骞时代的大宛马就来自这里，今天分别属于乌兹别克斯坦、吉尔吉斯斯坦和塔吉克斯坦。

今天中国西陲的帕米尔高原，古时称为葱岭，是丝绸之路上的重要交接点。丝绸之路上的东西方交往都需要翻越帕米尔高原。马可·波罗曾经讲了这么一个故事：他到帕米尔高原后，当地居民非常友好，不仅提供住宿、饮食，还让自己的妻子陪他过夜。这听起来很荒唐，但有一些学者解释说，由于当地居民与外界几乎隔绝，可供交换基因的范围极其有限，不利于后代的延续。因为他们能接触到的人几乎只有行商，所以如果有外人经过，就要借他的基因。

帕米尔高原和西南的喜马拉雅山把中国通向西方的道路阻断了很长时间，所以语言文字、造纸技术等许多文化、工艺的交流要经过很多世纪才能实现。中国的很多制度、风俗与西方产生了明显的差异，就是因为很长一段时间里缺乏与外界的接触和交流。假如中西之间像地中海那样，是一片风

平浪静利于通航的海洋,那么只要几艘船就可以沟通中西,思想、行为、生活方式的交流也就会更加方便了。

下面介绍塔里木盆地的早期居民。塔里木盆地最早的居民应该是操印欧语的人群,这些人在大约4000年前越过阿尔泰山,到达天山之北,其中一部分人继而南下塔里木盆地,成为塔克拉玛干沙漠最早的居民。前面已经讲过,他们的祖先和赫梯人、凯尔特人大约同时离开原始印欧人的故乡,来到今日的中亚地区;许多欧洲学者称他们为吐火罗人(Tokharian)。所以吐火罗人说的印欧语跟拉丁语甚至是爱尔兰的凯尔特语相似,而与同样在亚洲的伊朗人、印度人说的印欧语反而差异更大些。不知道究竟是什么原因使说印欧语的人群从阿尔泰山向东再向南迁徙,到达今天的河西走廊和塔里木盆地定居。可以明确的是,河西走廊的月氏人、塔里木盆地的楼兰人、尼雅人,都是说印欧语系语言的人口(被西方学者称作吐火罗人)。

据考古学者判断,小麦是印欧语人口带到东亚的。与另一种重要粮食作物稻米的种植历史相对照,稻米是在距今8000年的东亚出现的。浙江河姆渡文化的遗址发现了7000年前的稻米。湄公河地区大约7000年前也种植了稻米。两地是各自开始种植稻米,还是一地学习另一地,目前还没有结论。人类用野稻种子人工种植稻米颇为自然,因为稻米脱粒后直接煮熟即可食用。不同地方独立开始种稻米并非不可能。但麦粒不能直接食用,必须磨碎成面,加水揉成面团,加热、煮熟后才能食用,而且面团要经过发酵才更容易消化。因此不同地方独立开始种植小麦的可能性不大。现在一般认为小麦源自美索不达米亚,然后逐渐传播到欧亚大陆各地。而小麦得以传播到东亚(中国、日本、韩国),操印欧语系语言的人口(即上述所说的吐火罗人)功不可没。

轮子也可能有类似的传播史。在6000年前,美索不达米亚就已经有了轮子。英文有句成语是"Don't try to reinvent the wheel",意思是美索不达米亚的人6000年前就已经发明轮子,你就不用再白费力气想去重新发明它了!轮子也可能是吐火罗人带到东亚来的,但没有确凿的证据。不过,操印欧语的雅利安人3500年前入侵印度的时候,是驾着牛车去的。所以,中国的牛车也不像是独立发明的。至少,马匹和马拉双轮战车是从西方传到中国的。

前面已经讲过,在亚欧大陆北面的森林地带和沙漠绿洲的道路之间,有一条纵贯东西的草原带,这是游牧民族东西往来最方便的通道。因为寒冷,这里人口密度比较低,但还是有不少人生活在这里。其中有一支叫作斯基泰人,他们源于黑海以北的草原上,属于印欧人的一支。希腊人和波斯人的史书里都提到他们,分别称之为 Scythian 和 Saka,中国的古书则称他们为塞种人。与吐火罗人不同,他们的语言属于印欧语系印度-伊朗语族中的伊朗语支。一部分斯基泰人也曾迁徙到今天中国的新疆,并建立了疏勒王国和于阗王国,所以汉代中国人就知道他们。

于阗(今和田)距昆仑山不远,居民主要是斯基泰人的后裔,但是羌人和藏人有时也会翻越昆仑山来到新疆,控制于阗和南疆部分地区。正是由于各民族不断融合才出现了今天的南疆人和北疆人。于阗政权和汉政权的关系素来非常紧密,这里也是佛教传入的重要中介。在这里发现了很多双语或汉语写成的文书,再次彰显西域作为文明枢纽的地位。

还有疏勒(今喀什)。它位于在塔里木盆地的西缘,地理位置也很重要,汉曾在疏勒驻军,以确保它的忠诚。这里有时候也受到匈奴的威胁,但从未被匈奴征服过。总体来说,汉代以后的疏勒在文化上受到波斯、印度和中国的三重影响。

汉帝国在东起楼兰,西至费尔干纳盆地的西域地区建立统治地位后,要求各国派质子到长安学习。匈奴的势力基本被逐出西域后,汉和西域各国之间长时间保持着稳定的附庸和贸易关系。虽然后者时有反叛,尤其是在中原发生动乱的时期,但西域大多数绿洲国家都处于汉的统治下。到了东汉,班超父子经营西域的情况,前面已经讲了不少。这里只需要补充一句:正是在班超时代,佛教从塔里木盆地传入中原。

关于古代西域的历史,还要重点介绍一个地点和一个人物。

　　要重点介绍的地点是楼兰。它是塔里木盆地边缘一系列小国家中最东面的一个,从中原来的旅人必须在这里歇息一下,才可能继续前进。正因为地处重要的战略位置,它成为一个繁荣的商业中心,也是不同文化交汇的地方。因为气候的变化,楼兰国附近的河流逐渐干涸,公元 500 年之后,居民离开此地,于是楼兰古城及不远的尼雅古城都湮没于风沙之中。但"楼兰"一词却始终以一种浪漫的形象存留在诗人的笔下。

　　关于楼兰国古城与尼雅的发现,两位欧洲人值得介绍。瑞典人斯文·赫定(Sven Hedin)曾冒死探寻和田河的源头,也是首先发现楼兰古城的人;与他几乎同时而发现更多的是在印度为英国服务的匈牙利犹太人斯坦因(A. Stein)。斯坦因进入新疆之后,出钱雇了当地的一个维吾尔族男子做向导,而这位向导带给他很重要的发现——佉卢文木简。他接着在尼雅发现了很多文书,并将之送回英国,这批文献于是成了不列颠博物馆极为宝贵的收藏。

　　斯坦因的探险还远不仅如此。他后来又到了敦煌,碰到发现藏经洞的道士王圆箓;后者需要钱来维护当地佛窟的遗迹,就收了斯坦因一些钱,领他进了藏经洞,不想斯坦因竟然又拿走了不可计数的珍贵文物。这是斯坦因发现的第二宗重要的收藏。

　　假如只有这两次的话,我们还不能说斯坦因的运气特别好。后来他又去了离今天嘉峪关不太远的长城,因为他听说那里有个旧烽燧,是汉长城的一部分。别人也去过,但没有听说发现了什么。可他去了之后,竟然找到八封古旧的书信,虽然已经破烂不堪,但仍被他编号送回英国。这是些什么信呢?中国自汉代起已经有了驿站制度。公元 312 年,一个邮差因故不能前进,就把邮袋落在此地。从那时起到斯坦因 1907 年发现它们,这八封信一直躺在那个邮袋里。最可贵的是,这八封信是用粟特文写的,经过几国学者长期努力把它们破解后,人们才知道粟特人在古代丝绸之路上进行贸易的大致情形。斯坦因本来是学医的,因为上述事迹而成为 20 世纪最著名的考古学家之一。

中国早期的宗教与哲学思想——儒家与道家

上面说了这么多,都是在讲汉朝时候西域的地理和政治的形势。下面要讲的是当时中国人的生活状态以及思想状态,即佛教传入时,中国的思想文化背景。

春秋战国这几百年,是华夏文明开始成熟的阶段。除了政治制度、经济制度之外,华夏文明中还逐渐产生了对宇宙的基本看法,也就是宇宙观;对生命的意义的看法,也就是所谓生命观;还有对社会秩序的看法,也就是社会学说、政治制度等。那时候有所谓诸子百家,这里只提在中国影响最深远的、最广泛的两家,即儒家和道家。

儒家的开创人是孔子。他的一些论述,特别是《论语》,表达了他对个人修养和社会关系的许多看法。上面提到的宇宙观、社会观、生命观甚至审美观和教育观在《论语》中都有表述。孟子生活在孔子之后约 200 年,他是儒家思想的集大成者。荀子跟孟子时代相近而略晚于孟子,但是荀子跟孟子对人性的理解又有不同。但不论区别有多少,他们之间的共同点大于区别。这个共同点就是不去探讨生命的起源、宇宙的起源之类的问题。孔子甚至明确地说,"不知生焉知死""子不语怪力乱神"。孔子把宗教的崇拜仪式叫作"怪力乱神"!中国的商代是重鬼神的,有诸多占卜用的甲骨流传至今。所以中华民族的祖先并非从来不拜鬼神,孔子时代也不是不拜鬼神,孔子本身也是参加祭祀的,但是他的祭祀,是一种社会活动,是他对某些社会伦理的认可,而不是对生命永恒或是超自然力量的信仰和探讨。

而同时代,希腊人所信仰的奥林匹斯诸神(见第二讲)则是彼此有爱恋、有偷情、有妒忌、有传承等等,是活灵活现的神。所以儒家的基本思想是以社会伦理和秩序为主,对如性善性恶之类的人性做一定的探讨,而对人的前世及后世,不做探讨,只重视今世。这也影响了汉民族的性格——比较注重实际,不太关注未知的过于玄妙的事情,孔子、孟子、荀子都是如此。

道家则颇有不同。老庄哲学重视自然,不愿意接受社会的束缚,所谓"帝力于我何有哉",远离政治、远离城市的控制而过着自己的生活。但是如果再仔细想一想,儒家和道家在生死观、宇宙观上有什么分歧呢?他们在社会观上是有分歧的,比如说儒家重伦理,强调三纲五常、孝悌忠义之类,但是在生死观、宇宙观方面彼此没有什么区别,儒家和道家都没有对宇宙和生命起源问题做出探讨。不同的是道家有种朴素的辩证法思想,寒来暑往、乐极生悲、苦尽甘来,这些是道家的思想,比较相信有客观规律的存在,只是没有表述得很清楚。

儒家和道家都是农业社会的产物,不同之处在于它们的出发点是农业社会里地位不同的人。儒家代表的是统治者对社会的看法,孔子、孟子都是站在统治者的立场,思考社会安宁而善治之道。而道家更多是从一个被统治者的角度看,不愿意受"帝力"的束缚,情愿多一些清风明月。

在佛教传入中国之前,整个中国知识界在哲学方面的思想状态大致如上所述。至于名家、阴阳家等,只是儒道两家的变种或者与之略有不同,没有任何一家超越了它们。诸子百家之间,还没有谁像希腊人那样探究人类或者宇宙的起源,最后剖析物质、推到原子,或者对宇宙做一个系统构思。中国古代的哲学家们,尽管他们想得也很深奥缜密,但是努力的方向不同于西方。如果他们执着于宇宙起源等问题,佛教是不是能够很容易被中国人接受就很难说。

汉武帝采纳董仲舒的意见,罢黜百家独尊儒术,由此奠定了汉朝及其后中国主流思想的底色。虽然董仲舒自己对名家、阴阳五行等比较赞成,但是他更希望以社会伦理来制约、约束老百姓的生活方式和思想方式。到了汉朝末年天下大乱的时候,有人提出"苍天已死,黄天当立",这是他们对当时的政府的反抗,利用的就是一种并没有清晰界定意义的"天"的概念。自古以来历代统治者,包括孔子都是祭天的,也就是说他们并没有认为人就是一切,只是他们并没有进一步去探究天是什么,天是怎么来的,谁创造了天,天是由一个还是多个神灵掌管这些问题。

南宋的时候佛教大盛，作为一种思想，佛教已经渗透进整个中国的思想文化，浸入中国人的脊髓了。在那个时候开始有人把儒家的哲学跟佛家的思想融合起来——这应该是一种无意识地融合。这就是宋明理学的开始。明朝儒佛兼通的代表是王守仁，这是后话。换言之，当佛教浸入整个中国文化肌体的时候，就有一批人如程颐、朱熹等大儒，对佛学与儒学的并存进行融合整理，利用佛学来重新诠释儒家哲学。

印度早期宗教——婆罗门教与佛教

印度的早期宗教是怎么样的呢？首先要说明，今天的印度共和国是英国人把印度半岛上各有主权与传统的许多王国逐渐转化为英国殖民地后才形成的，一直到1947年印度独立时，还有500多个理论上不属于英国而是自主的王公国（princely states）。所以印度半岛历史上从来没有过像今天印度这样的统一国家。这里要讲的是印度半岛居民的早期宗教。以前说过，印度半岛上原来居住的是黑肤、扁鼻的达罗毗荼人（Dravidian）。公元前1500年前后，有一批白肤、高鼻的雅利安人从阿富汗穿越兴都库什山脉的隘口进入印度半岛西北部。这些雅利安人在西北部站住脚后，又扩展到整个印度北方。又过了几个世纪，他们推进到印度南方，成为整个印度半岛上（也应该包括今天的斯里兰卡）印度教文明（Hindu civilization）的缔造者。

雅利安人根据他们原有的信仰和在征服印度的过程中对自然界和人类社会的新理解，创作了大量口述的诗篇形式的祈祷文，称为《吠陀经》（Vedas），主要的有四大部。以《吠陀经》为依据，印度人逐渐形成了婆罗门教信仰。

这种信仰认为宇宙间有三位主神，即创造之神大梵天（Brahma）、守护之神毗湿奴（Vishnu）、破坏之神湿婆（Shiva）；这三个主神都有变化再生的法力，所以印度教里神祇多得不可胜数，据说至少有几万。

这三位主神的交替使宇宙循环不已，人类和自然界的万事万物都是这个循环过程中的一部分。

人类社会由按血统决定的四个种姓的人（外加不可接触的贱民）组成。第一种姓婆罗门（Brahmin）是掌管神权的祭司、文职人员，由大梵天的口化成；第二种姓刹帝利（Kshatriya）是掌管政权的贵族、武士，由大梵天的臂化成；第三种姓吠舍（Vaishya）是从事生产与分配的工商业者，由大梵天的腿化成；第四种姓首陀罗（Shudra）是受人差遣的劳工、农民，由大梵天的脚化成。除此之外，后来又增加了一种不列入种姓里的贱民（今天称为 Dalit），包括从事屠宰、制革、收垃圾、洗厕所等肮脏工作的人。

种姓制度的起源是雅利安人以血统为标准对被征服人口进行强制分离，并用宗教信条予以制度化和固定化的结果。后来在雅利安人之中社会分工也日趋复杂，所以分成了以上的几大类，其后再把各行业的分工纳入种姓制度的框架，以至于今天印度各地人口的详细种姓分类可以达到三千个。各个种姓之间互不通婚，有时某些不同种姓的人不可以坐在同一张桌上吃饭。自 1947 年独立以来，印度在法律上废除了种姓制度，并且给弱势种姓受教育和就业的保障名额。几十年下来，印度严格遵守种姓分离的人逐渐减少，但是印度社会仍然普遍接受印度教文化，而印度的社会生活和宗教文化根本无法区分，所以宗教仍然是印度社会生活中的主要元素。

以上提及的印度宗教信仰和不同神祇都反映在中世纪时编纂的《摩诃婆罗多》（Mahabharata）和《罗摩衍那》（Ramayana）这两部叙事史诗中。《摩诃婆罗多》由 60 万个对仗的句子构成的，先是世代口述，后来整理成文。

《罗摩衍那》里面有一个很灵、很棒的神，是一个猴王（Monkey King）。我怀疑《西游记》的作者吴承恩也许知道印度宗教里有这样一个猴王，所以才创作出孙悟空这个经典角色。猴王的印度名叫哈奴曼（Hanuman），意思就是又灵、又棒、又聪明、又调皮。这本书的汉译者就是著名学者季羡林老先生。

关于印度教诸神有许多神奇有趣的故事。自 5 世纪以来就非常受信徒喜欢和敬拜的伽内什（Ganesha）长着一只大象的头。其缘由有多种说法，其中一个类似于中国民间关于薛仁贵、柳银环和薛丁山的故事。伽内什是湿婆（Shiva）和他妻子帕尔瓦媞（Parvati，繁殖之神）的儿子。有一次湿婆出门很多年，回家的时候发现门口摆着一双男人的鞋，他一气之下就把屋里的男人斩杀了。当他发现错杀了自己的儿子，就冲出门找办法补救，这时他突然见到一只大象，就斩下象头安在儿子的脖子上。

印度最早的宗教起源和内容大致如上述。公元前500年左右，欧亚大陆上的欧洲部分、东亚部分、南亚部分，各自出了一个智者。中国是孔子，希腊是苏格拉底，印度当然就是释迦牟尼。

释迦牟尼是今天尼泊尔境内一个小国的王子，他20多岁的时候，觉得生活没有意义，人必须要有另外的追求，于是离家出走，最后在菩提树下坐了49天，终于悟道了。这是佛教的起源，因此很难说佛教起初是一个有神的宗教。但是后来的信徒把释迦牟尼神化，并参照婆罗门教的三主神系统，渐渐发展出三世佛的说法，横向的有东方药师佛、中央释迦牟尼佛、西方阿弥陀佛，纵向的有过去燃灯佛、今世释迦牟尼佛和未来弥勒佛等，又增加了不少菩萨和众多的罗汉等，成为今天中国人所熟悉的宗教。

图4-1　《罗摩衍那》的猴王形象

图4-2　伽内什的形象

在印度,经过孔雀王朝阿育王(Ashoka,公元前260—前232年在位)的大力推广后,佛教逐渐取代了婆罗门教。公元6—7世纪的时候,婆罗门教经过演化,成为今人所称的印度教,又逐渐吸收并且取代了佛教。

许多印度人并不认可"印度教"(Hinduism)这个名词。他们不认为他们信仰的宗教叫作"印度教";他们只信奉自己社区一贯崇拜的某些神灵,并遵循自己社区传统的宗教仪式和社会习俗。事实上,"印度教"这个名词来自欧洲人。18世纪的欧洲学者认为大部分印度人的宗教信仰都环绕着"创造—毁灭—再创造"这个循环过程,有共同的文化基因,所以印度半岛上多数人的宗教应该称作"印度教"。

图4-3　印度教庙宇

印度教复兴时(即玄奘到印度取经之后),印度南方由朱罗(Chola)王朝统治,印度教尤其繁盛。图4-3是一座印度教的神庙,外墙有很多神像,非常华丽而繁复,大概建于1000年前,比巴黎圣母院大教堂、梵蒂冈圣彼得大教堂还要早。

图4-4所示为湿婆像,他是印度教三个主神里面最受下层民众喜爱的,因为他能挑战有四个头的大梵天,甚至杀了大梵天用拇指变化出来的第五个头。印度教的每一个主神都有一个妻子,还有特别的座驾。印度尼西亚曾经长期处于印度文明圈之内,在14—16世纪伊斯兰化之前,多数人口信仰源自印度的印度教。即使在14—15世纪伊斯兰教传入之后,印尼群岛的主要岛屿(如爪哇)的内陆和较偏僻的岛屿上仍然有不少印度教信徒,并且承袭了不少印度传

图4-4　湿婆像

来的风俗习惯。这就是为什么这个群岛之国的国名是印度尼西亚。印尼的国家航空公司叫嘉鲁达(Garuda),就是湿婆驾乘的神鸟。

宗教和艺术总是分不开的,印度的宗教艺术非常活泼,所以印度人的舞蹈也是色彩鲜明,有很复杂的动作。中国的舞蹈是从佛教传入之后才发展得比较复杂多样。印度教的舞者必须要学会"三道弯",身体弯成S形,眼珠还要转来转去。今天印度、斯里兰卡、尼泊尔、缅甸、泰国、老挝、柬埔寨、印度尼西亚巴厘岛的舞者基本上都延续了这个风格。他们的每个舞蹈都包含宗教的元素。其实,早期人类所有的舞蹈都与宗教仪式有关。

随着笃信佛教的阿育王的孔雀王朝扩张到印度西北,包括今天的阿富汗,佛教就传播到那里了。那个地方原来是被希腊人、贵霜人统治,他们也都信奉了佛教。后来,佛教在印度本土式微,佛祖释迦牟尼被纳入印度教的毗湿奴派,算是毗湿奴的一个化身。

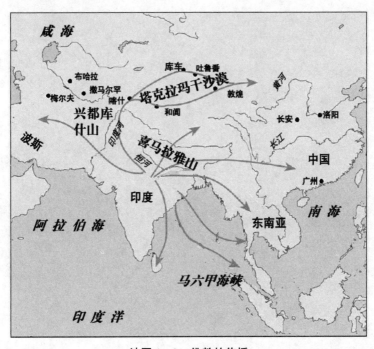

地图4-2　佛教的传播

但这里需要解释明白,释迦牟尼所宣传的思想实际上跟婆罗门教(印度教的前身)是针锋相对的。婆罗门教(后来的印度教)把人分成不同种姓,佛教没有这种分类,任何人都可以通过冥想、默思、善行达到涅槃。涅槃是一种境界,而不是像基督教、犹太教、伊斯兰教等所信仰的造物主所在的天堂。还需要说明,佛教以及比佛教还要早而目前仍有不少信徒的耆那教(Jainism)都是由婆罗门教中的刹帝利种姓所提倡,也受到刹帝利和吠舍种姓的支持,但受到大部分婆罗门种姓的反对。这里面有政治和社会革命的意义。所以佛教才会在刹帝利种姓出身的阿育王的推动下,在几个世纪的时间里取代了婆罗门教。

第五讲

鸠摩罗什与法显擦肩而过：
佛教传入中国

　　佛教诞生于印度恒河中游,今尼泊尔附近,不久传到中亚各地。公元1世纪,佛教由西域传到洛阳;波斯僧人安世高于2世纪中叶来华,翻译部分小乘佛教(Theravada)经文。不久,大月氏僧人支娄迦谶来华,宣扬大乘佛教(Mahayana)。公元5世纪初,中国僧人法显经新疆前往印度取经,回国后著有《佛国记》;同时期,中亚高僧鸠摩罗什从新疆入凉州,住十余年,再入长安以十余年时间翻译大批大乘及小乘佛经。法显与鸠摩罗什本有可能相遇,可惜二人两次擦肩而过。对中国佛教影响最巨者是唐初的玄奘,佛教中国化即由他开始。在本讲末尾,我们将综述印度历史上政权、人民和宗教之关系,进而探究欧亚大陆历史上宗教的社会性与个人心灵的需求。

　　在敦煌莫高窟里有一幅画,画的是西汉军队从匈奴掳获一个大金人,该金人表现的是匈奴人崇拜的神(图5-1)。后来,中国的佛教徒就在敦煌画了一幅壁画,表现汉武帝不知道从匈奴掳获的金人代表什么,于是就派张骞去找它的来源。张骞到了西域之后才知道此金人就是佛。现在不少学者认为这是佛教徒在唐朝道佛两家相争时做的伪托,其实是时空的误置。道教

图 5 - 1　莫高窟壁画:汉军掳获匈奴金人

产生于汉朝末年,佛教在东汉时传入中国。后世佛教徒想证明佛教在中国比道教历史更悠久,便把汉武帝派张骞通西域附会成为寻找佛教,引佛教入华。

安世高来华弘法

佛教是何时,又是如何传入中国的呢? 在贵霜王朝的年代,欧亚大陆上同时并存四个帝国。最西边有罗马帝国,其东是波斯的帕提亚(安息)帝国,再往东是贵霜帝国,欧亚大陆的最东边就是汉帝国。

在帕提亚帝国,有一位太子自幼向往佛学,即位前把皇位让给了叔叔。这次政权交替有国际政治和宫廷斗争的因素。当时对西亚很有影响力的罗马帝国希望让这位叔叔即位,所以安排太子到受罗马控制的波斯邻国亚美尼亚当国王。但亚美尼亚人并不欢迎这位帕提亚波斯的退位太子当他们的国王。不久之后,这位太子决定退出西亚的政治,远赴印度为僧,潜心研究佛法。从佛教角度看,退位意味着王子看透了世道,想通了人生(佛祖当年也曾放弃王位而达到涅槃)。这位王子在印度居住多年,精通了佛教的各种典籍,继而想要宣扬佛法,于是在公元 147 年来到中国。中国人当时称帕提亚波斯为安息,从安息来的人按照惯例都以安为汉姓。因此这位曾是波斯太子和亚美尼亚国王的僧人便取汉名为安世高。

安世高所阐扬的是所谓的"小乘"佛法。"小乘"是大乘佛教信徒对这一佛教宗派的称呼,"小乘"佛教的信徒从来不以此自称,他们称自己为Theravada(上座部)。大乘佛教自称 Mahayana(maha 意为大,yana 意为车乘)。大乘佛教信徒认为它是一辆大车,可以带更多人达到智慧之境。大致而言,大乘佛教主张不仅要独善其身,还要兼善天下。

早期印度、中亚、波斯的佛教都是小乘佛教。所以东汉(约公元 68 年)时,传入我国的就是小乘佛教。据说最初的佛经是以白马驮运到洛阳,汉明帝乃下令修建白马寺,纪念佛教入华。这是中国第一座佛寺。

安世高博学多闻,佛法深湛,同时也有很强的语言学习能力。他到中国后,很快便掌握了汉语。从 148 年到 171 年,他共用了二十多年的时间将小乘佛教经典翻译成中文。这个时候汉朝已经接近尾声,北方动荡不安,所以安世高去了南方,并最终在那里去世。

安世高翻译的经典虽然不是很多,但他毕竟是第一个把佛经用汉文表现出来的人,是汉译佛经的开创者。他传授的小乘佛教直到今天,在缅甸、泰国、柬埔寨、老挝等地,仍然被认为是最原始、最好的佛教。而今天中国、越南、日本、韩国,则主要信奉大乘佛教。

还有一个入华弘法的重要僧人是月氏(禹支)人。按照当时中国人的翻译习惯,凡是月氏人,都在名字前加一个"支"字。这个僧人本名叫娄迦谶,所以中文书里称他作支娄迦谶。他的时代比安世高稍微晚一些,传授的主要是大乘佛教。因此大乘佛教并非中国开创,而是从中亚和印度逐渐传来的。

中亚最初并不信仰佛教,而是信仰琐罗亚斯德教(又称祆教,俗称拜火教)。

祆教比佛教创立的时间至少要早 100 年,其创始人琐罗亚斯德据考证是诞生于今日阿富汗的波斯人。因为后来的波斯萨珊帝国以祆教为国教,所以这种宗教在中亚和西亚影响比较大。由此可以看到,所有世界性的宗教都是因强力政府的支持而得到兴盛。无怪乎早期中国的高僧也总结出"不依国主,则法事难立"。就是说,不遵守国法,跟官方作对,佛教就很难站得住脚,无法绵延传承。

后来南北朝时期南方的梁武帝十分喜欢大乘佛教,曾经三次舍身同泰寺,声称要出家。大臣们每次只好拿一笔钱赎他出来。在这种大环境下,僧侣们自然就越来越富裕,寺庙越修越多,南朝的佛教因此非常兴盛。

法显佛国求法

在小乘佛教和大乘佛教之间,中国的信众多半比较倾向于后者。所以大乘佛教虽然传入中国比较晚,但是信仰的人反而比较多。当佛教在中国流传到一定程度时,经过某些个人的努力,本土化的佛教就应运而生——这就是带有中国特色的佛教。

佛教中国化的过程中有一个很重要的人物是南北朝时期的法显(约公元337—约422)。因为经常发现当时流传的佛经在许多地方说不明白,甚至有互相矛盾的内容,所以法显在62岁高龄时毅然决定去印度求法,亲自去了解佛法的根源。法显出发时同行的有十几个人,到了半途有些人就意志消沉,或为了别的原因而退出,最后只剩他孑然一身继续西行。

法显佛国求法,路途备极艰辛。他于公元399年从长安出发,经过河西走廊,穿过塔里木盆地北缘各绿洲,然后翻越葱岭,穿过兴都库什山脉,渡过

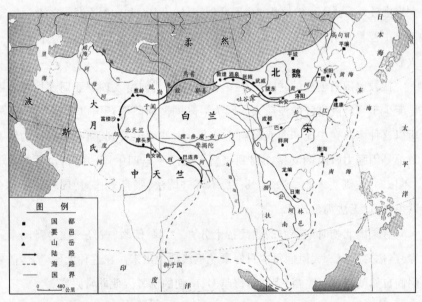

地图 5 – 1　法显行程图

印度河,于公元405年进入印度西北部;他先在那里学习语言三年,然后又在恒河流域游学三年多,搜集了许多宝贵经典。公元210年,他在恒河出海口(今加尔各答附近)搭乘商船到狮子国(今斯里兰卡)考察两年。之后法显决心不走原路而由海路回国。谁知海路也不简单!公元412年法显搭上一艘能载二百多乘客的大商船,不想船穿过马六甲海峡后在爪哇出事,修复工作需要很长的时间。等待五个月后,他终于搭上另一条去广州的商船,但这条船又被大风吹偏了航向,漂到了苏禄群岛。法显在这里休整后再出发,终于在公元413年回到山东崂山。

这是海上丝绸之路在公元5世纪初已经有定期航运的有力证明。前面也讲过,在广州的南越王墓里面发现了一个秦朝时的西亚银盒,说明这条路已经被商人们利用过很多次。但是最早利用海上丝绸之路的宗教界人士可能就是法显,这位可敬的僧人回国时已经是近80岁高龄了。

法显回来后写了《佛国记》一书,记录这十几年间他在各地的见闻。公元5世纪时佛教在印度虽然已经开始式微,但仍然相当普及,所以法显称印度为"佛国"。这部书记述古印度诸国山川风物、历史、佛教情况和中国与今天印度、巴基斯坦、尼泊尔、斯里兰卡等国的交通史料,是中国海上交通的最早记录,具有重要史料价值,也是研究当时佛教状况的重要资料。

法显62岁出发,五年之后才到印度,而且始终没有回头。他的毅力、信心、求佛之信念,一定异常坚强,因此可知宗教信仰确实能激动人心。

鸠摩罗什主持译经

鸠摩罗什(Kumarajiva,344—413)是一个极有才华也充满传奇色彩的人。他的父亲是一个笃信佛教的印度贵族,因为在政治上失败而移居中亚,定居于塔里木盆地北方的龟兹(今新疆库车)。据说这位政治上失意的印度贵族才高八斗,还能听懂鸟语。他在龟兹娶了国王的妹妹,两人育有一子,就是鸠摩罗什。所以鸠摩罗什是印度贵族之子,龟兹国王之甥。

鸠摩罗什从小就表现出他的聪慧。他母亲也笃信佛教,很怕他聪明反被聪明误,走入歧途,所以 7 岁时就让他出家了。其实整个塔里木盆地在 5 世纪的时候都是佛教的天下,鸠摩罗什的母亲到寺院修行时,也常带他去。所以鸠摩罗什自小就熟悉佛经,既精通大乘佛经,也通晓小乘佛经,他擅长梵文,也会龟兹文(吐火罗文的一种),加上又是贵族出身,所以年纪很轻就声名大噪,被认为是西域诸国最有学问的人。

学问大,就有盛名之累。当时中国北方最大的势力是氐族建立的前秦,首都在长安,控制范围东至朝鲜半岛,西达帕米尔高原。前秦君主苻坚在淝水之战失败后向往佛法,想以佛教立国。他听说龟兹有个高僧叫鸠摩罗什,于是就派大将吕光率军西征,灭了龟兹,把鸠摩罗什强行带到中国北方。走到河西走廊的凉州(武威)时,长安发生兵变,苻坚被杀,羌族的姚苌称帝,史称后秦,吕光也借机在凉州建国,史称后凉。鸠摩罗什没能见到苻坚,却在凉州住了十六七年,学会了汉语。直到后凉被后秦吞并,鸠摩罗什才于公元 401 年正式被带到长安。

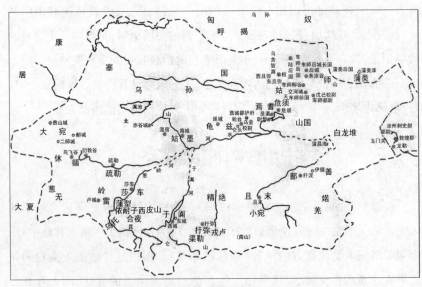

地图 5-2　西域城邦国家分布图

鸠摩罗什和法显从来没有机会面对面讨论佛学。但是他们确实有两次机会可能见面:第一次,如果鸠摩罗什在399年之前就到长安,他们是可能见面的,这时鸠摩罗什可以先向法显做一些对路途的介绍,减少日后法显一行的麻烦,也便于法显到印度后和佛教人士联系;第二次,假若法显413年回到中国后没有去南京而是回到长安,他们仍然有机会在鸠摩罗什去世前见上最后一面,还可以向鸠摩罗什介绍他的故乡的近况。历史是不容许假设的,所以本讲的题目就如实地叫作"鸠摩罗什与法显擦肩而过"!

后秦国王姚兴很尊敬鸠摩罗什,给他找了很多中文很好的僧人和士人做助手,一起翻译佛经。鸠摩罗什这时候的汉文水平可能还比不上那些中国本土的知识分子,但是他会说汉语,也懂佛经原文,便发明了一种新的翻译方法,使译经工作在技巧上有很大的提高。他译的佛经被称为"新译",对后世影响极大。比如《金刚经》至今有众多译本,但在佛教界广为传诵的是鸠摩罗什的译本。他的译文已臻于精美,形成了一种独特的四字句为主的行文体制,称"译经体"。他的方法是,先口述,由助手记录下来,然后再由他自己来改。他之前的人常常是直译,比如说"般若波罗蜜",如果不解释的话,很难知道是什么意思。而鸠摩罗什就是意译,是用流畅的汉语翻译。比较而言,安世高的中文水平不是很高,因为他是自己要来弘法的,统治者没给他配备助手,所以译的佛经就不太好懂,而鸠摩罗什有很多文笔很好的助手和他一起翻译,译文就明确、流畅得多。用这种方式译经,还能培养出许多出色的佛学学者。另外鸠摩罗什兼通大小乘佛法,所以他翻译的经典兼有大乘经典和小乘经典。

鸠摩罗什有一些轶事流传下来。因为他太能干,颇受欢迎,引得许多女子喜欢,所以他虽然是和尚,却两次破戒娶妻。第一次是娶了龟兹的一位公主,第二次则是娶了后秦的一位宫女。他的翻译、著述,对佛教的贡献很大,但是自己对戒律却并未严守。他为什么这样做,我们今天不得而知,有传说是因为国王姚兴觉得他是不世之材,应该留下他的"基因"。大家熟知的名句"色不异空,空不异色;色即是空,空即是色"就出自他的手笔。当然,这里的"色"不是色情的色,而是指物质世界,"空"则是指非物质世界。

　　无论如何,他翻译的《心经》《金刚经》《妙法莲华经》等都很重要。以他翻译的一系列经文为基础,后来的中国学者得以建立自己的学派。比如他翻译了《阿弥陀经》,促成了一个很重要的本土宗派,叫净土宗。大概说来就是,你要得道的话,不用去念那么多复杂的经,只要多念阿弥陀佛,就能净化你的精神,就能够进入那个境界,所以今天很多的人经常不停地念阿弥陀佛。净土宗最重要的寺庙是浙江临海的国清寺,今天还有许多日本人到国清寺瞻仰,因为日本的佛教徒主要是信奉净土宗。

玄奘西游硕果累累

　　最后一个要介绍的是玄奘(602—664)。图 5-2 的肖像出自印度人手

图 5-2　玄奘像

笔,现在收藏在东京国立博物馆。玄奘俗姓陈,官宦人家出身,曾祖和祖父都曾为官,外祖父在隋朝时担任过相当于副宰相的职位。玄奘 13 岁就进入空门,20 多岁时,立志到西方取经。他是唐初上层社会的一分子,有机会向唐太宗禀告想去西域的计划,虽然太宗不置可否,玄奘依然动身西行。但他到了边界时,因为唐跟突厥汗国有冲突,禁止国民出入边境。幸好那位边境守将为他的诚恳和善良所感动,便假作不知,冒险放他出关。

　　玄奘的西行路线大致如下:从长安先到伊吾(今哈密)、高昌(今吐鲁番)、龟兹(今库车)。当时这些地方都信仰佛教,因为他是唐朝的高僧,谈吐不凡,所以各地的统治者都很愿意接待他,临走还会资助他盘缠,给他马

四。一如《西游记》所说,去高昌的路上确实有座火焰山,现在是个旅游景点,离吐鲁番不远。然后他到碎叶,再到撒马尔罕,继而经过犍陀罗,到印度的曲女城,最后到了那烂陀。那烂陀在印度东北部恒河下游,佛教的兴起就在这一带。

地图 5-3　玄奘西行路线图

当时印度处于笈多王朝末期,许多地方的统治者已经不信奉佛教而转信新婆罗门教或称印度教,这就是前面讲到的印度教在中世纪的复兴。但那烂陀的统治者还信佛教,所以当地仍然算是信仰佛教的地区。一般来说,统治者的宗教信仰能够影响子民。比如,欧洲从 16 世纪开始的宗教改革运动使每一个统治者都有权力选择是要保持旧教(天主教)信仰还是改宗新教(主要是路德宗,但也包括亨利八世自创的英国圣公会,直至今天它还是以英国君主为教会的首领)。一旦统治者做了决定,一般情况下他便有办法让臣民跟随他。17 世纪初,欧洲新旧教国家集团打了三十年战争之后,交战国于 1648 年在一个小乡村旅店里签订了《威斯特伐利亚和约》,声明尊重各国(即君主)的主权,也就是说,统治者信什么教,老百姓就信什么教,别国不得干预,不必再为宗教打仗了。印度从中世纪起也有类似的情况。在玄奘的时代,各国君主有信印度教的,有信小乘佛教各宗派的,也有信大乘佛教各家各派的。

玄奘在印度十几年,精通了当地的语言,学得上佳的梵文(是古典印欧语言的一种,印度古代书面语),还把《道德经》翻译成梵文。那烂陀寺的住持非常喜欢他。当时在印度,时常会有佛学论坛,就好像是擂台赛一样,参与者轮番上台讲说自己的道理。有大乘佛教,有小乘佛教,有各种各样的学派,大家都上来辩论,输的人下去,另外一个人再来辩。玄奘曾经在摩羯陀国的戒日王所举办的佛学辩论大会上被那烂陀寺的住持提名为坛主,随便别人讲什么,玄奘就跟人探讨辩论,整整18天,没有人能难住他。因此他成为那时候印度屈指可数的佛教学者,被印度大乘教派誉为"大乘天",被小乘教誉为"解脱天"。因此老住持很欣赏玄奘的佛学造诣,属意他接替自己的位置。可玄奘说,我来此的目的是希望回国弘法,让更多的人了解佛法,我回国比在这里更有意义。当时的戒日王说,既然你坚持要回去,那我就助你一臂之力。他送给玄奘好多匹马,帮玄奘驮着浩繁的经文回到中国。

虽然玄奘自幼出家,一心向佛,但是他毕竟出身于官宦之家,懂得君臣之礼。他当初离开国境违反了朝廷禁令,十八年后回来,到了于阗就停下来,先给朝廷上书,投石问路,说自己带了很多佛教经文回来,希望可以回到长安。唐太宗特派马队迎接玄奘,并且召他前往洛阳觐见。唐太宗几次要玄奘任官,玄奘都推辞不干,说要找一个地方翻译佛经,太宗准他选拔人才,先后在弘福寺、慈恩寺工作。(唐高宗即位后,准许玄奘在慈恩寺旁另建大雁塔,成为今西安市的文化地标。)

唐太宗让玄奘把在西域的见闻写下来,玄奘不敢怠慢,马上口述全部经历,由他的弟子笔录整理,写成《大唐西域记》一书。全书12卷,详细记述了138个国家、地区、城邦的山川、河流、交通、风俗、物产、政治文化,特别是当时佛教的状况、佛教古迹以及历史传说、人物传记等。他的记忆力着实惊人!《大唐西域记》是研究印度、尼泊尔、巴基斯坦、孟加拉以及中亚等地中古时期历史、地理、宗教和文化的珍贵资料,也是中外交通史的宝贵资料。对唐朝政府来说,这是关于西域的一份很周详的文化、政治、军事情报汇集。

上文说过,法显的书取名曰《佛国记》。玄奘同为高僧,但是他的书却取名为《大唐西域记》。他去的地方唐朝皇帝还没统治到,可是却被称为"大唐西域",唐太宗自然高兴,因此就再派给他一些人帮忙翻译。玄奘晚年不再翻译佛经,而是综合各类的佛学理论,致力于建立他自己认为更合理的佛学体系,于是他创立了法相宗。

玄奘的成就不限于中国的佛教。欧洲考古学家在印度的几个重大发现都是以《大唐西域记》的记载为基本线索。比如说,玄奘当初住了很久的那烂陀寺已经毁坏并且湮没在丛林里。19世纪英国学者能在恒河平原上找到它的地基,重现它的基本面貌,就是根据《大唐西域记》的描述。图5-3、5-4所示即根据玄奘的记述发掘出来的那烂陀寺遗址,它的标志性遗迹——阿育王之柱也被挖掘出来。

图5-3　那烂陀寺遗址

图5-4　阿育王之柱

国家、人民、宗教

今天的印度是一个统一的国家。而玄奘在印度的那个年代,印度半岛分成很多王国,完全谈不到统一。

6—9 世纪是印度从佛教为主转为印度教为主的时期,也是印度的主要政治中心从印度北方的恒河流域(法显和玄奘游学的主要区域)转移到南方的时代。这时,以北方为主的笈多王朝逐渐解体,南方达罗毗荼人建立的以重建婆罗门教社会为职志的朱罗王朝逐渐兴起。11 世纪是新婆罗门教(即印度教)全面复兴的阶段。

12—16 世纪时,印度北方的大部分被从中亚南下的操突厥语的穆斯林占领,分成若干相对独立的省份。这些入侵的新统治者的地盘和原有的印度教国王的领土犬牙交错。因此穆斯林统治者和印度教统治者之间不乏往来,有战争,有交涉,也有不论宗教与种族,只以地缘与利益为考虑的合纵连横;他们相互联姻,彼此嫁娶的情况时常发生,结婚之一方婚后转变宗教信仰的情况也不少见。这在印度史上称为德里苏丹国时期,主导力量是穆斯林军人,其势力范围虽然遍及印度北方各地,但并非全面占领了北印度。

16 世纪上半叶,从中亚南下的帖木儿及其后裔巴布尔(Babur)开创了印度的新局面。巴布尔是帖木儿的第六世孙,近代突厥文学的缔造者之一,精通波斯语,信奉伊斯兰教,能写诗,能带兵,能治国,还会设计庭园。他被从北方南下的乌兹别克人从中亚赶走,正潦倒之际,却在印度河流域建立了新天地——莫卧儿王朝。莫卧儿(Mughal)是波斯人和印度人对蒙古(Mongol)这个词的发音。17 世纪中叶,逐渐印度化了的成吉思汗与帖木儿的子孙统治了大半个印度次大陆,伊斯兰教在印度成为政治上的主导宗教。从中亚南下的穆斯林数量逐渐增多,下等种姓的印度教徒也大量皈依伊斯兰,因为伊斯兰教没有种姓概念,所有穆斯林原则上平等,对印度的下等种姓很有吸引力。

18—19 世纪,英国击败荷兰、法国之后,与许多地方统治者签订各种条约,并以这些条约为依据,控制了大半个印度。1857 年英国军队中的印度士兵掀起了一场反叛,由此引发了几乎席卷全国、为时一年多的民族起义。英国人千里迢迢从欧洲调兵企图镇压,最后在既反穆斯林,又反印度教徒的锡克教士兵的忠诚支持下,终于平定了反叛,放逐了支持起义的莫卧儿帝国末代皇帝。从 1858 年起,英国政府对印度实行直接统治,派出代表英国国王行使统治权的"总督"(Governor General and Viceroy)治理被俗称为 British Raj 的英属印度;后来经过立法程序,英国维多利亚女王于 1877 年正式加冕为印度女王(Empress of India)。

1947 年英国允许印度独立,但因为印度的印度教徒和穆斯林这两个主要群体(还有基督教徒、耆那教徒、锡克教徒、佛教徒和琐罗亚斯德教徒等次要群体)相持不下,英国以调解人的身份将英属印度分成两个国家——以印度教徒为主的印度共和国和穆斯林占绝大多数的巴基斯坦伊斯兰共和国(包括东巴基斯坦,即后来的孟加拉国)。这两个国家从立国至今一直争斗不停。巴基斯坦人口的百分之九十以上是穆斯林,印度人口大约百分之十五是穆斯林。世界上穆斯林最多的国家是印度尼西亚,第二是印度,第三才是巴基斯坦。前面说到,17 世纪的欧洲国家签订条约,承认君王的宗教信仰可以决定一个国家的宗教。20 世纪,在英国人的主持下,又以不同宗教信仰决定了两个共和国的性质。在当今的 21 世纪,许多伊斯兰国家陷于经济落后和教派冲突所引起的动荡中。回顾文明古国印度的历史发展,对我们认识中国和佛教的关系不无益处。

如果问今天受佛教影响最大的国家是哪个,我觉得应该是中国。由于人口总数的关系,中国现在是世界上佛教徒最多的国家。泰国、缅甸的佛教徒比例很高,但是人口数量跟中国比相差悬殊。

我觉得中国和印度这两个国家特别值得一谈,它们是世界上人口最多的两个国家,彼此都有借鉴。但是就我个人的看法,在这两个国家的交往中,从知识和思想的传播来说,印度是输出大于输入,中国是净入超。将近

　　两千年来,中国人的生死观、宇宙观和不少行为模式(如打坐)与思维模式
(如因果报应的观念),都是从印度传过来的。所以如果没有印度这个邻国
的话,今天中国人的思考、生活,可能都大不相同。我相信在中华文明圈内,
不管是烧香拜佛的,还是并无佛教信仰的,没有人能完全摆脱佛教文化的影
响。佛教已经深入内化到中国的方方面面,包括我们日常的语言,比如"刹
那""放下屠刀,立地成佛"等等无不体现着佛教对中国文化的深刻影响。

　　在这么长的历史中,中国和印度在几乎没有过什么军事冲突的情况下,
文化上的相互影响却如此之大,说明人类文明互相遭遇的时候,未必一定会
发生战争。更多的时候,文明的高下并不取于战争的胜负。多形式的、多层
次的、多方位的交流,才是历史的规律。

　　众所周知,每个人都是一个生物体,也是一个具有社会性的人,同时还
是有灵性的人。因为人是动物,就有生物性的需要,需要吃东西;就集体而
言,需要传宗接代,所以人有和其他动物一样的性冲动。但人确实比动物高
等,既然每个人都是有社会性的人,那么任何人和人之间的接触,都有一定
的礼仪,会形成特定的关系。另外,能思考的人的内心也一定会有需要,要
有心灵的归属,要有物质享受和社会认可之外的满足。所以宗教不可谓不
重要。

　　宗教大致可以分两种。一种是救赎式的宗教(Religion of Salvation),像
基督教和伊斯兰教。它们主张一个人要做好事,等救世主来拯救,或者自己
通过善行,设法进入天堂。另外一种是注重冥想的宗教,可称为超越性的宗
教(Transcendental Religion)。就是要通过超越自我,超越现实,超越时空的
冥想,达到一种忘我的境界,获得心灵满足与特殊体验。全世界数以千计的
宗教大致上都属于这两类。

　　值得大家思考的问题是,究竟是什么原因促使早期的中国佛教徒,包括
法显、玄奘,也包括禅宗的慧能等高僧去冥思和超越,又再回到现实世界里
求法和弘法呢?

第六讲

丝绸之路上的粟特人

唐代长安的西城有众多胡人聚居,他们大多来自中国古籍中所说的乌浒水与药杀水(今称阿姆河与锡尔河)之间的河中地区。河中地区有许多城邦国,居民是说东伊朗语的粟特人。粟特商人很多世纪以来活跃于丝绸之路上,形成了广泛的商业网络,他们在中国居住在聚落中,有相当的自治权,是唐代社会一股可观的力量。粟特人信奉琐罗亚斯德教、摩尼教、佛教和景教;通过频繁的接触与婚嫁,他们把这几种宗教以及书写宗教经文的文字传给北方草原上的游牧者,同时也在吐鲁番和敦煌等地留下许多文书。大量粟特人因经商或就业而成为欧亚大陆上文明交流的使者。

落花踏尽游何处,笑入胡姬酒肆中

李白生活于 8 世纪上半叶,是众所周知的诗仙。他有这样两句诗:"落花踏尽游何处,笑入胡姬酒肆中。"唐朝的长安城有棋盘形的街道,皇宫大致在中间,其他区域分为东、西两城。东城居住的主要是以汉人为主的中国人(唐人),商店里卖的主要都是本土的东西。西城则有许多贩卖从丝绸之路上运来的货物的商铺,居住着很多西域来的"胡人"(在中国古代典籍中,

"胡人"一般泛指来自北方或西方的非汉族人口;在唐代的长安,"胡人"主要是指来自西域的粟特人,但也包括波斯人)。我们今天说"上街买东西"的"东西"这个词,应该就是从长安这种商业布局来的。形成这种城市格局的原因很简单——从西面来的西域胡商会先到西城,就地居住,汇集多了就形成了西市;而东面的河南、山西等地到长安的商贩,会首先从东边入城,所以就形成东市。在李白生活的年代,那些"五陵年少争缠头,一曲红绡不知数"的年轻人,游罢东市以后,如果想去有更多娱乐的地方,往往就会来西市,到由胡姬所主持的酒肆。胡姬是指那些从西域来的妇女,她们在西市开了很多酒吧——卖酒、弹琴、唱歌、跳舞,这是她们的本事。唐代从西域来华定居的胡人并不都是买卖货物的商贾,也有来学习、从军、经营酒肆的人,其职业十分丰富多元。

本讲的内容主要集中于唐朝,但又不止于唐朝,而是包括4世纪初到8世纪末,欧亚大陆上的商业和社会的情况,特别是粟特商人所扮演的角色。从这段时间的历史中,我们应该能够体悟出不同文明是如何交往的。

在正式讨论这个问题之前,需要先讲一下中亚的地理。

河中地区是中亚的中心地带

地图6-1所展示的是今天的中亚五国(哈萨克斯坦、吉尔吉斯斯坦、塔吉克斯坦、乌兹别克斯坦、土库曼斯坦)及其周边国家。二十多年前,这五个国家都是苏联的加盟共和国,但实际上,除了哈萨克斯坦西部以外,其余地区属于沙皇俄国或苏联的时间都不算很长。而另外一个中亚国家阿富汗则是英国和俄罗斯长期角逐的地方,也是这两个殖民主义势力的缓冲地。再向东南的巴基斯坦曾是英国的殖民地。

这五个国家中面积最大、资源最为丰富的是哈萨克斯坦。蒙古统治时期,这里曾属于成吉思汗的长孙拔都西征后所建立的钦察(金帐)汗国。所以虽然哈萨克人的语言是突厥语,但是受到蒙古人生活方式的影响很大。

地图 6-1　中亚地图

哈萨克汗国的建立和哈萨克民族的形成是在金帐汗国分裂为西部的蓝帐汗
国和东部的白帐汗国之后，统治者仍出自成吉思汗的"黄金家族"。哈萨克
斯坦的北部主要是大草原，南部楚河流域是农业区，其首都曾设在楚河之南
的阿拉木图，1991年独立以后，首都迁到较为偏北的阿斯塔纳。中亚五国
中，受俄罗斯统治最久是哈萨克斯坦，因此俄罗斯文化对哈萨克斯坦的影
响较大，今天哈萨克斯坦境内大约25%的人口是俄罗斯族。哈萨克斯坦
的第一官方语言虽然是哈萨克语，但是仍然用俄文字母（西里尔字母）拼
写。社会上许多人，尤其是受教育程度较高的人，掌握俄文的程度往往比
掌握哈萨克文的程度要高。彼此交往时也经常是俄语与哈萨克语掺杂
使用。

　　乌兹别克斯坦是中亚五国中人口最多的国家，属于历史上的河中地区，
可以说是中亚的核心地带，也是文化遗产最丰富的中亚国家，历史上很多重
要事件都发生在这里。在近代，乌兹别克斯坦地区几个汗国的统治集团都

出自北方草原上的白帐汗国各部中因为战败而渡过锡尔河南下的一部分，称为乌兹别克(又译为"月即别"，是拔都一个后代的名字)。他们取代了14—15世纪统治中亚的蒙古集团别部帖木儿家族，但是却继承了帖木儿家族的文化与经济导向，放弃了草原上的游牧生活方式。

吉尔吉斯人是一个源于蒙古之北的古老的突厥语民族，他们近代的生活方式受蒙古统治者的影响颇深。土库曼斯坦则主要由10世纪时南渡锡尔河与阿姆河的乌古斯突厥人组成，多世纪来与波斯为邻，受波斯文化的影响很深。今日中亚五国中，哈萨克人、乌兹别克人、吉尔吉斯人和土库曼斯坦人的语言都属于突厥语，但讲不同的方言；只有位于中亚东南部的塔吉克斯坦的主体民族塔吉克人说的是属于印欧语系的塔吉克语，与今日伊朗的官方语言波斯语(Farsi)大致相同。

乌兹别克斯坦、塔吉克斯坦、吉尔吉斯斯坦这三个国家的边界犬牙交错，很不齐整。这一方面是因为该地区的地理形势山河曲折使然，另一方面则是人为因素造成的。1925年，苏联为它们划疆界的时候，曾做了一次民族划分。简单来说，即如果某个民族在某一地区比较集中，就把它划成这个民族的自治区。斯大林曾是苏联首任民族事务委员会的政委。他本人是格鲁吉亚人，年轻时曾就读于东正教的修道院，后来因为信仰马克思主义离开了修道院。正因为他来自一个民族、文化、宗教很复杂的地区，所以他很懂得分而治之的办法，有意识地把这一带的边界划得犬牙交错；加上那里的民族分布本来就很复杂，不易划清，所以就成了目前的样子。比如，当年张骞去找宝马的大宛就是地理上的费尔干纳盆地，16世纪以来，这里的人口主要属于乌兹别克族，操乌兹别克语(与现代维吾尔语近似)。但是在划界的时候，费尔干纳盆地这个地理上和文化上的单元却被分割为三块，盆地内几个重要的城市也被分开：最大的一块属于乌兹别克斯坦，包括安集延、费尔干纳、浩罕这几座名城；一小块属于吉尔吉斯斯坦，包括另一个大城奥什；还有一小块则属于塔吉克斯坦，包括亚历山大曾经到过的古城苦盏。

中亚的核心地带有两条重要的河流,即阿姆河(Amu Darya)和锡尔河(Syr Darya),历史上中亚最重要的部分就在这两条河之间,中国古代称之为"河中"。阿姆河在中国古代的典籍里称作乌浒水(Oxus),发源于帕米尔高原,向西注入咸海南端。锡尔河在希腊化时代,甚至直到阿拉伯人初到中亚的时候,都被称作 Jaxartes(中译药杀水),发源于天山,向西流入咸海北端。

唐代胡人——来自河中地区的粟特人

公元前 5 世纪起,在锡尔河和阿姆河之间,主要是在阿姆河的重要支流泽拉夫善河(Zarafshan)流域,居住着丝绸之路历史上极为重要的粟特人(Sogdian),所以这个地区也叫作"索格底纳"(Sogdiana),大致位于今天乌兹别克斯坦和塔吉克斯坦交界的地方。第一讲提到过,亚历山大东进到这里时,娶了一位粟特公主为妻。

前面讲过的大夏(即巴克特利亚)位于今天的阿富汗。其东的印度河流域大都在今天的巴基斯坦境内。巴基斯坦的西北是阿富汗,西南是伊朗,当时称作波斯。今天伊朗的官方语言是源自波斯湾东岸地区的方言,因为有一段时间波斯王国的上层都出自这一带,所以慢慢地发音、语言、诗词都以这里的方言 Farsi 为标准了。

粟特人说的语言属于印欧语系中的印度-伊朗语族的东伊朗语支,他们大约在公元前 5 世纪定居于中亚,公元前 1 世纪左右就已经见诸史书,相互敌对的波斯人和希腊人对粟特人都有记载。粟特人居住的地方再向北,就是亚洲大草原。大草原再向北就是针叶林带(Taiga Zone),再向北就是冰天雪地的冻土地区。

从西安出发,沿着塔里木盆地南缘或是北缘绕过塔克拉玛干沙漠,都会到喀什,再向西就是粟特人居住之地。丝绸之路正式开通之后,粟特人向东可以到达中国,向西可以与波斯人和阿拉伯人做生意,向南可以与印

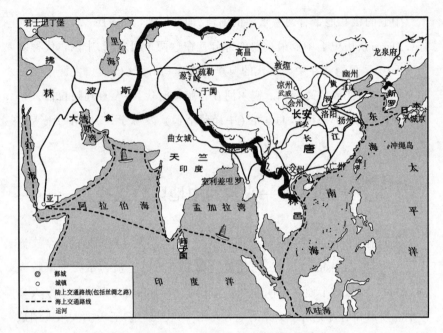

地图 6-2　唐代中外交通路线图

度通商。因为北方是大草原,商业不太繁荣,所以一直到突厥汗国崛起之
后才开拓出向北的通路。粟特人起初的动机都是经商,没有谁特别以传
播宗教或是文字为目的,但是随着贸易的发展,宗教和字母也得到广泛的
传播。

　　大家往往有一个错误的印象,觉得凡是长城之外,北方和西北的少数民
族都是逐水草而居,以畜牧为生。比如我们每次想到历史上的西域,总是想
起游牧民族以及沙漠,其实这种印象是不正确的。粟特人从来都是以农耕
和贸易为生。今天很多人一想到新疆,就只想到北疆的草原,想到哈萨克
族、蒙古族的畜牧业,这也是不准确的。新疆的早期居民是以农耕和贸易为
主。今天的塔里木盆地四周的早期居民,以及维吾尔族在历史上也都不以
畜牧业为主,他们自从称作回鹘(近代称维吾尔)以后,都是以定居农耕和
贸易为生。新疆多个世纪前就已经有坎儿井了,其目的就是引水灌溉,从事

农耕;当时新疆人口的语言不属于阿尔泰语系的突厥语族,而属于印欧语系的吐火罗语或斯基泰语。

在中国,对中亚人口使用粟特这个名字的时间不长,历史上他们被称为昭武九姓。因为按中国古人习惯,对于外来民族按照来源地称呼,比如前面说过从安息来的就给予汉姓"安"。在昭武九姓中,有曹、米、康、史、何、安、毕等,代表九个不同国度的粟特人。姓康的来自康国(即撒马尔罕,Samarkand),姓史的来自史国(即今日塔什干,Tashkent)。乌兹别克斯坦有一条很重要的河,即泽拉夫善河,昭武九姓中很多人都来自这条河的沿岸。在唐朝建立以后的三四百年间,中国各地有很多出自这九个姓的粟特人,比如安禄山、史思明和五代时统治敦煌的曹元忠的祖先中都有粟特人。在华的粟特人虽然逐渐汉化,但是在唐代中叶之前仍然通过各地聚落,彼此保持联系。安史之乱的主要组织者和支持者就是散布各地的粟特社群。五代以后,粟特人大都已经完全汉化,繁衍生息,逐渐融入中国社会,但是他们的族源往往还是在姓氏中留下痕迹。

在今天乌兹别克斯坦的阿姆河、泽拉夫善河流域,有很多重要的城市。塔什干(Tashkent)是今日乌兹别克斯坦的首都,布哈拉(Bukhara)是最重要的文化中心,撒马尔罕两千多年以来一直都是文化和商业名城,而且很接近帖木儿帝国创建者的出生地。还有一个位于今天乌兹别克斯坦跟塔吉克斯坦交界的地方叫片吉肯特(Panjikent)。Kent 在古粟特文里面是"城市"的意思,Panji 是"五"的意思,所以 Panjikent 的意思是"五座城"。印欧语系里许多语言都以 Panji 代表"五",比如五角大楼英语是 Pentagon,印度和巴基斯坦两个国家最重要的省都叫旁遮普(Punjab),意思是"五条河"。此外,昭武九姓之所以称"昭武",是因为中国史籍认为昭武九姓统治者的祖先最初居住在昭武城(今天的张掖)。实际上粟特人的祖先应该不是从东方的张掖迁过去的,但是历史上,河西走廊的确有印欧人种(月氏或吐火罗人)居住过,前面已经讲过。

盛唐时代的粟特人

前文中我们也讲到过斯坦因在敦煌附近的长城烽燧里发现了一些古代书信,捐给了大英博物馆。一位德国学者在二战之前破译了这些文书,发现信中的文字是用类似于阿拉美(Aramaic)字母的一种古叙利亚字母书写的粟特文。斯坦因发现的八封信中有五封还相当完整,四封已被翻译出来。这些信对于我们今日了解古代丝绸之路、当时的商业习惯,以及粟特人在中国的生活情况,有极大的帮助。

这里我希望强调,一个真正发达的社会,不应该人人只是去学一门技术,或者是只想着如何赚钱,应该有一部分人在能够保证生活的前提下,把时间、精力贡献在他有兴趣以及对人类整体来说有意义的事情上。如果社会上每个人都只想炒股票、买房子,那么这个社会也就没有什么真正的文化实力可言,社会凝聚力也不会很强。在中国领土上发现的粟特书信最初是由欧洲人破译,说明当日中国文化力量薄弱,每次发现一些东西都要拿到外国去请他们翻译,所以慢慢地我们的学界意识到需要培养一些懂得粟特文的中国学者。最近这些年来,中国的考古学非常兴盛。近年来,不少人都学习过粟特文,甚至是继承季羡林学习更古老的中亚、西亚文字。然

图6-1 粟特文古信札

而,当今这些古文字的专家仍然以欧洲人为主。

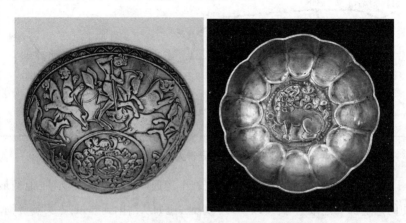

图6-2　大英博物馆和弗利尔美术馆藏粟特银碗

这批粟特文书信被考证出写于晋朝初年,当时甘肃西部已经有很好的邮驿系统。汉代的烽燧到晋朝还保留着,而驿站系统的存在则保障了商业的交通。烽燧、驿站首先是政治设施,但是客观上它保障了商业的交通,在必要的时候也保障军事的联系。这几封信的投递人跟收件人都是粟特人,但不知道为何装它们的邮袋会被留在烽火台里,一直到1907年才被斯坦因发现。这几封信加上其他的佐证(主要是近年来的考古发现,比如碑文、器物)可以证明,那时候的胡商主要都是粟特人,而且大多是做小买卖,不是从事大规模贸易。所以我们可以推测,当时李白和他的朋友们去喝酒的那些酒吧,应该主要也是粟特来的小商人开的。前文提到,"胡"字是一个泛称,鲜卑被称作东胡,所以鲜卑人也被称为胡人。但是唐朝的时候大多鲜卑人已经与汉以及其他民族融合,所以这里讲到的"胡"是指西方来的粟特人。

最近这些年来,在中国境内外很多地方都发现了粟特人居住的遗迹,有墓碑,也有墓葬。这些墓碑和墓葬反映了他们逐渐汉化的过程,以及他们的宗教信仰和他们使用的语言、文字的演变过程。粟特人建立过一个很大的商业网络,连接了东西方的文明,他们自己处在这个网络的中央地带。

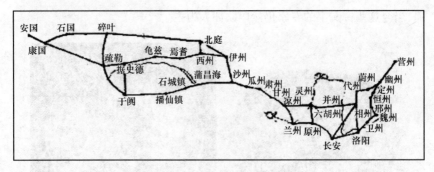

地图 6 - 3　唐代粟特人迁徙路线图

　　我相信没有哪个粟特人从小就立志于沟通欧亚大陆上的文明,他们最初的愿望都只是做生意,所以一站一站地,比如从洛阳到邢州,去买卖货物。这个过程中他最容易找的,语言最方便的,习俗最相近的,莫过于另外一些居留在中国的粟特人。就这样他们逐渐地连成了网络。在欧洲曾有一段时间也出现过类似情况,当时扮演相当于粟特人在中亚的角色,经营国际贸易的就是在德国、意大利、法国等不同国家的犹太人。而最近几个世纪东南亚的国际贸易联络人,则主要是中国的广东人和福建人。在中世纪之前,粟特人起主导作用的商业网络是世界上范围最广的商业网络,他们所接触的中国、印度、波斯和欧洲文明也是最具有代表性的文明,他们贩卖的货物也因此具有代表性。比如他们从中国带出去的,是丝绸、漆器以及少量瓷器(因为瓷器易碎、沉重,不适合长途贩运),而经他们输入中国的东西则有香料、酒、金银器皿等。

　　从魏晋南北朝开始,历代中原政府的政策一向是这样的:让外来的人群聚居在一起,选出一个首领,负责管理、征税、诉讼、治安之类,通过他让外来人群自治。自治范围还包括宗教、教育、民事争端等,政府都不加干涉。当时唐朝有一种官名叫萨保(或萨宝),是官方任命的粟特人聚落的领袖,一般都是由在粟特家乡享有一定社会地位的人出任。后来连聚落中的胡人也逐渐汉化了,虽然他们在进行宗教仪式的时候还是用以前的宗教语言,但跟中国人做生意的时候已通用汉语,在生活中也较多使用汉语、汉字了。现在发现了很多粟特人留下的文献,有用粟特文写的,但更多的是汉字材料。

图 6 - 3　描绘商人遭到打劫场景的敦煌壁画

粟特人在中国主要是经商。即使地方平静,官员们可以保持社会秩序,半路抢劫的贼人也是难免的。图 6 - 3 是敦煌石窟中的一幅画,表现的就是几个胡商被拦路打劫的场景。做生意的人难免需要自保,加上既然是群体自治的,需要维持秩序,所以粟特人群体在中国境内往往有地方武装。很多粟特人也尚武,比如某些粟特人就成为唐朝皇帝的宫廷侍卫。再如安禄山,以骁勇智谋著称。不过,作为一个民族,粟特人在中国境内不是一股强大的军事力量。安禄山(他的父亲是粟特人,已经不做生意了,母亲是突厥人)做了将军,但他虽已汉化了,却仍然和各地的粟特社群以及散布各地的粟特裔军官结成一个集团。安史之乱时,安禄山和史思明这两个粟特裔军事领袖就动员了他们粟特同乡的力量,几乎颠覆了李氏唐朝的天下。

图6-4 安伽墓的火坛浮雕

图6-5 曹元忠像

图6-4出自西安的安伽墓。这座墓葬有一部分表现了墓主的宗教情结，带有琐罗亚斯德教的元素。和唐朝同时代的伊朗萨珊王朝，其国教就是琐罗亚斯德教，所以来中国的胡人多数信仰琐罗亚斯德教。我们前面讲佛教的时候提到过，佛教在西域、河西走廊都很兴盛，所以粟特人中也有信仰佛教的，在敦煌石窟的供养人中，有些人可以看出来是粟特人。粟特人的佛教信仰也影响了后来的回鹘人。

图6-5中的人姓曹，叫曹元忠，他有粟特人的家族背景。唐朝末年，吐蕃人占领了敦煌，排挤了中原王朝的控制。后来有一个姓张的地方人物带领本地的势力，把吐蕃人赶出去，成了敦煌的实际统治者。然后这股势力要求获得朝廷的认可，于是被置为归义军。归义军后期的领袖姓曹，就是昭武九姓中的"曹"。这是他在敦煌石窟里的画像，穿着、打扮、姿态等等都是中央朝廷官员的样子，因为他希望获得中央皇帝的认可。

历史上，粟特人自己从来没有建立过强大的国家。在公元前四五百年的时候他们曾被波斯帝国统治过。虽然粟特人和波斯人语言比较近，但是二者并不真正属于同一个民族。后来粟特人又陆续被其他强大民族统治。恰恰因为没有自己的国家，所以他们学会了如何生存于不同的政权之下，也培养了他们精通各种语言，擅长跟不同民族打交道的本领。

　　本讲前面曾提到,河中地区的粟特人在 10 世纪之后逐渐被从北方钦察草原、西伯利亚草原来的游牧民族征服并且同化,大多数粟特人也不再讲东伊朗语,而改讲突厥语,剩下来的大都集中在乌兹别克斯坦的大城如布哈拉和撒马尔罕的市中心区。当然也有许多粟特人生活在塔吉克斯坦的西部和阿富汗的北部。

图 6-6　"大唐故康君夫人曹氏墓志铭"

　　图 6-6 是一个用汉字书写的曹姓妇女的墓碑。中国人喜欢追溯往

世,把自己说得家世显赫,家族源远流长。比如现在姓刘的常常喜欢说自己是刘邦、刘备的后代。第一个匈奴人王朝的建立者刘渊也说他自己是汉朝和亲的公主的直系后裔,因此也是刘邦的后代。这个姓曹的呢?可以考证出她是粟特人,但墓碑中却说曹氏是从周朝就已经有了。好像胡人一旦汉化以后,就喜欢把自己的族源追溯到周朝,要能说是周文王的后代似乎就更正统了。但不见得每个人都姓姬、姓周,所以只好说自己的祖先是周公分封的。

图6-7　粟特人狩猎的场景

图6-7描绘了打猎的场景,从中可以看到粟特人当时的形象:戴着帽子,蓄络腮胡。粟特人还有一种很著名的舞蹈叫作"胡旋舞",在唐朝的时候风靡一时,据说身体肥胖的安禄山跳起胡旋舞来甚是带劲。

唐朝的统治者心态很开放,他们从来没有设立一条坚固的心理界限,没有保守的、封闭的心态。所以在唐朝,谁能够帮他忙,他就用谁,可谓"用人唯贤",因此任何宗教、习俗都可以流传进来。我们今天看来,大唐盛世是最了不起的。有些人希望中国要回到汉唐盛世,因此觉得要戴上瓜皮帽,才算是没有数典忘祖。如此说来,像我这种打着领带给学生上课的,可能都不太合格。所以我们要反思,为何唐朝在我们心中是一个昌盛的社会?它昌盛的原因是因为复古,把董仲舒的那一套都拿来用了,还是因为比较开放,能够做到有容乃大?如果只是一意地要保持传统,那路只会越走越窄(瓜皮帽的历史也追溯不到汉唐盛世!)。我举了那么多例子,相信读者如果用心去读,一定会对如何才能以史为鉴,如何才叫珍惜传统,怎样做可以算有容乃大等等问题,有自己的答案。

图6-8 陕西何家村出土粟特式带把杯

图6-9 陕西何家村出土粟特式银杯

图6-10 胡人带猎豹俑

图6-8、6-9展示的是从一个粟特人的村庄出土的器物,有很明显的西亚设计风格。图6-10表现的是从一座唐朝墓葬出土的胡人带猎豹俑。这个俑表明,唐朝人打猎的时候,已经开始借用阿拉伯人的一些方法。这个胡人狩猎时,马上带着的这只经过训练的猎豹应该是阿拉伯地区传过来的。粟特人本身较少狩猎,他们是在绿洲上定居的农耕民族。但是他们在贸易中,向西可以到阿拉伯半岛,甚至地中海,向东可以到中国东北的辽宁和朝鲜半岛,向南到印度,经营各地的货物。这种利用猎豹狩猎的习惯,就是通过贸易路线传播的。

图6-11反映了摩尼教的信仰。摩尼教是一个创始略迟于基督教的二元性宗教。摩尼教相信宇宙中始终存在光明与黑暗的斗争,这和基督教信仰的唯一的上帝以及救世主这些基本教义不同。公元4世纪时,许多粟特人已经由琐罗亚斯德教改宗摩尼教。之后,在丝绸之路上的许多突厥人和回鹘人都是通过摩尼教跟粟特人建立关系的。有许多离开了家乡的粟特人也信奉佛教,因此也有许多回鹘人通过粟特人而信奉佛教。唐朝时,佛教在河

西走廊的信众中,很多是粟特人。20世纪初,斯坦因和伯希和等西方学者在敦煌石窟和吐鲁番拿到不少粟特文书写的佛教文献;敦煌壁画中也有不少具名的供养人是粟特人,或者稍后的回鹘人。

从琐罗亚斯德教到摩尼教,再到佛教,后来又到景教(即信仰聂斯托里派教义的基督教东方教会),这四种不同的宗教在不同的时代先后在粟特人中间流行,并随着粟特人贸易活动的扩大而传播到四面八方。并不是粟特人本身有一种宗教热忱要去传教,只是因为他们和各地的人经常往来,或是通婚,客观上推动了几种宗教的传播,特别是先后把这几种宗教传给草原上的民族。回鹘人由于宗教上受到粟特人的影响,于是也借鉴了粟特人的文字。就好像随着佛教传入中国,梵文也传入中国一样。因为宗教典籍的载体是文字,所以世界各地许多文字都是因为宗教而产生并因为宗教而得到保存。

景教传入中国

唐太宗时代,基督教的东方教会(景教)从波斯传入中国,太宗许其建庙传教。中唐时期,景教在中国的信众已然为数颇多。近晚唐时(公元781年),一位波斯教士在景教寺庙中竖立一方石碑,称为《大秦景教流行中国碑》,用将近一千七百个汉字和数百叙利亚文字刻写碑文,述说景教入唐的经过、阐述景教的教义等。唐武宗打击"三夷教"时,虽然主要针对佛教,但也兼及摩尼教和景教,所以这块石碑不知所终。明朝末年该石碑再被发

图6-11 摩尼教壁画

现。因为这是基督教传入中国最早的证据，所以信仰基督教的欧洲人对这座石碑兴趣极为浓厚。清末有欧洲基督教士准备将它运回欧洲，但被陕西地方官员阻止，最后他们出钱做了一个几可乱真的复制品运回欧洲。经过多年研究，欧洲学者利用碑上的汉字破解了碑上的叙利亚文（耶稣死后，在叙利亚、伊拉克和伊朗的基督教徒组成东方教会，他们的宗教文件都以草写的阿拉美字母书写阿拉美语的叙利亚方言，因此这些文献的文字被近代学者称为叙利亚文）。早期已信奉祆教的粟特人由于与摩尼教徒有接触而受到启发，创制了自己的粟特文。之后的回鹘人因为与粟特人接触多，又从叙利亚文得到启发，因而创造了回鹘文；12世纪的蒙古人则由回鹘人代为创造了蒙古文。

　　蒙古集团中的克烈部多数人信奉景教，忽必烈的母亲和妻子都是基督教徒。因为蒙古在各地都有驻军，所以现在全国各地发现了许多蒙古人作为吉祥物的景教饰物——十字莲花。

　　景教作为基督教的一个支派，它的器物上有十字当然很自然；同时佛教在中国很兴盛，而佛教常见的象征物是莲花；景教在中国受到佛教仪轨的一些影响，所以景教的器物常常兼具十字、莲花。这是基督教和佛教在中国相遇后的产物。由于中国人一般不会有特别强烈的排他性宗教信仰，所以才可能在中国出现十字莲花的现象。

图6-12　鄂尔多斯出土的十字莲花

图 6-13　敦煌壁画中的回鹘部落领袖形象

图 6-12 就是十字莲花,大体上是十字形,但是掺杂了莲花瓣的元素。类似的器物发现了很多,图中所示是在鄂尔多斯发现的。

图 6-13 是敦煌石窟里的一幅壁画,展示的是一个早期的回鹘部落领袖,他是敦煌的一位供养人。公元 10 世纪左右,高昌的主要居民是回鹘人,有摩尼教和景教信徒,更多是佛教信徒。他们与本地原居民吐火罗人以及南北朝时期大批到来的汉人经过几个世纪的融合,成为说回鹘语的"高昌人";14 世纪后又有大量蒙古人进入这个地区,两者融合,于是形成了今日我们所知的维吾尔(即回鹘的另一种汉语发音)民族的一部分。

今天吐鲁番附近的古高昌国曾经是丝绸之路上一个佛教昌隆之地,后来逐渐盛行摩尼教,再后来又流行景教。到 13 世纪之后,高昌逐渐伊斯兰化,摩尼教和景教就消失了。但是景教跟摩尼教在中原地区则流传了更长的时间。由唐武宗灭佛运动起,摩尼教渐渐转入地下,后来逐渐中国化,发展成为明教。一些反叛者需要利用一种跟统治者不同的意识形态来造反,往往就利用明教为号召。宋朝的时候曾发生了"北有宋江,南有方腊"的农民起义,而方腊的部众就是以明教为基本信仰。因为那时在江苏、浙江一带已有明教流传,所以方腊就利用了这种信仰在这一地区起兵。到元末,明教反对当时的蒙古统治者。他们一方面利用"驱逐胡虏"这类民族主义口号,另一方面也用明教的思想来反对信奉藏传佛教的元朝。虽然朱元璋做过和尚,但他在某种程度上也受到明教的影响,所以后来有种观点甚至认为他建立的朝代之所以称为大明,就是因为他信仰明教。

图 6-15 是在吐鲁番出土的叙利亚文写本残片。类似的文书近年来出土了很多。早期出土的吐鲁番文书很多被带到英国、德国和俄罗斯,最近这些年发现的都留在了中国,而且有一些学者能够释读并注解这些文字。这是一件很不容易的事情。

图 6-14 高昌景教寺院壁画复原图

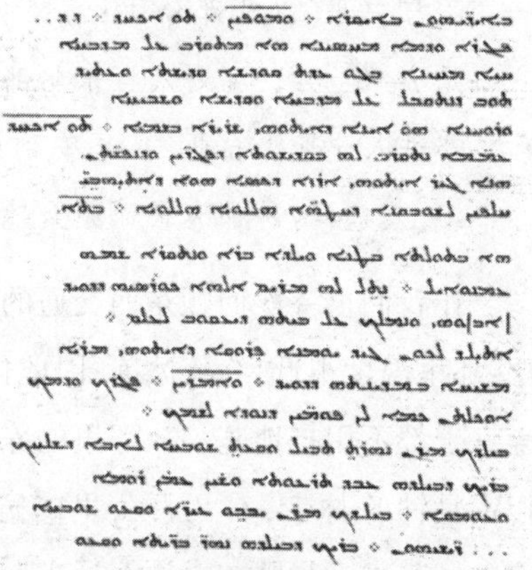

2008 年北京奥运会的时候,我有一位老年朋友,送给我一本不厚却很有分量的书。该书是由一群研究死文字的专家合作而成。每个人都用自己所熟悉的一种死文字书写"同一个世界,同一个梦想"这句话,其中包括古突厥文、古蒙古文(八思巴文),以及西夏文、契丹文、金文等等。我国历史上有 30 多种曾经存在但现在已经没有人使用的死文字。还好有这批专家,这些死文字所代表的文化才能够被现代人所理解。我要向他们致敬。以他们的智力和毅力,经商从政大概也是可以成功的,但他们居然各自以毕生之力去研究这些文字。我们的社会应该给予他们足够的尊重和认可。

图 6-15　吐鲁番出土叙利亚文写本残片

在欧美国家,他们的工资应该是够他们过有尊严的生活的,但在我们的社会当前浮躁的氛围里,这批专家只能在 2008 年集体刊印了一本小册子,昙花一现之后又归于寂寞书斋了。做学问是要寂寞的,但寂寞不等于失落;赚钱可以得到享受,但享受不等于幸福。

第七讲

撒马尔罕的金桃

长安是中世纪时全世界人口最多也最为繁华的城市。波斯文明圈东缘的撒马尔罕素来是中亚河中地区最重要的都市,中世纪时该地区的居民主要是粟特人。公元4—10世纪,这两个城市分别代表东亚文明与中亚(以及部分西亚)文明,彼此交流不断,商贸与文化并重。公元7—8世纪,突厥人自东北部进入中亚河中地区,阿拉伯人则自西南部进入此地。自此,从长安到撒马尔罕的丝绸之路上,语言、宗教、文字、人口、物种都大量而频繁地交汇,谱写出人类文明史上的重要篇章。

让我们再一次回顾东西交通的地理。欧亚大陆的最北边是荒芜的冻土层,那里温度很低,终年冰冻,因此位于冻土地带的西伯利亚等地修铁路或盖房子都不用打地基——那里的冻土几万年来都没有发生变化。冻土地带以南是针叶林带,有几百公里的宽度。森林地带的东端——贝加尔湖以东——基本上是阿尔泰语系通古斯语族各民族(如女真)的栖息地;草原的西端——第聂伯河与伏尔加河流域——则是印欧语系斯拉夫语族各民族(如俄罗斯)的发祥地。游牧民族不太会往森林里去。试想游牧民驱赶大批牛羊进入森林区将是怎样的景象?那里没有牧草喂养牲畜,也不易于看管它们,对游牧生活极不便利。森林带再往南就是辽阔的欧亚大草原,草原东起蒙古高原之东的色楞格河与大兴安岭,向西绵延到东欧的第聂伯河以西，直到多瑙河。整个欧亚大陆最便捷的往来路线就穿过这片大草原。骑着马在草原上，只要有足够的供给，便可以横贯欧亚。但是因为气候寒冷，人口密度比较低，来往人口不会很多。而纬度较低的温带地区，不论是印度的西北部，中国的长江、黄河流域，还是其他地方，人口都比前者更加密集，来往人数多。

文化与商贸齐飞

北方草原之路往来方便，但是人口稀少。温带绿洲之路交通比较困难，但是人口更多。草原之路上既然人口稀少，能消费的顾客自然也少，因此不太容易赚到钱，所以长途贸易路线是以温带的丝绸之路为主。上一讲提到的粟特人的贸易，主要也是在温带丝绸之路上展开的。

长途贸易与文化交流这二者中，文化交流一般是结果，而长途贸易是目的。但是也有少数因为已经发生了文化交流，而主动谋求进一步推动的人，比如我们之前提到的安世高、法显、玄奘等。图7-1是一件南北朝时期的嵌红宝石的金面具，这应该是粟特人从遥远的美索不达米亚地区带过来的。

丝绸之路上商业活动最有力的证明就是沿途的考古发掘，特别是在中国境内，在陕西、宁夏等地，发现了

图7-1　南北朝时期的嵌红宝石金面具

很多金币、银币，因为上面铸有皇帝名字和头像，所以能够断定它们属于波斯萨珊王朝。公元2世纪到6世纪时期，波斯萨珊王朝是相当强盛的商业国家，目前发现的波斯钱币大都是属于这一时间段的。可是7世纪以后，阿

拉伯人推翻了波斯萨珊王朝,唐朝的开元通宝就取代波斯钱币成为丝绸之
路上流通最广的货币。这当然是因为唐朝在这一时期达到了鼎盛。在同样
的一条路上,通用的货币和语言发生了翻天覆地的变化,这点颇类似于现在
的全球贸易结算,比如中国跟日本的贸易要用美元结算。有人预言,中国人
跟日本人做生意要用人民币结算之日,就是中国真正强盛之时。2 世纪到 6
世纪丝路上通用的货币多半是波斯货币,7、8 世纪多半是唐朝货币,但 13
世纪蒙古人来了之后,丝路上流通的就是蒙古货币了。

图 7 - 2　丝绸之路上发现的具有中西文化融合特征的器物

图 7 - 2 中最左侧的这个盒子具有典型的西亚风格。中国过去没有
这种盒子,但是这盒子上面的文字是汉字,说明这是文化融合的产物。买
家是说汉语的人,但是他喜欢这样一个盒子,因此找工匠打造的话,当然
还是要写他能理解的文字。中间这幅图是丝绸之路上发现的一块丝织
品,因为丝绸容易腐烂,所以丝绸之路上发现的丝织品不多,这一块能保
留下来极为难得,十分珍贵。最右面的是一些唐代的茶具,从造型很明显
可以看出有西方来的元素。

大唐共西域一色

有一位美国学者薛爱华(Edward H. Schafer),在 1962 年出版了一本
书,英文书名是 *The Golden Peaches of Samarkand*,后来以《撒马尔罕的金桃》

《唐代的外来文明》等名出版了中译本。撒马尔罕是今天乌兹别克斯坦很重要的城市,也是15世纪的征服者帖木儿的基地,素来是中亚最重要的商业城市之一。"罕"(kand,kent)是粟特语里城市的意思,中国史书称撒马尔罕为康国。

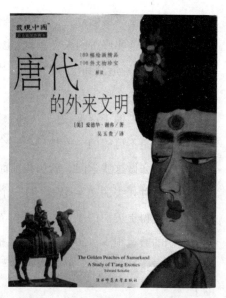

图7-3 《唐代的外来文明》书封

薛爱华教授学通晓18种古代和现代文字,花了三十多年专门研究唐代中国和外国的物质交换,而不考虑伊斯兰教、摩尼教、景教这些精神层面的交流。这本书是他的毕生心血之作,英文书名就很有来历。首先,"金桃"会让西方人想起传说中的"金苹果",而中国古代也传说"仙桃"能够使人长生不老。其次,欧洲人早期对于中亚的认知和兴趣来自一本题为《通往撒马尔罕的金色旅程》的书。除了这些容易引起联想的原因之外,历史上的撒马尔罕也确实曾以出产金桃而为中国皇室所知。7世纪时,撒马尔罕王国曾经两次向唐朝宫廷进献一种珍异的黄色桃子作为贡品,当时就把这种桃子称为"金桃"。据《册府元龟》记载,"康国献黄桃,大如鹅卵,其色黄金,亦呼为金桃"。

该书从大唐盛世写起,按照人、家畜、野兽、飞禽、毛皮和羽毛、植物、木材、食物、香料、药物、纺织品、颜料、工业用矿石、宝石、金属制品、世俗器物、宗教器物、书籍等等条目分类介绍。作者花了一辈子的时间取得的研究成果,填补了人类交流史上非常重要的一段。对于唐朝跟西域的物质往来,他掌握得非常清楚而且有充足的证据,并列出了一个清单,用以解释这种交往所经历的过程。我们现在对那段时期丝绸之路贸易的理解,很大一部分出自这个美国教授。

我觉得一个兴盛的社会，不能只是会发展 iPhone 等时尚科技，文化、艺术、典籍、考古这些厚重的人文领域，也应当有人去追求。如果缺少这样一种精神，缺少一种追溯和沉静的文化，社会结构与思想肯定是有偏颇的，因而不易发展成一个稳定和健康的社会。从我观察和掌握的情况来看，目前中国社会太多人偏于浮躁，过于功利。当然如果每个人都像薛爱华这样，也是不行并且是不可能的。但是只要整个社会能够养得起少数这样的人，总应该有些人去做这些学问。就像我前面说到的 2008 年北京奥运会时，那些学者用许多种死去的文字写下"同一个世界，同一个梦想"，我觉得这是一件让世界变得更美丽的事情。但是世界上认识到这一点的人不多，因此这本书印刷的数量很少。2008 年的中国根本没有多少人珍惜这些，或是愿意花时间去看这些死文字，更不要说花钱去买这样一本没有实用价值的小书了。

图 7 – 4 　唐代绘画中打马球的场景

马球是西亚的一种运动，传到中国后，唐朝的仕女也喜欢打马球。唐朝的人为了打马球，有时候还要特制一套衣服，这也说明唐朝对于外国来的风俗并不抗拒。唐朝有很多娱乐方式，为什么要打马球呢？可能也就

图7-5 《胡人狩猎图》　　图7-6 《美人图》　图7-7 《各国王子举哀图》

是一种风尚吧,这种风尚可能并没有持续很久,但至少表明了一种开放的态度。

图7-5是明代人画的《胡人狩猎图》,画的是他们想象中唐朝时候胡人狩猎的样子。

图7-6是《美人图》,不晓得为什么唐朝的美人都要很丰腴,以至于西域、波斯的绘画也受了唐人的影响,把美人都画成这样子。我们现在是讲中国跟西域的来往,其实反过来说,如果从波斯的角度研究跟中国的来往的话,也会发现波斯人其实受到中国的很多影响。今天波斯细密画的画法和许多主题,比如彩云、盘根,都是从中国学的,细密画上的很多美女,也都是这样的腮,眼睛要细长,嘴要小小的,即我们所说的柳叶眉、樱桃嘴。

图7-7是敦煌壁画中的《各国王子举哀图》。此图显示,一方面唐朝的宫廷并不排斥各种各样的宗教,也不排斥任何一种习俗。另外一方面,各种宗教和习俗的人也都愿意来长安学习。日本的遣唐使、高丽的遣唐使有很多,有些遣唐使的诗写得非常好。唐朝的诗人和那些日本人或者高丽人成了很好的朋友,互相唱和或是送别,有很多诗歌可以为证。

大家都知道,唐朝有位鉴真和尚曾以六十多岁的高龄,七次东渡,最终弘法日本。佛教汉化以后,除了佛祖以外还有很多菩萨,其中有一位地藏菩萨,他的道场在安徽九华山,九华山道场就是一位朝鲜三国时期新罗国的王子在中国出家后开创的。因此可见在唐代佛教里也没有种族之分。

粟特人、波斯人、突厥人

图7-8 唐代长安粟特墓出土浮雕

图7-8中的浮雕发现于长安的一座粟特墓,表现了一件很有意义的事情:公元6世纪中期,经过几个世纪的变迁后,草原地带兴起了一个名曰突厥的新游牧民族。

他们分批南下和持续西迁后,在将近一千年的时间里先后与中原、河西走廊、新疆、中亚、西亚和东欧的许多部族通婚,形成了不少血统不同但是语言相近的、说阿尔泰语系突厥语族语言的族裔。这个过程颇为类似五百年来葡萄牙人在世界各地与许多被他们征服的民族混血融合,形成了今天位于南美、西非、东非和东南亚的不少操葡萄牙语的族裔。所以,隋唐时代的突厥人可以说是很多今天说突厥语族语言的民族,如土耳其人、阿塞拜疆人、土库曼人、乌兹别克人、吉尔吉斯人、哈萨克人以及俄罗斯联邦境内的图瓦人、鞑靼人、楚瓦什人、巴什基尔人,还有中国的维吾尔族、撒拉族、裕固族等在语言上和历史上的早期源头。

隋唐时代在北方草原出现了突厥人这一支新的力量后,经常游走于各地的粟特人感觉最灵敏,知道将有生意可做,有钱可赚。这幅浮雕讲的就是一个住在长安的粟特人去北方突厥人的帐篷里拜访一位当地的首领。我们从画上可以很清楚地辨认出,戴着高帽子,留着络腮胡子的应该是粟特人的商业领袖或是萨保,而披散头发的则是突厥人的首领。后来这个粟特首领在长安去世了,他的家人觉得,此人生平做过几件有意义的大事,其中之一就是开通了向北到内蒙古,跟突厥人来往的一条贸易交流路线。因此把这件事刻绘在他的陵墓上。

图 7-9 各地使者觐见撒马尔罕国王

图 7-9 描绘的是唐朝的使者到撒马尔罕,把丝绸当作礼物送给当地的国王。图片左边的是唐朝的官员,右边披着头发的应该是同时晋见国王的西突厥汗国的代表。

突厥人本来居住在大漠之北,他们的族源复杂,可能融合了丁零、铁勒、柔然等部落的血统和风俗。因为各民族在草原上来来往往,经常会有血统的融合,因此语言的互相模仿十分频繁,数种语言一经糅合便有可能生成一种新的语言。今天属于阿尔泰语系突厥语族的诸多分支大概就是这样形成的。突厥人兴起后击败柔然，建立了突厥汗国。突厥汗国后来分成东西两部分，西突厥汗国（主要由说突厥语乌古斯方言的部落组成，汉文史书称他们为"九姓乌古斯"），越过葱岭（帕米尔高原）进入楚河流域以西地区。而东突厥汗国主要在蒙古高原，一部分也南下到陕西、山西北部。西突厥人的一支——塞尔柱人——后来一直扩展到小亚细亚，征服了当地的居民，把行政语言改为自己的语言。今天土耳其语的语法基本是以古时的突厥语为基础，但也借用了许多其他语言的词汇和语法，特别是阿拉伯语、波斯语的语法以及法语、英语的专有词汇。由于有了这些外语借词，今天的土耳其语已经无法严格遵守突厥语族的一些发音与造词的规则。小亚细亚居民原本绝大多数是希腊人与亚美尼亚人，在被塞尔柱突厥人征服以后，当地居民与外来的塞尔柱人融合为今天的土耳其人。而留在中国北方的东突厥则内附于唐，上面讲到的那个要想做生意的粟特首领去今天内蒙古一带探访突厥的首领，后者就属于东突厥。

东突厥在蒙古高原的故地后来由本来的活动范围离中原农耕世界更远的回纥人占领，回纥人此举得到了唐朝的认可。回纥为表示对唐亲善，自请改名回鹘（取"回旋轻捷如鹘"之意），在以后与唐的文书往来中都有回鹘之名出现。其实早在唐朝建立前的公元583年，当时的隋朝跟东突厥已经建立了一种友好合作或者宗主与附庸的关系了，唐朝只是重新确立了这种关系。

9世纪上半叶的时候，回鹘人与唐往来频繁，曾帮助唐朝平定安史之乱，因此领土扩张，生活条件改善，眼界益开。公元840年，黠戛斯人——另外一批仍然必须与恶劣气候斗争，生活艰辛但是吃苦耐劳，并且善于骑射的突厥语部族，又从蒙古高原之北南下，击败了语言上跟他们有关系，但是生活习惯以及政治归属上完全不同的回鹘人。其后回鹘人被迫大批迁徙，大致分成三部分：一部分在河西走廊，后来建立了自己的政权，被称作甘州回鹘，另一部分西迁到今天的吐鲁番一带，称为高昌回鹘（亦称西州回鹘，唐时高昌属西州），还有一部分越过葱岭进入楚河流域，与先前已在那里定居的西突厥的葛逻禄部混合。10世纪，出于对领导权的争夺，一部分中亚的回鹘人皈依当时在中亚已经有坚实基础的伊斯兰教,并依伊斯兰教法建立了中亚第一个由突厥语族裔建立的王朝——喀喇汗王朝。喀喇汗王朝的统治者是突厥语诸民族中最早皈依伊斯兰教的人。之后一个世纪之内他们以"圣战"的方式使今天中国新疆西部和南部各地的其他民族(如喀什和于阗的斯基泰人、库车的吐火罗人、若羌的羌人)改宗伊斯兰教。信奉伊斯兰教的喀喇汗王朝与信奉佛教的高昌王国都是回鹘人所建,一在新疆最西部,一在新疆东北部,但是二者互相争斗长达二百年。最终伊斯兰力量在新疆消灭了佛教势力,哈密大约在 14—15 世纪也伊斯兰化,于是新疆基本上完成了突厥化和伊斯兰化的双重过程。因此今天中亚和中国新疆的主要居民已经不再是操东伊朗语的粟特人、斯基泰人等,而是操不同突厥语的民族了。目前粟特人只在塔吉克斯坦各地、乌兹别克斯坦的城市里(如布哈拉、撒马尔罕的市区)以及阿富汗北方的一些地区还存在;经过在波斯文明区多世纪的蜕变,今天的粟特人自称塔吉克人,语言与伊朗的波斯人基本一致。

图 7 - 10 是一件唐三彩,刻画了一个骑着骆驼的胡人形象。那个时候制瓷业还没有特别繁盛,流行的主要还是陶器。三彩是很难做的,它的煅烧方法非常复杂,对温度调控技术要求很高。

图 7 - 10　唐三彩骑骆驼胡人俑

图 7 - 11 中再次出现了猎豹的形象,展现的是两个人牵着猎豹的场景,可见驯养猎豹在唐朝的时候非常流行。唐朝本土是绝对不会繁殖这种豹的,所以这些猎豹应该都是进口的。猎豹很难驯养,是一项只有阿拉伯人才掌握的专门技术,所以这幅图上两个胡人的形象有可能是阿拉伯人。

图 7 – 11　表现胡人牵猎豹场景的绘画

　　阿拉伯语是非亚(含闪)语系闪米特语族的一种语言,阿拉伯人在阿拉伯半岛生息繁衍多个世纪。公元 7 世纪,他们在伊斯兰教的旗帜下,冲出阿拉伯半岛,迅速征服了埃及和波斯这两个文明古国,也重创了东罗马(拜占庭)帝国。公元 8 世纪初,阿拉伯军队就到达河中地区,占领了撒马尔罕。以下几讲的内容都与阿拉伯人有关,这里只提示两句。

　　总而言之,这两讲主要介绍唐朝前后集中在中亚一带、以粟特人为主角的历史。粟特人不断繁衍生息、贸易、迁徙,他们向东曾到达今天辽宁一带。安禄山生父为粟特人,母为突厥人,能通六种语言,深受唐玄宗信任,负责统御族裔复杂的河北、辽宁一带,任范阳、平卢、河东节度使等职,又受封为东平郡王。玄宗末期他与宰相杨国忠及太子都不和,故以“清君侧”之名从河北范阳起兵叛变。所以粟特人的活动不是只局限在中亚。下面我们会讲到怛罗斯之战,这是中国跟阿拉伯世界的第一次军事接触,以唐朝的战败结束。唐朝军队的指挥官叫作高仙芝,是个高句丽人。

　　粟特人的大本营在阿姆河、锡尔河之间,包括泽拉夫善河流域。粟特人在欧亚文明里具有一个特别的地位,这当然不是他们有意识主动追求的结果,但是回过头来看历史,他们确实发挥了很大的作用。

依我看来,对外宣称要打造什么形象,或者要建构什么,鲜有真正成功的,很多时候只是留下一堆宣传文件而已。真正的成功要基于具体积累的事实——历史的、地理的、经济的、文化的事实,而不是一厢情愿的表述。对人类历史造成巨大影响的伟人,包括摩西、耶稣、穆罕默德,以及我们提到过的鸠摩罗什、玄奘、李白,他们在有生之年都未曾想过他们的影响能那么巨大。

在今天塔吉克斯坦一侧的费尔干纳盆地有一座城市叫作苦盏(Khujand),里面有一座粟特博物馆,应该是政府支持建立的。塔吉克人是粟特人在今天唯一的嫡传,虽然他们的官方语言在第9世纪的时候已经变成了伊朗语族中的波斯语(Farsi),但他们还是唯一在文化、血统上继承了粟特人的民族。粟特博物馆里还特意提到亚历山大到过这个地方,娶了本地的公主。

图 7 - 12　锡尔河风光

图 7 - 12 中这条河就是整个在中亚历史上,游牧民族跟农耕民族的分界线——锡尔河,中国古代叫作药杀水。今天已经看不出其界河的功能了。锡尔河起源于帕米尔高原的融雪,然后慢慢流入咸海。在全世界的历史上,北方草原上的游牧民族跟南方的农耕民族,必然有和平往来,有时候也会有冲突,冲突甚至会以很激烈残酷的形式出现。这在欧亚大陆的东方体现得最明显的地方就是中国:南方的农耕居民跟北方的游牧民族不断往来、冲

突、融合,后者的代表先是匈奴,后来是鲜卑,再后来是柔然、突厥、契丹、女真、蒙古;二者的分界线是长城。在欧亚大陆的中间地段也是如此,在希腊人或者是波斯人的时代,中亚的北方跟南方的分界线就是锡尔河。

图 7 - 13 所展示的,就是中亚的游牧民族和农耕民族在讨论、交流。戴高帽子的是粟特人,披散头发的就是突厥人。缠着头巾的阿拉伯人这时还没有出现,但他们是下面几讲的重点。

图 7 - 13　粟特人与突厥人

第八讲

丝绸与纸

　　丝绸和纸的发明象征着人类文明的发展已经从求生存、图温饱,只顾当前的生存状态,转而进入重质量、讲效率,可以策划未来的阶段。丝绸和纸带给人类储存信息、预告未来的重要手段,而这些手段的前提是文字的发明。这两样发明于中国的轻便物品,对于中亚、南亚、西亚和欧洲的文明发展起过重大的作用。有趣的是,希腊人为寻求制造丝绸的秘方,确曾"踏破铁鞋无觅处";但是阿拉伯人学到造纸术却是"得来全不费工夫"。对全人类来说,丝绸与造纸术的西传是文明交流史上的两件大事。

中国古人发明了纸张和印刷术,为古代文化的传播和人类文明的发展做出了卓越的贡献,可是在信息科技很发达的今天,文化要想继续进步,发展万维网才是关键。人们可以在万维网上建设许多条通衢大道,在这些大道上跑的可以是说不同语言的车子。但是要在中国从事万维网建设的话,除了要建造许多说汉语的车子,还要修建许多条讲任何语言的人都能使用的公路,并与其他国家的信息公路相连通,相对接。我在 2002 年曾出版过一本书,书名叫《从活字版到万维网》,就在说明上面提到的意思。十几年下来,世界各国人,尤其是中国人,掌握运用万维网的程度已经百倍地提高;今天人们在日常生活中对万维网的依赖和信任已经到了"不可须臾无此君"的地步。

图8-1　罗马战船通过反射阳光来传递命令

不管是印刷术还是万维网，都是一种信息传递的手段。信息的传递最早有两种方法。一是声学的方法，俗话说的"大吹法螺"，就是用法螺吹出声音，传递自己的信息。二是光学的方法，比如使用烽火，或者利用太阳光来传递信号。罗马人很早就知道在舰船上利用铜镜反光来同岸上通讯。图8-1就是罗马人跟迦太基人作战的时候，通过反射太阳光来传递命令。

中国人说的"聪明"即是耳聪目明，善于用听觉或视觉接受信息的人就是聪明人。聪明人一定要善于观察，离开了"眼观六路耳听八方"，就很难提取信息吸收知识了。

留在时间长河里的信息

可是无论声学还是光学的方法，都有瞬时性——镜子一闪，这个信息就过去了；法螺声一停，信息就终止了。只有文字能够在时间长河里面留下信息，而活字印刷、雕版印刷和万维网都有这个特征。那么什么是文字的载体？在中国，文字最早是刻写在甲骨上面的，还有一种刻在青铜器上面的铭文。当然这样做效率很低，不可能记载大量信息，只能应用于最重要的场合。在古代西亚，文字时常是刻在石头上；也用芦苇在黏土上写字，就是前面讲过的楔形文字。再后来，在亚洲各地木(竹)简成了文字的主要载体。图8-2是新疆出土的吐火罗文木简。图8-3、8-4和8-5是三种不同介质的古代文书。图8-3是湖南马王堆出土的写有文字的锦帛，内容是《老子》，时代是西汉初年；图8-4是西亚叙利亚人用芦苇纤维制成的麻布书写

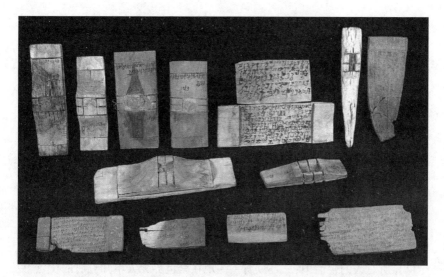

图8-2 佉卢文犍陀罗语木简

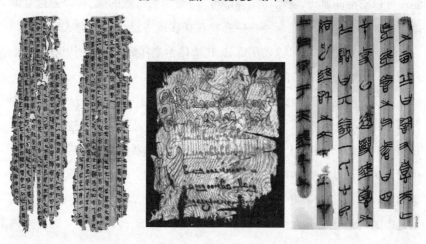

图8-3 马王堆帛书 图8-4 叙利亚芦苇制成的麻布文书 图8-5 上博楚简

的文书,上面的文字应该是叙利亚文;图8-5是"上博楚简",这是上海博物馆在十几年前购买的一套材质为竹子的楚简,非常宝贵。众所周知现在的《论语》是后代人口述整理出来的,"上博楚简"中却有一部分是春秋战国时写下的《论语》。当初秦始皇所谓焚书坑儒,所焚的并不是现代人心中想象的纸质书,而是一部分木质、竹质的书简。

贵族用墨汁在锦帛上面书写,就制成了所谓"帛书"。纸大约是西汉时发明的,东汉时期才有较成熟的纸制品。简相对于石刻,帛相对于简,纸相对于帛,都更轻便,信息量更大。就这样,文字载体越来越趋向于轻便易书,直到发展为今天意义上的纸。

这里讲个题外话,我个人认为中国除了"四大发明"——火药、指南针、印刷术、造纸术之外,还有"四小发明"。火药、指南针、印刷术和造纸术对整个人类文明的推进是非常巨大的,但是"四小发明"对人类生活的影响同样广泛而巨大。所谓"四小发明":一是茶叶——因为它作为一种饮料,影响了全世界人的生活方式;二是丝绸——丝绸作为一种纺织品,几乎进入了全世界所有人的生活中;三是豆腐——现在全世界无人不知豆腐的优点,豆制品可以防治高血压,防治高胆固醇等等,对牛奶过敏的人,可以通过豆制品摄取优质蛋白质;四是麻将——麻将在很多地方已经列入老人院学习的内容了。老人玩麻将,可以动手练脑,进而防治老年痴呆症。所以我把它们列为中国的"四小发明"。

除了上面说的四大发明和"四小发明"外,中国历史上还有一样很重要的创新——瓷器。瓷器是陶器的一种改进,而陶制品在世界各地都有发现,很难确定谁最早,可以认为是各地独立发明的。陶器加了釉之后就是瓷器,中国人从唐代以来所做的瓷器确实最为精美,以至于英文中的瓷器就用中国的国名(China)来称呼。但在典籍和实物证据中,却很难证明陶器上釉确实是中国人最早发明的。

丝绸和知识产权

丝绸是中国人发明的,它的外传过程也值得详述一下。丝绸在张骞通西域之后传出中国,一路向西逐渐传到了希腊人手上。希腊人认为丝绸一定是从树上结出的某种东西。继希腊而兴的罗马人同样酷爱丝绸,甚至一度因为大量购买丝绸而引起国内争议。据说关心时政的演说家和散文家塞涅卡（Seneca）就反对大家都穿丝绸，认为这样会把罗马穿穷。

　　丝绸既然是这么抢手、这么贵的商品，做生意的人自然希望掌握这项生产技术。接触丝绸最多的是粟特人，但是即使是粟特人在最初的几个世纪里也没有学会生产丝绸的技术。虽然当时还没有什么知识产权的观念，更没有知识产权保护法，但是统治者以及制造丝绸的人都知道要保守这个商业秘密。西域的于阗（和田）长期与中原交好，中原王室也往往会把公主嫁过去。有一次（应该是南北朝时期），一个公主要嫁到于阗去，在出嫁之前，粟特人就怂恿于阗的使臣说，最好告诉公主，在于阗大家穿的都是非毛即麻的衣服，很刺激皮肤，公主要嫁过来，一辈子穿这种衣服会很痛苦的，所以最好带一点丝绸的原材料过来，在我们这里制造丝绸。平时边境往来都要经过检查，可是官员们不敢检查公主。于是这位公主在出嫁于阗的时候就梳了一个高高的发髻，在里面藏了一些蚕，又带了一些桑叶——丝绸的原材料就这样传出了中国，并且从于阗传到了粟特人手中。

　　如前所述，粟特人就是锡尔河与阿姆河之间的居民，他们与波斯人毗邻，经常把丝绸卖给波斯人。有一次波斯跟拜占庭作战，波斯有一面丝质的军旗，迎着阳光闪闪发亮。拜占庭的军队没有见过这样的东西，认为波斯人的军旗如此耀眼，一定是得到了上帝的帮助，于是弃甲而逃，波斯人大获全胜。后来拜占庭人慢慢明白过来，这不过就是平常穿的丝织品而已。于是拜占庭最出色的皇帝查士丁尼（公元527—565在位）就派了两个教士到波斯，伪装成和平交流，实则把蚕装到空心的手杖里带回拜占庭。这样，希腊人也学会了生产丝绸，并逐渐把制丝技术传播到今天的意大利。

　　中国人在公元前3000年已经开始生产丝绸，丝绸技术传播到境外大概是在公元5、6世纪。公元6世纪中叶丝绸技术传到了君士坦丁堡。中原公主把蚕茧偷偷带到于阗这件事是谁记载下来的呢？唐玄奘。玄奘从印度回来之后曾在于阗待了相当长一段时间，以确定自己能否回长安。所以他对于阗的事情知之较详，后来在《大唐西域记》里面写下了这段丝绸技术外传的故事。当然,他也是道听途说,是否可信,我们今天无从得知。至于拜占庭教士把蚕从波斯人那里用空心手杖带回来,倒是在不同的历史文献中均有记载。

今天的丝绸业,包括设计、印染以及制造技术在内最发达的国家就是意大利。意大利是很晚才学会造丝的,可是现在高级的丝织品、最昂贵的丝织品都产自此国。中国是丝绸的发源地,但却处在当今丝织品产业链的低端。与此类似的还有茶业——中国和印度的茶叶产量位居世界前二,但是英国却在茶叶产业中赚得盆满钵满。在任何中国的超级市场或百货公司,都有英国的 Twinings 茶和 Lipton 茶。英国的茶叶有世界上最好、最畅销的品牌。中国的茶农只能在大量种茶之后,卖给他们做原材料,然后由人家加工后包成一个小纸包或者是一个个听桶销售到全世界。所以丝绸跟茶,也就是我说的四小发明之二,当今中国都不处在领先地位。好在中国的豆腐还是世界上产量最大,品种最多的。不过豆腐做得最精致的是日本。麻将目前还没有被任何人取代。如果奥林匹克运动会有麻将这个项目的话,我想中国派出几千支队伍出赛都没问题吧!可惜丝绸、茶叶、豆腐的鳌头地位都已经不保了。当然豆腐因为保鲜技术的限制而外销得不多,但是丝绸和茶叶本是可以外销的。至于纸张,全世界纸造得最好的地方曾经是瑞典和挪威,最近听说中国已经大有取而代之的可能。因为造纸需要用很多硫酸,对环境污染严重,因此欧洲的国家不愿意多造纸;全世界很多地方都更愿意买中国造的纸,反正中国造得也很好。

制造丝绸的方法是很复杂的,需要养蚕、作茧、缫丝等等环节。丝绸一定要经过很长的时间、很多的尝试才可能诞生。丝绸好看的原因就在于它是从一种蚕(不是所有的野生蚕)的三角形的嘴里面吐出来的。蚕嘴的三角形构造导致蚕吐出的丝的横截面呈三角形。蚕织出茧后,中国的农民把它拿来先用水煮,然后剥茧抽丝。之后再把它织成绢、锦等。丝织品之所以会亮,就是因为三棱形的丝在任何一个角度都有反光的可能性。棉花纤维的截面不是三棱形,因此不能像丝绸那样折射出耀眼的光。

纸字的繁体是"紙",左边部首的意思是"丝"。汉字里跟丝有关的字、词和成语非常之多,如组织、继续、缔结、缴纳、绰约、纤维、编纂,还有"作茧自缚""络绎不绝""千丝万缕"等等。这说明我们的祖先在造纸之前已经先完成了一项更繁复、更难做的作业。造纸的方法更加直观些,只要把一些纤维的碎片,比如稻草之类,搅拌在一起,经过一些处理,慢慢摊成薄薄的一张,就是纸了。早期的纸很粗糙,直到东汉蔡伦改进了造纸的方法,并于公元105年把改进的纸进献给皇帝,才有了好一点的纸,所以大家把造纸术的发明归功于蔡伦。因为他曾经受封为侯,所以他造的纸被称为"蔡侯纸"。

纸的出现要比丝晚很多,也证明了在早期技术发展过程中存在着不可预测性,并非完全按照逻辑来进步。纸出现得比丝绸晚,可是丝绸只是改变人的穿着和装饰,纸却改变了整个世界信息传播的方式。后者的影响更大,因此也是这一讲的主角。

怛逻斯之役

本讲的题目是丝绸与纸张,为什么下面要展示伊斯兰教扩张的地图(地图8-1)呢?公元713年,阿拉伯军队征服撒马尔罕,即昭武九姓中的康国,距离当时唐朝的边境已经不远,所以和本讲的主题产生了联系。

伊斯兰教创建于7世纪之初,其后力量发展得非常迅猛,第一任哈里发艾卜·伯克尔时期,统一了全部阿拉伯半岛;第二任哈里发欧麦尔时代征服了不少拜占庭帝国的领土,包括埃及、叙利亚和伊拉克的一部分;第三任哈里发奥斯曼在位时期,征服了波斯萨珊王朝,阿拉伯人进入波斯文化圈的东部腹地呼罗珊省。公元713年,阿拉伯军队占领大部分中亚——但只是军事上的占领,整个社会的伊斯兰化还要许多年。这就是早期阿拉伯-伊斯兰帝国向东扩展的情况。阿拉伯帝国的西拓几乎是与东扩同步进行的。公元711年,阿拉伯军队渡过直布罗陀海峡,推翻了西哥特人的王国,统治整个伊比利亚半岛。接着,阿拉伯军队又越过比利牛斯山进入法兰克王国。公

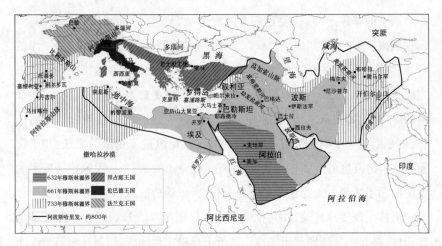

地图 8 - 1　伊斯兰教的扩张,632—733 年

元 732 年,在法国西南部的普瓦提埃战役中,查理曼的祖父马特(Martel)击败阿拉伯军。这是阿拉伯军队西征途中第一次关键性的败仗,伊斯兰势力从此退到比利牛斯山之南。总之,在 100 年间,阿拉伯人建立了一个西至大西洋,东达印度河与中亚唐朝边境的大帝国。

这个大帝国要靠军队来维持,在每一个重要的城市都驻扎阿拉伯士兵。第一个进军中亚并占领撒马尔罕的阿拉伯统帅叫屈底波(Qutaybah)。他极力想使中亚的居民改宗伊斯兰教。世界历史证明,只要有外来统治者,被统治者中一定会有一部分人自愿服从并且模仿统治者。所以不少中亚居民转奉伊斯兰教,学习阿拉伯文化与习俗等。虽然波斯在那个时候已经有 1000 多年的文明历史,阿拉伯人也认识到自己的文化远不及波斯文化发达,但是阿拉伯人依仗自己的军事力量和宗教热诚,通过婚姻、贸易、劝化、胁迫,以及对穆斯林免征人头税的经济引诱,使很多当地居民皈依了伊斯兰教。

虽然那时阿拉伯帝国在呼罗珊和河中地区都有驻军,但是真正的阿拉伯人还很少,居民大部分还是操波斯方言的人口。波斯人虽然逐渐信仰了伊斯兰教,但他们的行为和思想还保留了许多波斯传统。任何一种社会性的思想、意识形态或生活方式的改变,都不是一纸命令可以完成的,需要一个相当漫长的过程。正因为如此,本地新皈依的穆斯林就时常遭到阿拉伯人的歧视,这在公职人员的任用中表现得更加明显。因此,呼罗珊新转奉伊斯兰教的波斯人以及河中地区尚未皈依的粟特人都对阿拉伯人感到不满。特别是新穆斯林,他们知道《古兰经》里有闻道不分先后的教导,那为什么自己实际上还是被当成二等公民呢?这便造成了许多矛盾。

　　一部分中亚粟特人不满阿拉伯人的占领,于是想起自己的祖先曾经尊奉中国的唐太宗为天可汗。阿拉伯人到达中亚不久后,曾扶持一个费尔干纳的新国王上位,失败者逃到龟兹的安西都护府请求协助,希望借助唐朝的力量对抗阿拉伯人。中亚的小国当时确实是唐朝的藩属,理应受到唐朝的保护。

　　伊斯兰教创始于麦加,后来穆罕默德迁到麦地那,在那里建立起政教合一的政权。真正建立起阿拉伯帝国的是迁都大马士革的倭马亚王朝。因此不仅波斯人对倭马亚家族有反感或者怨恨,在阿拉伯世界里面也有很多人反对倭马亚王朝的家天下。倭马亚家族跟穆罕默德并没有血缘关系,仅仅是同属于一个部落。他们因为早期就掌握了军队,于是利用军权掌控了政权和神权。穆罕默德的家族中,有两部分人反对他们。一部分人认为,只有穆罕默德的堂弟兼女婿阿里的后人才可以成为伊斯兰教的领袖,这部分人称为什叶派;另一部分是穆罕默德的叔叔阿拔斯的后裔,他们认为伊斯兰教的领袖必须是穆罕默德的亲属。阿拔斯的后人在很多地方都颇有势力,特别是在接近波斯的伊拉克。他们利用波斯穆斯林的不满,游说波斯人跟他们一起反对倭马亚家族,于是波斯人首先在呼罗珊掀起反抗倭马亚王朝的起义。在波斯人的配合下,阿拔斯家族于公元750年打败倭马亚家族,建立阿拔斯王朝,政治主体迁往接近波斯的伊拉克,另建新都巴格达。

　　正在阿拉伯人内战尚未结束,波斯人的起义还没有止息之际,唐朝驻龟兹的安西四镇节度使高仙芝——一位高句丽裔将领的儿子,个性武断自信——认为,此时应该加强对中亚的控制,以抑制阿拉伯人势力的扩张。他在几年前领军挫败了吐蕃向帕米尔高原的扩张势头,被唐玄宗赏识提拔,他本就骄傲的个性因而更为张狂。他以昭武九姓中的石国(今乌兹别克斯坦的首都塔什干)对唐朝未尽藩属之礼为由,发兵前往讨伐,企图一振声威。

从地缘角度看,唐和阿拉伯这两大帝国的势力范围如此接近,两国互求克制对方势力是很自然的事;南方的吐蕃和北方的突厥也是当时中亚方程式中的变数,必须加以考虑。

高仙芝因而带领大约两万唐朝军队,长途跋涉到达中亚的石国,与唐友好的突厥葛逻禄部也发兵三万配合唐军。石国国王见状投降,但是高仙芝违约攻陷了石国,并且纵兵抢掠,将石国国王押回长安,后来被玄宗下令斩首。此举使中亚各国对唐离心离德,石国王子转而奔向阿拉伯军求援。阿拉伯军在当地粟特人的支持下,加上少量吐蕃军的配合,于751年在今天哈萨克斯坦和吉尔吉斯斯坦边界的怛逻斯河地区与唐军展开了一场影响深远的遭遇战。此时,葛逻禄部突然叛变,从近距离攻击唐军,结果唐军大败。高仙芝带去近两万军队,大多数阵亡,数千人被俘,只有不到两千人跟随高仙芝返程。

唐朝的鼎盛状态大概就在751年,即唐玄宗天宝十载;此后虽然中亚的整体形势并没有立即改变,但是唐朝对中亚的影响日渐式微。阿拉伯军的胜利使中亚自此归入伊斯兰世界,也因此隔绝了印度佛教与中国佛教之间的联系,促使中国佛教完全本土化。

到了755年,安史之乱开始。因为唐朝本身的力量已不足以平定叛乱,所以邀请阿拉伯军与吐蕃军协助平乱。这是阿拉伯军队第一次进入长安,大批穆斯林进入中国也是从此时开始的。

造纸术西传

中国在1世纪就已经大量使用纸张了。唐朝时,造纸技术在中国已经存在了七百年,非常普遍。可是当时绝大部分外国人都不会造纸(日本、朝鲜、印度是例外)。怛逻斯之役中,唐朝军队里有不少会造纸的人员被俘。阿拉伯人审问得知后,就让这些人在撒马尔罕建立了一个造纸作坊。所以公元8世纪中叶,撒马尔罕出现了中国之西的第一个造纸作坊。撒马尔罕的纸在伊斯兰世界一直被认为是最好的绘画、书法用纸,地位类似中国的宣纸。也是从那以后,穆斯林才开始把《古兰经》抄在纸上,而在此之前《古兰经》只能抄在小羊皮上,一部《古兰经》要用300只羊的皮。可以想象,造纸术对宗教、文字的传播起了极大的推动作用。有纸张之后,不但《古兰经》可以在纸上写,书信来往、贸易记录、法律和行政文件也都可以使用纸张。

撒马尔罕建立造纸坊之后,公元850年左右,巴格达也出现了造纸坊。大马士革10世纪开始造纸,开罗随即也有了造纸坊。摩洛哥的菲斯在公元1100年开始造纸,穆斯林统治的西班牙于1151年出现欧洲第一个造纸坊。法国的第一个造纸坊要到1189年才出现,德国大约在1390年开始造纸。

公元1517年,距今约五百年前,德国教士马丁·路德在教堂门口贴出《九十五条论纲》,抗拒和谴责罗马教廷发行赎罪券的行为,掀起了西欧的宗教改革运动。他鼓励信众阅读《圣经》,主张个人可以直接和上帝交流,不必借助于教会认可的圣人。这项主张是西欧文艺复兴时期人本主义的体现,而它的物质基础则是《圣经》通过纸张与印刷传播,可以被许多人所拥有,而不必再以人手抄在羊皮上。因此,马丁·路德曾说,上帝对我们最大的恩宠就是赐给我们纸张和印刷术。

杜环——中国最早到地中海西部的旅行者

在怛逻斯之役被俘的唐军中还有一个军官,名叫杜环。他被俘后被编入阿拉伯军中,去和阿拉伯阿拔斯王朝的敌人作战。杜环在阿拉伯军队中待了十多年,到过很多地方。他从撒马尔罕一路到巴格达附近,然后到了叙利亚,过地中海到埃及,再经过今天的利比亚、突尼斯、阿尔及利亚,最远到摩洛哥;他也到过拜占庭帝国的一个地方——拜占庭帝国当时还处于阿拉伯世界的控制之外,所以他可能是在某次战役时进入过拜占庭领土。后来他从波斯湾坐船回到广州。回国后,杜环写了一本书,叫《经行记》。

这本书记载的是杜环的个人经历,当时没有大众传媒,按理说不会有很多人知道。不过,他有一位名叫杜佑的叔叔,曾任宰相,后来在朝廷里负责编纂《通典》,也就是当时的百科全书。《通典》收录了《经行记》的一些内容,所以这部分内容得以保存下来,而《经行记》原书则已散佚了。下面引用的一段,出自《通典》卷一九一《边防七·西戎总序》:

> 族子环,随镇西节度使高仙芝西征,天宝十载至西海。宝应初,因贾商船舶自广州而回,著《经行记》。

《通典》卷一九三《边防九·西戎五》又引《经环记》(下同)说:

> (大食)一名亚俱罗,其大食王号暮门,都此处。其士女瑰伟壮大,衣裳鲜洁,容止闲丽。女子出门,必拥蔽其面。无问贵贱,一日五时礼天,食肉作斋,以杀生为功德。系银带,佩银刀,断饮酒,禁音乐,人相争者不至殴击。又有礼堂,容数万人,每七日,王出礼拜,登高座,为众说法,曰:"人生甚难,天道不易,好非劫窃,细行谗言,安己危人,欺贫虐贱,有一于此,罪莫大焉。凡有征战,为敌所戮,必得生天,杀其敌人,获福无量。"率土禀化,从之如流。法惟从宽,葬惟从俭。

杜环的观察非常细密。"大食"是当时中国人对阿拉伯帝国的称谓。阿拉伯帝国的第一个王朝崇尚白衣,中国称为白衣大食,也就是倭马亚王朝。其后是阿拔斯王朝,就是前面讲到的穆罕默德叔叔的后代成立的新王朝,中国称为黑衣大食。杜环的年代已经是黑衣大食统治时期了。"大食王号暮门",暮门是当时黑衣大食王朝的哈里发。"其士女瑰伟壮大",在杜环看来,阿拉伯人漂亮而且高大。"食肉作斋,以杀生为功德",这里说的应该是宰牲节。"系银带,佩银刀,断饮酒",穆斯林一般是不喝酒的。"禁音乐,人相争者不至殴击",说明当时大食人已经很有文化教养了。"又有礼堂,容数万人",是指大的清真寺可以容纳几万人一起下跪,一起祈祷。值得注意的是这个"每七日"——中国以前的记日方法同现在不一样,没有星期(周)

的概念。一日十二时辰,日出而作,日落而息,汉唐时代每五天、十天过得好一点,吃鱼吃肉,但没有固定的公众假期制度。伊斯兰教传到中国以后,中国人才有星期的概念;基督教传入之后,才有公元纪元,而以前的纪元是用天干地支加上皇帝的年号来确定的。

曾经有同学问我,对于当前社会的西化,甚至连星期纪日都是从西方传过来的,有什么看法。我的看法是:绝不是西方人通过战争,强迫我们采用了星期制度,中国人之所以接受这个概念,是因为大家很自然地需要在连续工作几天后休息一下。这是文明之间的交往和学习而已。星期纪日、公元纪年,这些观念虽然都是从外国借来的,但借用这些观念并不是丢人的事情。犹太教、基督教和伊斯兰教都认为上帝造世界一共用了六天,第六天造了人,第七天休息,而这其实是从美索不达米亚起源的,恰恰不是欧洲人发明的!犹太教的安息日在星期六,伊斯兰的聚礼日在星期五,基督教的礼拜日是星期天。无论如何七天作为一个周期,还是大致符合人的社会和生理需要的。

杜环观察到每七天,也就是在每个星期五,"王出礼拜",最高统治者跟大家一样做礼拜,"登高座,为众说法",等等。然后他又发现,阿拔斯王朝"法惟从宽",也就是说法律不是非常严苛。而且"葬惟从俭",因为按照穆斯林的风俗,一个人死了,拿白布裹一裹,24小时之内入葬就可以了,而不需要像中国人那样大肆操办,吹吹打打,哭天恸地。

他又记载:

> 拂菻国在苦国西,隔山数千里,亦曰大秦。其人颜色红白,男子悉着素衣,妇人皆服珠锦。好饮酒,尚干饼,多淫巧,善织络。或有俘在诸国,守死不改乡风。琉璃妙者,天下莫比。王城方八十里,四面境土各数千里,胜兵约有百万,常与大食相御。西枕西海,南枕南海,北接可萨突厥。

杜环是一个很好的社会学观察者和历史地理考察者。他说"拂菻国在苦国西,隔山数千里";"拂菻"唐代发音如"法兰",而阿拉伯人统称欧洲人为"法兰克"人,此处特指东罗马帝国。"苦国"应是今天叙利亚一带。他报道,在很远的地方有一个地方"亦曰大秦";"大秦"即是汉代中国人对罗马帝国的称呼。因为我们说的"东罗马帝国"认为自己是正统的罗马帝国,所以"亦曰大秦"。某些西欧人认为,早期的罗马帝国首都在罗马,而5世纪之后帝国首都在东方的君士坦丁堡(古希腊称作拜占庭),所以称之为东罗马帝国或是拜占庭帝国。杜环认为拂菻国与大秦是一脉相承的。拂菻国人喜欢的颜色是红色、白色,好喝酒。"善织络",就是说他在8世纪的时候注意到到拂菻国人擅长纺织。前面讲过,6世纪,东罗马帝国已经会制造丝绸了。"琉璃"就是玻璃,玻璃是埃及发明的,东罗马人善造且常用玻璃。杜环觉得拜占庭生产的玻璃中的精品"天下莫比"。

杜环还提到,拂菻国"常与大食相御",可谓十分准确,东罗马帝国当时的最大威胁和对手就是阿拉伯帝国。最后,他说拂菻国,"北接可萨突厥",也非常正确。君士坦丁堡隔着黑海与顿河流域及伏尔加河流域相望。公元7世纪西渡伏尔加河的西突厥人中,有一支处于斯拉夫人与南方以及中国与西方交往的要道上,在9世纪时建立了可萨(Khazar)汗国;他们既不愿接受基督教,又不想成为穆斯林,所以9—10世纪时一度信奉犹太教。

> 又曰:摩邻国在秋萨罗国西南,度大碛,二千里至其国。其人黑,其俗犷。少米麦,无草木。马食干鱼,人餐鹘莽。鹘莽,即波斯枣也。瘴疠特甚,诸国陆行之所经。山胡则一种,法有数般。有大食法,有大秦法,有寻寻法。其寻寻蒸报,于诸夷狄中最甚。当食不语。其大食法,以弟子亲戚而作判典,纵有微过,不致相累。不食猪、狗、驴、马等肉,不拜国王、父母之尊。不信鬼神,祀天而已。其俗每七日一假,不买卖,不出纳,惟饮酒谑浪终日。其大秦善医眼及痢,或未病先见,或开脑出虫。

"摩邻国"应该是阿拉伯语"Maghreb"的音译,意为日落之地,指西方。他从埃及又走了两千多里路,经过大沙漠,到了一个地方。那里的人肤色黑,风俗粗犷,米麦不多,草木也没有。这就是今天仍然称为 Maghreb(今译马格里布)的阿尔及利亚和摩洛哥。马格里布的土著民为柏柏尔人,阿拉伯人是外来统治者。后来二者慢慢融合,今天阿尔及利亚和摩洛哥人大都说阿拉伯语,但许多人仍然自认是柏柏尔人。柏柏尔人曾经被罗马人统治,信奉过摩尼教和基督教。基督教最著名的神学家之一——公元 5 世纪的奥古斯丁就是一个出生在北非的柏柏尔人,他母亲是虔诚的基督教徒,但他年轻时曾信奉过摩尼教,后来又转回信仰基督教。基督教的许多基本理论,比如三位一体、救赎思想等,都受到奥古斯丁的很大影响。

杜环发现,那里的人遵行三种律法,寻寻法、大食法和大秦法。信仰伊斯兰教的遵行大食法,信仰基督教的遵行大秦法,信仰摩尼教及另外一种宗教的遵循寻寻法。大食法规定,以公审来定罪,也就是由大家来判决你有没有错。即使有小的过错,也不至于连累他人。此外其法规定不吃猪肉、狗肉、驴肉、马肉。杜环还发现这些人不拜国王。因为在伊斯兰世界,虽然国王的政治地位高,但他不是神,不可能像在中国那样得到臣民的叩拜。他们也不拜父母,不拜祖先,只崇拜真主,基督教其实也大略如此。

昔日东汉班超曾经派副使甘英前往大秦一探究竟,但是甘英没能完成使命,到波斯湾就折返了。到了唐时的杜环,因为战败被俘而游历了比甘英预想的更多的国度,而且得到了准确而细致的认知,做出了全面扼要的报道。中国最早报道地中海和北非的作家非杜环莫属!

第九讲

印刷与字母

大约 5000 年前,泥质方形印章在美索不达米亚已经颇为普遍;最晚 4500 年前,圆柱形滚印(泥或玉石制作)在美索不达米亚和印度河流域都已出现。印章上刻印的图像或标记一般作为个人签名或是记载协议的内容,可以复印在平面载体上。由于没有合适的载体,印章内容的流传并不广泛。远在亚洲东部的中国于汉代发明了纸,刻在木板上的内容因而有可能大量"被印刷"。雕版印刷术首先出现在隋唐时代,活字版印刷术则是发明于北宋,自此大量书籍得以广为流传。

早期美索不达米亚和埃及的文字大多数是象形、表意和标音符号兼用,与后来的汉字有象形、会意、形声几部分极为相似。但是公元前 15、前 14 世纪时,地中海东岸的某些族群开始用简单的符号作为音标,逐渐形成一套大约 20 个字母的拼音书写方法。最早最完整出现并且流传到其他地区的是腓尼基人发明的字母系统。

作为欧亚大陆文明交流的例证,本讲涉及印刷术的西传与字母的东来。读者由此可知,人类文明确实是通过相互学习与借鉴而得以发展至今。

印刷术的西传

我们用地图 9 - 1 来总结一下造纸术、印刷术的传播。地图 9 - 1 的下图展示的是造纸术的传播。上一讲已经介绍过,法国和德国分别在 12 世纪末和 14 世纪末才出现造纸坊,可见纸的传播要比丝的传播慢很多。在欧洲人的地理大发现后,造纸术进一步从欧洲传到了美洲以及大洋洲。

地图 9 - 1 的上图则展示了印刷术的传播路径。印刷术分为雕版印刷和活字版印刷,前者要比后者早很多。简单来说,雕版印刷等于是印章的扩大,是在一个木板上刻上反写的字,然后着墨印刷。有纸张才会有印刷,虽然现在也可以印在丝绸之类的载体上,但在工业革命前只能是印在纸上。雕版印刷在 6 世纪就已经出现了,当时主要是刻佛经和佛像,因此中国化了的佛教的传播很得益于雕版印刷术。唐朝的时候,雕版印刷业就很发达了。到了 11 世纪的北宋,毕昇发明活字版。这是基于汉字的特点而发明的,每一个字都要有一个字模,放在排字用的盘子里以备拣选排版,常用字的字模要多一点,罕用字就少一点。直到 1982 年北大方正集团发明激光排版之前,全世界的华文刊物,包括《人民日报》,都是由排版工人逐字排版的。因此如果书籍杂志上出错了,编者和作者往往说这是"手民之误",意思就是说排版工人排版时出了错。

今天中国人和韩国人都认为雕版印刷术和活字版印刷术都是自己发明的。中国人所持的理由前面已经简述,大家也都知道,不必再重复。韩国人认为他们使用雕版印刷术的时间比中国更早,而活字印刷方面,是他们首先使用金属字模。有可能确实是韩国人首先使用金属活字,但这也许可以算是重大改进,说不上是发明。

雕版印刷的发明才是关键。声称韩国人首先使用雕版印刷的证据不够坚实。基本证据是在今天的韩国发现了雕版印刷的《大藏经》中的一册,即《无垢净光大陀罗尼经》,它的年代比中国目前发现的雕版印刷品都要早一

中国印刷术外传图
Diffusion of Printing Technology from China

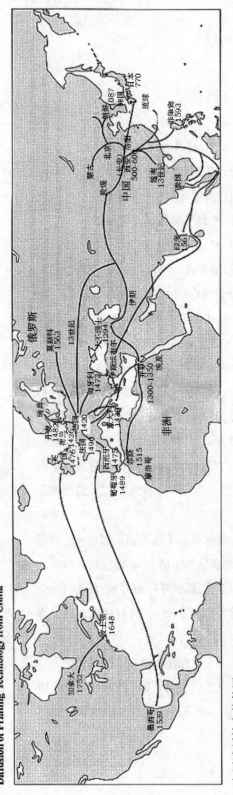

中国造纸技术外传图
Diffusion of Paper-Making Technology from China

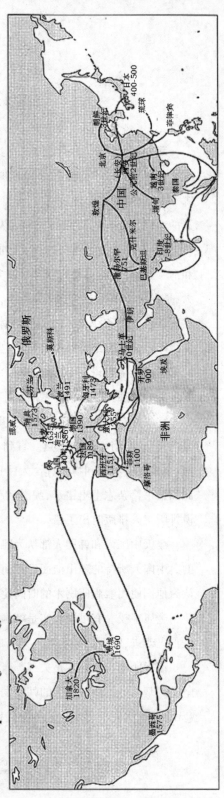

地图8-1　印刷术与造纸技术的外传

些。这个论据并不能完全证明他们的结论,因为近年来在中国境内新发现更早的活字印刷品的报道很多,更早的雕版印刷证据不是没有可能出现。而且中国学者也对雕版印刷术的历史做了很多研究,他们发现韩国收藏的这部《大藏经》里面,有几个字是武则天时代使用而后来停用的,是武则天自己创造的一些新字。因为武则天信佛,所以当时印刷了很多佛经。当时朝鲜半岛并没有被武周控制,故应该不会使用武则天发明的字,所以目前韩国那部《大藏经》应该是武则天时代刻板,而后被佛教徒带到朝鲜半岛去的。

还有一些人也认为他们的国家是印刷术的发明地,这就是德国人,西方人一般接受德国人的这一说法。他们认为德国的古腾堡(Gutenberg)发明了印刷术。其实古腾堡发明的是一种可以使用活字印刷的机器。活字印刷术一旦应用于拼音文字,其作用就很大。拉丁语系的文字只有二十几个字母,制作活字比中文要简便太多了。古腾堡在 1450 年左右发明了活字印刷机,至于他的灵感来自哪里,则不得而知。但是毫无疑问,整个欧洲都是向他学习的。只是毕昇是 11 世纪的人,而古腾堡是 15 世纪的人,中间差了400 年时间。这 400 年之间也有大批像马可·波罗这样的人在欧洲和亚洲之间往来,古腾堡是不是受到了中国人"先造字模再排版"的启示,而后才发明了活字印刷机呢?但是无论德国、意大利或是拜占庭都没有在 7 世纪以前出现过任何雕版印刷品,因为那时那些地方连纸张也还没有。

古腾堡印刷的第一部作品是《圣经》,因此使欧洲的宗教气氛愈发热烈。在过去只能用羊皮抄《圣经》的时代,因为羊皮价格昂贵,以及教会为了掌握《圣经》的诠释权,只允许神父和修士阅读或接触《圣经》,所以实际接触和了解《圣经》的欧洲人并不多。纸张产生后,所有人都具备了阅读《圣经》的重要前提条件,因此对《圣经》就有多种不同的解释方法,这直接削弱了罗马天主教会的控制能力,于是就有了马丁·路德的宗教改革。宗教改革一方面得力于日耳曼语各地贵族的支持,因为他们远离罗马教皇,本来就对教廷有抵触的情绪;另一方面马丁·路德登高一呼,告诉人们听从《圣经》的指示就可以了,没有必要听从教廷的命令(这种思想和伊斯兰教的教义比较相近），信徒可以自己阅读《圣经》，自然不会再绝对尊奉罗马教廷的权威。

有了印刷术之后，大量印行《圣经》成为可能，有了纸之后，印刷《圣经》的成本和售卖它的价钱就可以降低。一旦印刷术传到了使用拼音文字的族群手上，他们文化的兴盛就指日可待了。汉字至少要有5000个字模才可以进行印刷，而且不认识三五千个字是看不懂汉字文书的。但是一个说纯粹使用拼音文字的西班牙语的儿童，只要在小学一年级学习半年，就可以把书读得朗朗上口了。

字母的东来

这一节的重点是"字母的东来"。字母是人类文明史上很重要的发明。第一次信息革命，简单来说就是使信息传递变得又快、又好、又省。其中的"省"，就是因为字母的发明。字母是很方便地传递信息的手段，元音跟辅音结合可以拼写任何语言里面的文字。字母文字比较精练，要比古埃及象形文字、西亚楔形文字、中国甲骨文都更加方便。但到了21世纪，似乎它的重要性又没那么大了。因为电脑发明后，很多时候可以依靠电脑的联想。比如输入"紫气东来"，只要输入"紫气"两个字，"东来"就已经出现了。所以说，有电脑之后，印刷术的重要性减小了，字母易于掌握的优势还在，但是也减弱了。

最早需要会意的象形文字大约是在公元前4000年由苏美尔人发明的，起初他们基本上是在泥板上刻字。到了公元前3500年，苏美尔地区又出现了楔形文字。楔形文字笔画少而直，比象形文字简单，之后逐渐传播到了其他各民族中，如阿卡德人、巴比伦人、亚述人等东部闪米特人，以及胡里安人、埃兰人、赫梯人等印欧语系人群。埃及人、赫梯人、克里特人也曾使用过半会意半形声的文字，甚至某些埃及古文字也有一部分拼音的效果。

而中国的甲骨文与上述诸种文字有明显区别，属于另一种独特的文字系统。汉字、汉语与拼音文字的相容性不太好，拼音文字很难区分汉字的四声，更何况粤语方言有九声，吴语方言有七声。此外汉字中还有很多同音字，这都增加了以拼音文字表现汉语的难度。

但中国人使用甲骨文的动机和苏美尔人等是一样的，都是希望把

图 9 - 1　甲骨文

人的语言化为一种符号。这种符号可以传给同时代的他人，也可以传给后人，从而使人的记忆可以超过个体生命的极限，一群一群地传开来，一代一代地传下去。而人类之外的其他动物，只能把经验传给与其有接触的同类或后代。这就是文字的作用，因此文字的交流是文明交往中最重要也是最有意义的一环。

北闪米特语			希腊语		伊特鲁里亚语	拉丁语	
早期腓尼基语	早期希伯来语	腓尼基语	早期	古典时期	早期	早期	古典时期
Ｋ	Ｋ	Ｘ	Ａ	Ａ	Ａ	Ａ	Ａ
𝟿	𝟿	𝟿	Ｂ	Ｂ	Ｂ		Ｂ
ㄱ	ㄱ	ㄱ	ㄱ	Γ	ㄱ	Ｃ	Ｃ
△	△	△	△	△	◁	◁	Ｄ

北闪米特语、希腊语、伊特鲁里亚语和拉丁语字母

各地有了楔形文字以后，人们就开始把语言化成字母，最早使用字母的是属于闪米特语族的腓尼基人。他们发明了简易的腓尼基字母，共 22 个辅音字母。闪米特语言一般只用三个元音，书写时不必特别标注，读者就可以识别。而别的语言可能有七八个，甚至十几个元音，文字里就必须要有元音

字母。英文的元音字母有 a、e、i、o、u，再加上半元音 y，一共是五个半；但不包括 ou，ea，ai，ie，ao，ay 这些复合元音。闪米特语族各种语言的词汇大都是通过在三个辅音组成的词根（如 slm，jzr）中插入不同的元音和前、后缀构成。Islam 这个词就是在 slm 三个辅音构成的词根中插入 i 和 a 两个元音而构成的意为"顺从"的动名词。

图 9-2　阿拉美文字

在闪米特语族人口统治西亚，甚至一度由属于印欧语系的伊朗人入主美索不达米亚的时期，中东地区各民族有好几百年在彼此交往中都是使用同一种亚述人说的和写的阿拉美语言和文字（Aramaic）。耶稣说的就是阿拉美语。阿拉美语有通用的阿拉美文字（图 9-2），今天叙利亚还有几万人会说很近似这种语言的

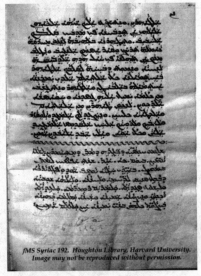

图 9-3　摩尼教叙利亚文

图 9-4　景教叙利亚文

方言。罗马帝国征服叙利亚,以及基督教传到叙利亚以后,出了一种叙利亚文,基本上是用阿拉美文字的草写字母拼写阿拉美语的西部方言。(因为今天住在叙利亚的人主要使用阿拉伯文,所以有时为了区分,就称这种古代曾经盛行于叙利亚的文字为"古叙利亚文"。)由于摩尼教和景教都曾在叙利亚一带流行,因此它们的经文都用叙利亚字母书写。但二者又各自有不同的特点,可以细分为摩尼教的叙利亚文和景教的叙利亚文。图9-3是摩尼教的叙利亚文,图9-4是景教的叙利亚文字,它们都是从右向左横向书写的。

粟特文在中国

前面讲过,粟特人在各地从事贸易,逐渐有一部分受叙利亚人和信奉摩尼教或景教的波斯人影响,从琐罗亚斯德教转而信仰摩尼教或是景教。粟特语是伊朗语的一种,属于印欧语系,而叙利亚文是从属于非亚(含闪)语系闪米特语族的阿拉美语衍生出来的。二者的发音和文法都很不相同。粟特人综合了阿拉美文与叙利亚文,配合粟特语言的发音和文法,创造了粟特人自己的文字。

伴随粟特人由西向东的迁徙,粟特字母逐渐传到了中国的新疆、河西走廊、内蒙古,影响了今日中国境内某些族群的文字。

中国新疆最早的文字,除汉字外,有些是借用早期佛教的梵文经书里使用的婆罗米字母,也有些文字是借用印度西北部曾经使用的佉卢文字母。所以今天博物馆里的木简与文本基本上都是这两种古代印度字母的变形。公元9世纪之后,新疆高昌国(吐鲁番一带)的主要居民转变为源自蒙古高原的回鹘人,但他们没有自己的文字。

粟特人把摩尼教、景教传到新疆和河西走廊之后,不少回鹘人逐渐通过宗教文书认识了粟特文字,并且按照自己的语言特色,把粟特文字改造成回鹘文字。须知粟特语属于印欧语系,而回鹘语则属于阿尔泰语系的突厥语族。这个改变的难度,不亚于当初粟特人把属于非亚(含闪)语系闪米特语族的叙利亚文字改变为属于印欧语系伊朗语族的粟特文。除此之外,回鹘人多世纪以来居住在汉文化圈的边缘,习惯了自上而下书写的汉字。所以当他们创造回鹘文字的时候,便把粟特文字逆时针旋转90度,由上到下竖着写。下面三幅图中,图9-5是粟特文,是公元4世纪初一位在中国的粟特商人写给住在河中地区的家人的信;图9-6是回鹘文,是一份宗教文书的残卷;图9-7是蒙古文,以下会介绍。

图9-5　粟特文　　　　　图9-6　回鹘文　　　　　图9-7　蒙古文

13世纪成吉思汗西征的时候,首先到达了新疆东部,当地的回鹘人很快与他合作,有官员学者为他效力。成吉思汗的道教顾问是丘处机,就是长春真人;佛教顾问是契丹人耶律楚材;在创制文字方面的顾问则是两位回鹘大臣。

这两个回鹘学者借用了回鹘字母来拼写蒙古语;蒙古语跟回鹘语都属于阿尔泰语系,二者之间的差别不是特别大,今天中国内蒙古自治区使用的文字仍是当时借用回鹘文创制的蒙古文。努尔哈赤统一满洲,娶了一个蒙古公主,又命令一个蒙古王公替满人创造满文,如同当初成吉思汗让回鹘大臣帮他创造蒙古文一样。当时的满文和蒙古文很像,后来为了发音清楚以及语法明确,皇太极又命令一位蒙古学者在老满文的字母上加了些圈和点,被称为加圈点满文,即新满文。这种满文得到官方推广,所以北京故宫里的匾额和文书档案用的都是这种加圈点的满文。

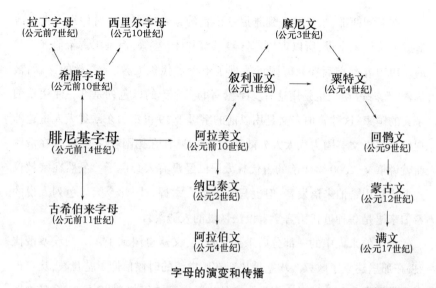

字母的演变和传播

上面这张图展示的是字母的演变和传播。最早的字母是腓尼基字母，腓尼基人居住在今天的贝鲁特一带。腓尼基字母后来传到地中海以北的希腊。希腊人的语言与腓尼基人的语言很不一样，腓尼基字母是没有元音的，元音只是在辅音字母上面以符号标示，所以是希腊人首先发明了元音字母，比如 α 是元音，β 是辅音，把元音跟辅音凑到一起，就成为一套完整的字母。字母表（Alphabet）就是 α（alpha）加 β（beta）的意思。公元前 9 世纪希腊字母产生后，才有了诸如荷马史诗《伊利亚特》《奥德赛》这样的文学巨著。

公元前 7 世纪，从希腊字母又演化出拉丁字母，拉丁语也是印欧语系的一种语言。到了公元 10 世纪，斯拉夫人开始与希腊人接触。斯拉夫人本来是比较落后的民族，没有文字，也没有普遍信仰的宗教。他们被希腊人劝化，信仰了基督教的分支东正教。一对名叫西里尔（Cyril）和美陶迪乌斯（Methodius）的希腊兄弟，为了把希腊文的《圣经》翻译为斯拉夫语而以希腊大写字母为基础，创造了一套新的字母，被称作西里尔字母（Cyrillic alphabet）。这就是今天俄罗斯人、乌克兰人、白罗斯人、塞尔维亚人等斯拉夫民族文字的开端。

在亚洲西部,最早接触到腓尼基语言的是希伯来人。希伯来人把它改造成了希伯来字母,所以古代《圣经》、摩西"十诫"等,都是用古希伯来文写的。1950 年代前后在死海附近发现了不少古代犹太教、基督教的文献,被称作"死海古卷",也是用这种文字撰写的。今天的以色列是唯一使用希伯来文的国家;这种希伯来文是用以前的字母于 19 世纪由东欧犹太人重建的现代希伯来文。因为犹太人分散到世界各地,住在德国就说德文,住在俄罗斯就说俄文,2000 多年前的古代犹太语已经没有人会说了。虽然在宗教仪式上还是用希伯来语发音,但也只有少数人掌握。因此今天以色列人说的希伯来语是一种近代语言学者设法恢复的人造语言。

古希伯来人中的一部分后来到了也门,又从也门到了东非的埃塞俄比亚,在那里建立了政权。埃塞俄比亚在 4 世纪的时候信仰了基督教,从希伯来文借用字母创造了适合当地语音的宗教文字吉伊兹文(Ge'ez),今日埃塞俄比亚的官方文字阿姆哈拉文(Amharic)是由吉伊兹文演变而来,共有 105 个字母,而希伯来文只有 22 个字母,希腊文则仅有 24 个字母。

上面提到的阿拉美文在公元前 7 世纪到公元 5 世纪一直是中东地区最主要的语言。中东地区有很多民族、很多不同语言,但大家在共同的交往中都使用阿拉美语文,就像今天的英文。阿拉美文后来传到阿拉伯半岛北部约旦一带的奈伯特人(Nabataean)当中,这些人以贸易为生,是后世阿拉伯人的祖先之一。他们借用阿拉美文,创造了自己的奈伯特文字。后来阿拉伯民族想创造自己的文字时,自然而然就借用了奈伯特文,并在此基础上,于伊斯兰教出现后发展出今天的阿拉伯文字。今天的阿拉伯文有 28 个字母。当今世界上有 22 个国家以阿拉伯文作为官方语言,除此之外,还有许多人群用阿拉伯文字母拼自己的语言,其中我们最熟悉的,就是中国的维吾尔人。伊朗、阿富汗和巴基斯坦,以及从前的奥斯曼帝国和莫卧儿帝国,也都是使用稍微加以改变的阿拉伯字母。现在一些国家(如土耳其、乌兹别克斯坦)逐渐放弃了阿拉伯字母,改用拉丁字母,因为后者更容易一些。中国的维吾尔文在 1966 年到 1976 年前后也一度改为以拉丁字母拼写,但是后来又恢复以阿拉伯字母拼写。

阿拉美文向东方的传播前面已经讲到了一些。大致说来就是逐渐发展出叙利亚文,又由叙利亚文发展出摩尼教和景教的文字,然后又影响到粟特文,粟特文又向东影响到回鹘人,回鹘人影响了蒙文,蒙文影响了满文。

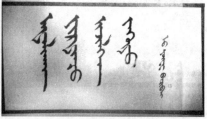

图9-8 回鹘文与蒙古文的"同一个世界,同一个梦想"

从回鹘文开始,字母文字发生了一个变化,即后来的蒙古文和满文都把回鹘文的竖写当作标准,这主要是因为这三个民族都长期与汉文化接触。图9-8中的两幅图分别是回鹘文和蒙古文的"同一个世界,同一个梦想",二者之间有相似性。

图9-9是满汉合璧的乾清宫匾额。全世界使用满文的人群中位于最西端的是锡伯族,居住在今天新疆的察布查尔锡伯自治县。他们是18世纪从东部迁到那里去的。今天在北京,会说满语的人已经不多了,只有少数

图9-9 乾清宫匾额

学者还能掌握这门语言,而锡伯族人中会说锡伯语及满语且能读写满文的人还不少。

从这一讲我们可以得知,丝绸之路本来是以贩运丝绸为主的,但除了货物流通外,往来的还有文化。字母在公元前13世纪发源于西亚,通过贸易,经过三千多年的旅程,到公元17世纪,衍生出亚洲东端的满文。人类文明

的交往就是这么奇妙!

也很有意思的是,在今天的人民币上,除了正面有汉字的"中国人民银行"字样之外,背面还有用汉语拼音和藏、蒙、维、壮五种文字印的"中国人民银行"。其中除了藏文字母的最初来源不易确定之外,其余四种文字虽然看起来全然不同,却都是从地中海东岸的腓尼基人发明的字母演变而来!

第十讲

伊斯兰文明的起源与扩张

　　公元 7 世纪,正当拜占庭(东罗马)帝国和萨珊波斯帝国长期争斗、相互削弱之际,位于人类文明起源地区——肥沃新月之南的阿拉伯半岛上出现了伊斯兰教。伊斯兰教势力迅速统一了阿拉伯半岛,夺取了拜占庭帝国在亚洲(叙利亚、巴勒斯坦等)和北非(埃及、突尼斯等)的领土,占领了波斯帝国的全部领土并导致波斯文化圈内的人口皈依伊斯兰教。伊斯兰教的创始人穆罕默德逝世一百年之后,伊斯兰教势力已经西达大西洋,控制伊比利亚半岛,并进入今日法国西南部;东抵南亚的印度河流域和中亚的巴尔喀什湖。伊斯兰教势力如此迅速的扩张,固然是宗教和军事力量的表现,也是人类文明发展的重要案例,是后世所说的伊斯兰文明的特殊建构过程。

阿拉伯半岛的地理与文化背景

　　伊斯兰教诞生于公元 7 世纪。在此之前, 欧亚大陆就已经有了悠久的文明往来,并有大量实物为证,比如在广州的南越王墓发现了两千多年前经海路从西亚来的银盒。而张骞通西域之后,欧亚大陆的陆上交往也大为增加。

　　地图 10-1 展示了公元 6 世纪左右伊斯兰教创立前西亚、东南欧和北非的形势。西边的是东罗马帝国,或称拜占庭帝国。4 世纪末,罗马帝国分

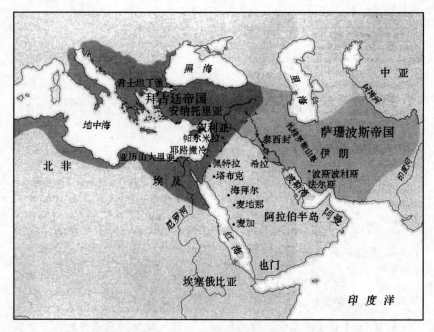

地图 10 - 1 6 世纪左右的西亚、东南欧和北非

为东、西两部分,西部以意大利为中心,首都在罗马;东部以希腊为核心,首都在君士坦丁堡(旧名为拜占庭,亦即今天的伊斯坦布尔)。罗马城陷落于南下的日耳曼人之后,东部仍然自称罗马帝国,后人称之为东罗马帝国,又称拜占庭帝国(Byzantine Empire),以示区分。

拜占庭帝国的东面是波斯帝国,当时是萨珊王朝当政。萨珊王朝信仰祆教,也就是琐罗亚斯德教。

公元392年,罗马帝国正式以基督教为国教,在此之前的很长一段时间里,基督教曾遭到帝国迫害。在君士坦丁皇帝的母亲皈依基督教之后,基督教的活动就不受限制了。此时罗马帝国的基督教和波斯萨珊帝国(Sasanian Empire)的祆教各自代表了东西文明对峙的一方。罗马和波斯萨珊帝国的争斗一如公元前500年左右以马拉松战役为代表的希腊和波斯之争,以及公元前4世纪亚历山大时代的东西争战。此时的东西方除了宗教不同,也有经济利益的冲突。在两大帝国之间，有一个位于今日叙利亚、名为帕尔米拉(Palmyra)的小国家充当缓冲。总而言之，拜占庭和波斯长期对峙，征战不停，因此各自财政紧张，税收加重，以致双方的人民都叫苦抱怨。

位于两大帝国之间而又在两者势力范围之外的是阿拉伯半岛。阿拉伯半岛的气候不适宜农业，只有少量绿洲，山峦贫瘠，沙漠蔓延，西部地势较高，大体上从西南向东北缓慢倾斜，直到波斯湾和美索不达米亚。阿拉伯半岛的地理环境可以养活一定人口，但又不太容易发展经济，但是它的地理位置很重要。从地图 10 - 1 可以看到佩特拉(Petra)，它位于今天的约旦南

图 10 - 1　佩特拉哈兹纳宫

部，扼守死海和亚喀巴湾之间的峡谷要地。东方来的香料、丝绸等，都要经过这里运往西方。所以这里曾有一个叫奈伯特(Nabataen)的小王国，非常富裕。奈伯特人的语言与阿拉伯语十分接近，甚至可以说奈伯特人是住在北方的阿拉伯人。在阿拉伯半岛的南端是也门。也门的没药、乳香等，很早就沿着海岸向北传到叙利亚、埃及和欧洲，向东传到印度和中国。也门的地势很高，也是交通、贸易的要道，从印度到地中海，一般都要途经此处。也门的红海一侧与非洲隔海相望，红海南端入口处是狭窄的海峡。

尼罗河的两条支流之一，青尼罗河发源于埃塞俄比亚，与另一支流白尼罗河在苏丹的喀土穆汇合。居住在埃塞俄比亚高原地带的人口可能是早期非洲中部班图人(肤色较黑，鼻扁唇厚)和尼罗河中下游人口、也门人(肤色较浅，鼻挺唇薄)长期混血的后裔。今天埃塞俄比亚、厄立特里亚和索马里的人口虽然分属将近 100 个部族和语言群，但大都肤色较深，鼻挺唇薄。今天的厄立特里亚共和国在历史上曾经属于埃塞俄比亚，扼守着红海通往印

度洋的门户,是欧亚非三大洲交通往来的要地。

传说中,古代的也门曾有个示巴王国,统治者一度是一位很漂亮的女王。她听说犹太人的所罗门王贤明刚毅,于是就去耶路撒冷拜访他。所罗门王邀请她住进自己的王宫,示巴女王同意了,但要求所罗门王不能碰她。所罗门王说,只要你不碰我的东西,我就不碰你。吃饭的时候,所罗门王给她吃很咸的食物。结果到了晚上,示巴女王渴极了,就喝了一杯水。于是所罗门王说,你碰了我的东西,那我现在就可以碰你了——十个月之后,示巴女王生下一个男孩。她回到也门后,过海征服了埃塞俄比亚,她与所罗门王的孩子就成了埃塞俄比亚第一个国王。

埃塞俄比亚跟阿拉伯半岛的关系非常紧密。埃塞俄比亚的军队有时候会跨过海峡到阿拉伯半岛。公元 570 年,埃塞俄比亚也门总督自也门进攻麦加,他们的士兵骑着大象,所以在阿拉伯历史上,这一年叫作象年,而后来创立伊斯兰教的穆罕默德就在象年出生的。埃塞俄比亚是咖啡的起源地。入侵的埃塞俄比亚士兵携带的干粮是以羊脂混合咖啡粉末揉成的团,既可以补充能量,又可以提振精神。咖啡从此传出了埃塞尔比亚。也门西南部的一个港口叫摩卡(Mocca),今天说的阿拉伯咖啡豆最早就是在这里种出来的,许多人都认为这是最正宗的咖啡。(今天在美国的咖啡店里,把可可加牛奶叫"摩卡",是一种误解。)

公元 525—575 年,拜占庭参与了阿比西尼亚(即埃塞俄比亚)对也门的占领,公元 570 年埃塞俄比亚驻也门总督进攻麦加失败。公元 575 年埃塞俄比亚人被波斯军队赶走,也门成为萨珊波斯帝国的一个行省,直到公元 628 年被阿拉伯穆斯林军队收复。当时阿拉伯半岛上的居民分成许多部落,基本上说同一种语言,但是每一个部落有自己信奉的神。在半岛西侧的红海岸边,有一条很重要的商道。虽然从也门运到地中海的货物似乎可以简单地经红海运输,但红海的海浪很大,那时的航海技术比较落后,所以亚洲来的货物,包括中国的丝绸和瓷器以及印度的棉花和香料,一般选择从阿拉伯半岛的最南端登陆,用骆驼运输,经由麦加、麦地那、海拜尔、塔布克、佩特拉等地到达地中海世界。麦加那时是这条商道上最重要的城镇,是半岛的宗教、政治、经济和文化中心。因此每年朝觐季节这里都有一个阿拉伯人的宗教大聚会,各部落朝拜自己的神灵;又有著名的欧卡兹市场,有繁荣的商品贩卖和诗歌比赛,这成了麦加的重要收入来源。诗歌比赛值得一提:以古莱什人方言为基础的阿拉伯语言富有节奏并且容易押韵,因此阿拉伯半岛内陆的游牧人口闲时喜欢朗诵诗歌,每年在赛会里都有用诗歌讲故事的比赛。这种韵体文字故事是后来影响《古兰经》风格的因素之一。

自从罗马帝国把犹太人赶出耶路撒冷,阿拉伯半岛上就出现了不少犹太人的社区。到了7世纪,半岛上的阿拉伯人对犹太人和犹太宗教都不会很陌生。在伊斯兰教出现之前,阿拉伯半岛北部及周边流行的宗教是拜占庭帝国的基督教和萨珊波斯帝国的祆教。图10－2展示的是《圣经》中人类的祖先亚当和夏娃偷吃禁果,被赶出伊甸园的故事。根据犹太人的说法,上帝告诉亚当和夏娃,他们可以享受伊甸园里的一切,唯独不能吃禁果。可是魔鬼变化成一条蛇,引诱他们吃下禁果,告诉他们可以以此获得智慧。亚当和夏娃吃下禁果后,果然获得了智慧,顿时因赤身露体而感觉到羞耻,试图遮挡自己的身体。因此他们被上帝逐出伊甸园,这就是人类原罪的来源。画面中驱赶他们的

图10－2　亚当和夏娃被逐出伊甸园

天使穿着中世纪的衣服，手里拿着铸造而成的剑，这当然是不合理的。而亚当和夏娃用来遮挡身体的是什么呢？是无花果的叶子。所以在今天的英文中，遮羞布这个词就是 fig leaf，即无花果树叶。后来的基督教借鉴犹太教的既有框架，在其中注入了一种全新的思想，就是"救赎"的观念。这是一种犹太人过去没有特别强调，但在地中海世界却颇为流行的思想，并不是基督教独有。救赎思想流行的结果之一是，有一个犹太人相信自己就是《圣经》上所应许的弥赛亚。他相信需要牺牲自己，以自己的鲜血补救其他人的罪行，这就是救赎宗教的宗旨。此人就是耶稣。基督（Christos）这个词是希腊文救世主的意思，希伯来语的发音是弥赛亚。中文里的耶稣基督一词是从希腊文翻译过来的，因为基督教《圣经》的《新约》主要是以希腊文写成的。公元 7 世纪，拜占庭帝国的国教是基督教，被拜占庭帝国统治的埃及人早已信仰基督教了。埃及的基督教被叫作科普特教派（Coptic Church；罗马人称埃及为 Copt，乃是 Egypt 的另一音译；这个教派对于上帝三位一体的教理有独特的信条），至今大概仍有大约 5%—10% 的埃及人口信仰基督教科普特教派。

图 10－3　阿胡拉·马兹达像

琐罗亚斯德教（祆教）的教义、仪式、祈祷文等都保存在一本用古文写的经书《阿维斯塔》（Avesta）里，中世纪时其中又增加了用中世纪波斯语撰写的新内容。图 10－3 是阿胡拉·马兹达（Ahura Mazda），琐罗亚斯德教里最高的神祇。因为这个宗教有经书，又只有一个主要的神，在日后穆斯林占统治地位的时候，琐罗亚斯德教被官方承认是一神教（还包括犹太教、基督教），教徒被视作"有经之人"，因而受到伊斯兰教法的保护。

穆罕默德创立伊斯兰教

　　穆罕默德的时代,阿拉伯半岛各地是由部落和氏族管理,还没有统一的阿拉伯王国或帝国。他本人出身于在麦加占统治地位的古莱什部族,但并不是生于显贵之家,父亲很早就去世了。他由祖父抚养长大,后来受到伯父的照顾。他的这位伯父有个比他小很多的孩子,也就是他的堂弟阿里。他少年时曾跟伯父为经商而到过大马士革,那里在当时是重要的基督教城市,所以他听说过基督教的一些情况。25岁时,他跟自己的雇主,一个40岁的富孀结婚,生了一个名叫法蒂玛的女儿。穆罕默德喜欢思考,常独自到郊野去苦思冥想。穆斯林们相信,有一天在冥想的过程中,穆罕默德听到真主派来的天使吉卜利勒(Jibril)的声音,吉卜利勒向他传授了真主的旨意,并开始把《古兰经》传授给他。"真主"是中文的翻译,在阿拉伯文中"上帝"和"真主"是同一个词——安拉(Allah)。因此阿拉伯的基督教徒和穆斯林是以同样的词汇称呼上帝和真主。而《古兰经》中的吉卜利勒和《圣经》里的加百列(Gabriel)指的也是同一位天使。

　　穆罕默德后来把自己从天使那里听来的内容告诉大家,有些会写字的人把它们记录下来。有的写在棕榈叶上,有的写在树皮上,有的记在石头上。穆罕默德去世后,这些内容被编纂成《古兰经》。真主对穆罕默德最重要的旨意就是绝不能崇拜其他的偶像,只有真主是唯一的神,崇拜其他偶像都是错的。在从亚伯拉罕到摩西,再到耶稣的二十几位先知之外,又有另外一位先知,就是穆罕默德。穆罕默德也被真主告知,他是最后一个先知,即"封印先知"。

　　穆罕默德最早的信徒是他的妻子和一个埃塞俄比亚家奴,还有他的堂弟阿里和几个朋友。后来他的信徒越来越多,麦加城里的主事者觉得,每年各部族都来麦加聚会,祭祀各自的神祇,这能带来很大的利益,假如只准拜一个神的话,别人就不会每年来麦加聚会了,就会使这里丧失重要的经济功能。因此穆斯林受到当地统治集团的严厉迫害,穆罕默德甚至一度让妇孺信徒去埃塞俄比亚躲避。到 622 年,他受到安拉启示,决定秘密从麦加迁徙麦地那。原因是麦地那的三个部落发生了冲突,没有人能够调解,于是他们就邀请穆罕默德以先知身份去做仲裁。穆罕默德带了二三百人到了麦地那,这些人也就是日后伊斯兰教的骨干。这次迁徙称为"Hejira",标志着伊斯兰教进入新的阶段,公元 622 年也因此成为伊斯兰历的元年。

图 10 - 4　耶路撒冷远景

麦加和麦地那被视为伊斯兰教的两座圣城。麦加是穆罕默德最早接受真主旨意的地方,现在是穆斯林朝觐的圣城。麦地那则是他生命中最后十年居住的地方。第三座圣城则是耶路撒冷。《古兰经》记载,穆罕默德曾在一天夜里,受到真主召唤,骑乘"布拉格"(天马)自麦加前往耶路撒冷,从当初亚伯拉罕(Abraham;阿拉伯文作 Ibrahim,易卜拉欣)向主献上羊羔的巨石升上九重天接受安拉的谕令,这就是伊斯兰教登霄节的由来。后人在穆罕默德登霄的地方建造了一座清真寺,也就是著名的圆顶清真寺(The Dome of the Rock,在图10-4的右上角)。圆顶清真寺下面一点的那道墙就是"哭墙",它是犹太人的第二座圣殿的遗迹,也是今天犹太人最神圣的地方。每天都有很多人去那里哭泣自己的罪愆恶行。他们认为因为自己犯下了罪恶,受到上帝的惩罚,才使犹太人离散到世界各地。

到麦地那后,穆罕默德就已经不再只是一个宗教领袖,他还兼具政治领袖(包括军事领袖)的身份。这意味着,伊斯兰教势力在开端的时候就是政教合一的。后人编辑《古兰经》时,按照穆罕默德传达真主启示的地点把《古兰经》分成两个部分:《麦加篇》和《麦地那篇》。《麦加篇》记载穆罕默德在麦加时期口述的内容,较多的是有关神学启迪、道理等宗教方面的事情;《麦地那篇》中有很多是关于人和人的关系、人民和政府的关系,以及宗教律法等内容。《古兰经》是伊斯兰教的主要教法依据,后人根据对于《古兰经》的不同诠释和解释,形成了不同的伊斯兰教法学派。

图10-5是《古兰经》的早期抄本。穆罕默德在世时,《古兰经》由若干书记员根据现场聆听记载下来,由信徒们个人保存。公元633年由第一位正统哈里发艾卜·伯克尔下令汇编成册,称为"穆斯哈夫",公元645—646年由第三任哈里发奥斯曼再次组织专人确定标准读音,称作"奥斯曼定本《古兰经》"。

图10-5 《古兰经》早期抄本

穆罕默德于632年去世,他在世时征服或是劝化了阿拉伯半岛上大部分部落。他在630年曾亲自带领一批穆斯林士兵回到麦加,麦加统治阶层经谈判后投降。穆罕默德于是率众把麦加天房里各部落存放的偶像统统捣毁。此后的近一千四百年中,全世界的穆斯林去麦加朝觐时,基本上就是重复穆罕默德当时所做的一系列仪式,包括受戒、瞻礼、绕行天房、向魔鬼的象征物投掷石块。伊斯兰教法规定,如果有条件的话,每个穆斯林在一生中都应该去麦加朝觐一次,追随穆罕默德的榜样,这是穆斯林的五种义务("五功")之一。

穆罕默德和他的第一位妻子赫蒂彻生了一个女儿,名叫法蒂玛,他把法蒂玛嫁给他的堂弟阿里(穆罕默德于婚后经济条件改善后从抚养他的伯父家里领养了阿里)。所以阿里既是他的堂弟,又是他的女婿。他的好友艾卜·伯克尔(穆罕默德辞世后被选为第一任哈里发)的幼女阿伊莎是他最后的妻子,与他结婚时只有十六岁。后来在穆斯林领导层内争时,阿伊莎反对阿里,还曾骑上骆驼参加战斗,这对阿里的冲击很大,对穆斯林的团结当然有影响。阿里后来被一个对他极端失望的支持者刺杀。

中国汉族因为受儒家礼教的影响,对辈分十分重视,会觉得堂弟做女婿有悖伦理,娶自己老友的幼女为妻也值得非议。但是其他很多民族却并不这样认为。我们前面讲过北方游牧民族的收继婚制——儿子可以迎娶自己的继母。而汉族人在很长时间中姑表亲、姨表亲也是可以结婚的,比如贾宝玉和林黛玉。所以,我们千万不要拿自己的观念或者现代的眼光去要求他人和古人。现在有些西方社会的人,习惯于按照自己的主观信念来评判中国,我们有很多人也是拿自己的伦理观去评判他人,二者同样有问题。在伊斯兰教刚出现时,阿拉伯尚处于"蒙昧时代",有许多今天看来"不文明"的习惯,比如血亲复仇、蓄奴、可以娶许多妻子、放高利贷等等,伊斯兰教法在这些方面都做出了具体的规定,比如《古兰经》里规定不可以娶四个以上的妻子,这在当时的历史背景下实际就是一种限制。《古兰经》里还强调婚姻中的平等原则,规定男子对于每一个妻子,不仅在物质条件上要平等,而且在爱情上也要平等。而在伊斯兰教之前,妻子被视作男人的财产。

另外,现在大家都觉得在伊斯兰世界中需要争取女权,许多现代穆斯林女性也这样要求,还经常引用上面提到的阿伊莎的例子,证明早期穆斯林女性的权利并不低。现在的情况是,沙特阿拉伯最近才通过法律允许女性驾驶汽车;在许多落后地区,女孩很早就被家人配给男人当妻子。其实穆罕默德时代有规定,男女结婚的时候各自带入这个家庭的财产,离婚的时候各自分开带走,这就等于说婚姻是一种契约,这个制度一直保持到今天。在当时的阿拉伯世界,贸易是基本的生活手段,所以这样的话,女性就有离婚的可能性。在伊斯兰教中,女子再婚不是一个很严重的问题,这和即使今天的中国的情况还是颇有区别。所以在文明交往中,互相了解是非常重要的一件事情。

伊斯兰文明

穆罕默德在 622 年秘密迁往麦地那,这一年就是伊斯兰历的开端。伊斯兰历法是阴历,每个月都从新月的出现开始,大约是 30 天或是 29 天,每年因此是 354 天或 355 天。按照伊斯兰历法,2017 年是伊斯兰历 1438 年。今天在巴基斯坦、伊朗等国家,都是使用伊斯兰纪元。按照伊斯兰历法,宗教上的节日固定在某月或某日,因此季节会随年份而不同。非穆斯林最容易察觉到的是穆斯林的斋月(伊斯兰历的第九月,阿拉伯语称作 Ramadan)会出现在不同季节,朝觐也会在不同的季节。伊斯兰历法明显是从犹太历法演变而来,而犹太历法又受到巴比伦历法的影响。游牧者或是长途商贩夜间一定会观察到月亮,所以使用阴历实属自然。

现在我们使用的格里高利历法(Gregorian calendar)是阳历,是对恺撒时代的儒略历(Julian calendar)的修正,由天主教教宗格里高利十三世在1582 年颁布。中国在 1912 年采用了这种来自西方的历法。中国自古以农立国,需要了解太阳如何影响地球的季节,但古代中国人也很重视月之盈亏,所以中国的"农历"是一种阴阳合历。"农历"以朔望月为月的长度,以太阳回归年为年的长度。这种阴阳合历每隔若干年就需要调整节气的日期和增添闰月。因此历代开国时都要修订历法。明朝开国时,朱元璋任命中亚穆斯林在钦天监任职,并参考"回回历"制定了明朝的历法;清朝顺治时代则请耶稣会教士汤若望等帮助修订历法。

上一讲说过,到了公元 732 年,即先知穆罕默德辞世整整 100 年后,穆斯林的力量已经控制了西班牙半岛和北非,也到达了印度河与中亚的撒马尔罕。也就是说,在短短 100 年时间里,阿拉伯帝国的力量已经北达比利牛斯山,西濒大西洋,最东到了唐朝的边境,它是历史上发展最为迅猛的帝国。

在穆罕默德去世三十几年后,穆斯林领导层发生内斗,叙利亚总督穆阿维叶向第四任哈里发阿里夺权,结果获胜,自立为哈里发。他把首都从麦地那迁到他熟悉的大马士革,建立了倭马亚王朝,也就是中国史籍中的白衣大食。到 750 年的时候,穆罕默德的叔叔阿拔斯的后裔联合波斯穆斯林推翻了倭马亚王朝,又把首都从大马士革迁到靠近波斯的伊拉克地区,建立了阿拔斯王朝,中国的史籍中称之为黑衣大食。阿拔斯王朝迅速决定另建新都巴格达,在巴格达修建了医院和一个大型图书馆,称为智慧宫,并且聘请犹太教、基督教、摩尼教等学者专家把希腊、波斯、印度等地的古典名著都翻译成阿拉伯文,这被称为百年翻译运动。通过一百年的持续努力,阿拔斯王朝于公元 10—12 世纪创造了辉煌的伊斯兰–阿拉伯文明,举凡哲学、教法学、教理学、天文学、数学、医学、化学无不领先欧洲甚至中国,堪称伊斯兰文明的黄金时代。

阿拔斯王朝在 1258 年被蒙古人推翻,哈里发被处死,伊斯兰教因此遭受重创。当时蒙古的领军将领是成吉思汗的孙子、忽必烈的弟弟旭烈兀。但征服者蒙古人在 100 年之内又都信仰了伊斯兰教,继续统治这些地方。所以今天的中亚各国,一直到 19 世纪被俄罗斯占领之前,其统治者都是成吉思汗的子孙。当地人甚至认为不是成吉思汗的子孙,即黄金家族的成员,就没有权力统治这些地方。

公元 10—13 世纪在穆斯林统治下的伊比利亚半岛是中世纪时西欧经济和文化最为发达的地区,经济作物(如橙和橄榄)产量非常高,皮革业也十分发达,造船和航海技术更是领先全欧洲。穆斯林、犹太教徒和基督教徒在同一个政权下生活,不同意识形态的交流很顺畅。近世欧洲学者公认,那时西班牙的科尔多瓦(Cordova)是欧洲文化最为发达的地方。这一时期是犹太学术的黄金时代,是基督教从神秘主义回归人本主义的开端,也是伊斯兰教哲学、教义学和教法学最有创造力的时期。犹太学者对犹太教的塔木德(Talmud，律法学)做出许多新解释。阿拉伯哲学家则钻研古希腊的哲学，其中伊本·路世德(Ibn Rushd，12世纪生活于西班牙南部，欧洲人称他为Averroes[阿威罗伊])推崇亚里士多德主义，试图解释宇宙的本源，提出信仰应与理性相联系的观念。这些宗教与哲学著作以及一些关于地理和航海的阿拉伯文书籍逐渐在西班牙或是西西里被翻译为拉丁文，对日后的欧洲文艺复兴起到很大的作用。特别是伊本·路士德关于信仰与理性的观念影响了13世纪的基督教神学家和哲学家托马斯·阿奎那(Thomas Aquinas)。托马斯·阿奎那发挥了这个观点，成为文艺复兴前期对基督教哲学和神学最有影响力的学者。

经过几百年的经济复苏与科学发展，伊比利亚半岛的基督教徒从13世纪起进行了两百年的"再征服"，逐步把西班牙和葡萄牙的穆斯林政权驱逐到伊比利亚南方。1492年，就在哥伦布到达美洲的同一年，西班牙在伊莎贝拉女王的统领下，把最后的穆斯林政权赶出了伊比利亚半岛，导致大批穆斯林和犹太人陆续逃亡到摩洛哥和正值巅峰的奥斯曼帝国。

1500年以后，伊斯兰文明的影响持续扩展，虽然退出了西班牙，但信仰伊斯兰教的奥斯曼帝国、萨法维帝国和莫卧儿帝国仍然控制着广大的领土和众多人口。而非洲西部撒哈拉沙漠以南地区、非洲中部和东海岸、大半个南亚次大陆、整个中亚以及东南亚的很多地方也已经进入伊斯兰文明圈。伊斯兰教的影响最东到达菲律宾东南的棉兰老岛(Mindanao)，今天岛上的居民有许多都是穆斯林，被称为Moros(意为来自摩洛哥的人)，这是因为16世纪占领了菲律宾的西班牙人长期把Moros作为穆斯林的同义词。正是由于西班牙人于1522年占领了菲律宾北部，伊斯兰文明的扩张就停止在棉兰老岛。在加里曼丹岛(婆罗洲)的内陆深山里，还有很多原始宗教，但是马来群岛的沿海重要区域包括苏门答腊、爪哇等，都早已是信仰伊斯兰教的地区。阿拉伯人从来没有征服过这里，这里的伊斯兰化过程，完全是商人通过通婚、贸易之类的方式完成的。今天，印尼是全世界穆斯林人口最多的国家。

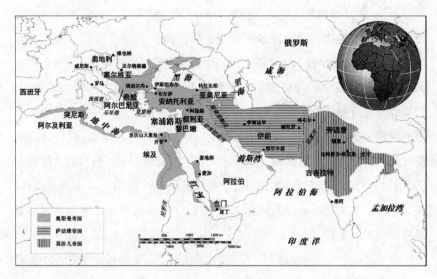

地图 10-2 1500—1800 年的三大伊斯兰帝国

伊斯兰教的派别

穆罕默德之后,先后有四位哈里发。第一位是艾卜·伯克尔,是穆罕默德的好朋友和岳父。第二位是欧麦尔·伊本·哈塔卜,是穆罕默德的岳父。第三位是奥斯曼·伊本·阿凡,他本来是麦加城里的贵族,但却是穆罕默德最早、最亲密的追随者之一,先后娶了穆罕默德和赫蒂彻的两位女儿为妻。他的后代建立了伊斯兰教历史上第一个世袭王朝倭马亚王朝。第四位就是穆罕默德的堂弟和女婿阿里。之后伊斯兰教分裂成逊尼派和什叶派两派,认为只有阿里的后人(也就是先知穆罕默德的后人)才可以做穆斯林的最高伊玛目的就是什叶派("什叶"意为"一伙人",指支持阿里的一伙人),承认这四大哈里发为合法哈里发的叫逊尼派(意为"遵循传统者")。

今天全世界有差不多五分之一的人口是穆斯林,约有 14 亿人。逊尼派占其中的 85% 左右,什叶派约占 15%。今天什叶派的大本营在伊朗,还有什叶派信徒分布在伊拉克、叙利亚、黎巴嫩、阿曼、也门、巴基斯坦、阿富汗等地。阿里本人是被刺而亡,是殉道者,他的两个儿子及孙子也是殉道者,所以什叶派认为阿里的家族受到了不公平的待遇。而且阿里的儿子侯赛因在卡尔巴拉遭到围攻的时候,自己身边的人全部战死,那些身在库法等地的阿里支持者,没有能力或是没有尽力去营救他,以致他被杀害。所以每年伊斯兰历的 1 月 10 日是什叶派纪念侯赛因殉道的阿舒拉节(Ashura,阿拉伯语 10 的意思)。在这个节日上有些什叶派信徒会鞭笞自己,忏悔自己的罪和体验侯赛因遭到虐杀的痛苦。

什叶派中也有不同的区分,比如伊朗信仰的是什叶派中的十二伊玛目派,而也门的胡塞武装信仰的是第五伊玛目(宰德)派。什叶派历史上还有一个重要的宗派,第七伊玛目(伊斯玛仪)派。它曾经在北非建立法蒂玛政权,开罗艾资哈尔清真寺(大学)就是由伊斯玛仪派建立的。后来在和逊尼派斗争时,曾经有不少受过严格宗教训练的伊斯玛仪派教士(Dais)渗入逊尼派社区传教。今天的伊斯玛仪派首领是阿加汗(Aga Khan)四世,原籍印度,生于瑞士,美国哈佛大学毕业,他的教民主要住在今天的巴基斯坦。

这里要特别讲到什叶派中的一个小宗派,因为它跟近几年的国际形势很有关系。这就是在叙利亚占总人口大约 12%,在土耳其和黎巴嫩也有不少支持者的阿拉维派(Alawites, Alavis)。他们自从叙利亚独立以来在政治上一直占统治地位;叙利亚出了先后两任总统的阿萨德家族、军队与情报部门的上层,以及许多国家机关的领导层大都属于这个派别。阿拉维派意思是阿里的后代,但是这是近世以来才改的名,主要是为了向外人强调他们正宗的穆斯林身份。其实,他们从 9 世纪开始是什叶派十二伊玛目宗派中的一个裂变体,有自己不对外人公开的类似于基督教三位一体概念的秘密信仰。十字军占领叙利亚时期,他们因为不被视为真正的穆斯林而逃过了迫害;此后其他穆斯林统治者——埃及马木留克王朝和奥斯曼帝国——一直歧视与迫害阿拉维派,视他们为异端。但是在法国人统治叙利亚的时候,为了便于统治多数逊尼派,特别招募备受迫害的阿拉维派青年做军人、警察和公务员,又在叙利亚划出了一个供阿拉维人居住的特区。1970 年,叙利亚空军总司令老阿萨德出任总统后,曾以空军轰炸逊尼派的反叛,死伤甚多。今天叙利亚的内战其实很大程度上是将近一千年的教派争端和独立后七十年来政治斗争的延续。西方国家反对伊朗,也不喜欢阿萨德政权(它没有选择,只能和伊朗及俄罗斯接近),所以就支持反对阿拉维派的各种力量,初期也包括反对西方的极端势力,如 ISIS。近两年已有所改变。

逊尼派中逐渐发展出四个不同的教法学派,它们以不同的原则来推导教法。同样是对《古兰经》进行解释,不同的教法学派在不同的原则推导之下就形成了对伊斯兰教法差异颇大的诠释。就像对孔子的《论语》,荀子有荀子的解释,朱子有朱子的解释。伊斯兰法官在进行判断时,主要的依据和方法有《古兰经》和《圣训》、类比、公议和法官的个人判断。《圣训》记载穆罕默德传教时的言、行和默认,由学者深入考究编纂而成,逊尼派有六部《圣训集》,什叶派则有四部,都是伊斯兰教法的一部分。对于在《古兰经》或《圣训》里面都找不到依据的问题,还可以通过延伸、类比的方法来判断。比如《古兰经》规定禁止饮酒,依此类推,吸大麻、鸦片也在禁止的范围内。因为不准饮酒的原因不是酒精本身,而是因为它使人精神恍惚、混乱,大麻、鸦片也会导致这样的后果。公议,就是由教法学家开会,众意公决,含有一种民主的成分。当然,公议的参与人员必须是公认的受过相关教育的伊斯兰学者(Ulema)。这四个教法学派的分别,就在于如何看待和使用上述几个法律来源。

分布最广的是哈乃菲学派,主要分布在奥斯曼帝国、中亚、印度和中国西北。这个学派对于教法解释比较宽松,重推理。它最重视《古兰经》,也比较重视法官个人的判断和意见。

沙斐仪学派流行于埃及一带,除了《古兰经》,非常重视《圣训》的作用,不太支持法官个人的意见,对于类比有很严格的要求。

马立克学派最重视《古兰经》,其次是《圣训》,再次是类比和公议,在除埃及之外的北非、西非、巴林、沙特阿拉伯的东北部占主要地位。

罕百里学派只认同《古兰经》和《圣训》，如果经文上没有，法官不可自行判断，也不可以依据习俗或公议决定。它是沙特阿拉伯和卡塔尔的法定教法学派，在阿曼、巴林、约旦等也很重要。在今日世界里，罕百里学派下的一个支派非常具有影响力。

18世纪中期，一位出生于阿拉伯半岛中部，名叫穆罕默德·本·沙特的部落领袖与一位名叫穆罕默德·伊本·阿卜杜勒·瓦哈卜的教法学家意气相投，于是互相娶了对方的女儿。沙特拥有政治力量，瓦哈卜则有宗教影响力，他们合力反对奥斯曼人在阿拉伯半岛的宗教与文化政策，所以建立联盟，后来建立了王国，国王由沙特的后代世袭，宗教的最高法官由瓦哈卜的子孙担任。他们建立的国家就是后来由英国人支持而强大的沙特阿拉伯。瓦哈卜的思想受到罕百里学派的影响。而以他的思想为核心形成的瓦哈比主义则是当今伊斯兰世界中最为保守、最"基本教义"的思想。瓦哈比主义中又出现了一个异端，就是基地组织，以及后来出现的ISIS（阿拉伯文简称Daesh）的信仰。当然，这不能怪到出现于8世纪的罕百里学派，因为其法学思想和其他学派一样，都是在伊斯兰教成立一百年之后从当时的传统中提炼出来的。

还有一个我们经常听说的派别——苏非派。首先需要澄清，苏非不是宗教的派别，而是一群人在某个导师的指导下，利用某种方式达到与真主合一的宗教体验。苏非出现于8、9世纪，有一些信徒觉得虽然经常礼拜，但缺少真正的宗教体验和心灵感应，同时又认为普通人对《古兰经》不会有多么深刻的理解，于是借鉴了当时基督教徒的苦修，借此磨炼自己。苦修的人故意穿着粗糙的、用粗羊毛织成的衣服，"苏非"就是阿拉伯语羊毛的意思。苦修的思想在其他宗教，比如佛教中也有。所以苏非派与什叶派、逊尼派的纷争没有关系。一个苏非可以信什叶派，也可以信逊尼派。

苏非主义是伊斯兰世界中一种独特的崇拜和修行方式。苏非思想经过不同地区的传承，形成了一系列宗派、教团、社会结社，以及一种可以父子相传的教主制度。他们有一种类似瑜伽的特殊方式，可以通过音乐、舞蹈，也可以通过重复诵念经文来接近真主,进而得到真主与自己合而为一的体验。在一位苏非跟真主合一后,他就是在替真主说话,就像神灵附体似的,于是其他的信众就从他那里得到启示。中亚草原上的民族原本信仰的萨满教,也有类似的仪式,所以苏非主义在土耳其、中亚、印度西北部和中国新疆等地都很盛行。苏非的派别很多,分布最广的苏非组织是纳克什班迪(Naqsh-bandi)教团,源于今日乌兹别克斯坦的布哈拉附近。这些教团中又根据诵经的方法而分为高念派(朗诵)、低念派(默念),在中国新疆还根据政治联系和社会地位分为以莎车为主的黑山派与以喀什为主的白山派等。苏非主义虽然不是一种特别的信仰,却是伊斯兰文明和穆斯林社会中很重要的因素。

第十一讲

中国的伊斯兰教

阿拉伯-伊斯兰势力于 8 世纪上半叶进入中亚,与在此经营多年的唐朝力量接触。此一时期,唐、大食(即阿拉伯帝国)与吐蕃在中亚各具影响力,互争雄长,但 751 年怛逻斯战役之后,唐在中亚的势力锐减。755 年安史之乱爆发,唐朝廷请大食与吐蕃派兵入中原协助平乱,大约 2000 名穆斯林士兵由陆路进入中国,这些穆斯林后来在中国定居繁衍;稍早,阿拉伯与波斯商人亦有经海路到达广州定居者,但人数有限。

公元 11 世纪,突厥语族在中亚所建的喀喇汗王朝虔信伊斯兰教,以喀什为中心,对南疆各绿洲国家持续进行"圣战",莎车、于阗等佛教王国先后接受伊斯兰教,喀喇汗王朝又与新疆东北部回鹘人所建的佛教高昌王国(首都在吐鲁番)相抗衡。两个世纪后,天山南北路大致已伊斯兰化。

但大批穆斯林入华是在公元 13—14 世纪的蒙元时期。当时欧亚大陆上道路通畅,受蒙古统治者重视的色目人大量进入中国,其中绝大多数是穆斯林。他们散居全国各地,由于人数相对少,他们的语言与生活方式都受到汉族影响,但大多穆斯林仍彼此认同,被当时人称为"回回"。除新疆和宁夏外,穆斯林在全国范围内呈"大分散,小集中"的格局。

伊斯兰教进入中国是人类文明发展史上重要的一章。许多中国穆斯林学者兼通儒家文明与伊斯兰文明,留下不少"以儒诠经"的中国伊斯兰经典著作,是文明交融的宝贵成果。

伊斯兰教入华

　　伊斯兰教是怎么传到中国的呢？有一种说法是，唐高宗永徽二年（651），当阿拉伯势力刚刚兴起的时候，其领导者曾派遣了一位使者到唐朝。那时候主政阿拉伯帝国的正是上一讲提到的颁布定本《古兰经》的哈里发奥斯曼。后来有人添油加醋地说，穆罕默德的亲舅舅也来过中国。但这样的说法没有证据。据我知道，没有任何一个严肃的历史学家认为穆罕默德的舅舅到过中国。而永徽二年阿拉伯使者来华一事，在新旧《唐书》里都有记载。

　　因为751年发生了怛逻斯之战，可以肯定唐朝廷从此已经了解阿拉伯世界的一些情况了。在安史之乱中，唐朝曾主动联系驻撒马尔罕的阿拉伯总督，请他们派兵来帮助平乱，因此有几千名驻守中亚的阿拉伯士兵到了中国，成为第一批大规模来华的穆斯林。此外还有一些从海上来的被称作"蕃客"的大食商人，也属于较早来华的穆斯林。在汉朝以前，甚至是在秦以前，海上丝绸之路就已经逐渐开通了。伊斯兰教诞生以后，经过这条商路开展的贸易进行得更为组织化，更为兴盛，因为阿拉伯帝国本来就是由城镇的商人阶层建立的。事实上，伊斯兰教的很多传统都带有城镇人口的特征。举例来说，伊斯兰教规定每个星期五要聚礼，只有聚居的城镇人口才能这样做，散居在大草原上的人口怎么能每周一次到清真寺聚礼呢？在伊斯兰帝国历史的发展中，所有的统治者都鼓励贸易。贸易，而不是宗教，是很多唐宋蕃客来中国的主要原因。南宋末期很多穆斯林商人来到泉州等地定居，比如有一个叫蒲寿庚的西亚穆斯林后代，就曾经被朝廷委派管理泉州的行政和贸易。

　　前面讲到，蒙古草原以北的黠戛斯人9世纪南下后，更早南下今日内蒙古的回鹘人分为三部分：定居在今天的河西走廊的叫甘州回鹘；迁移到吐鲁番附近的叫高昌回鹘；迁徙到葱岭以西，楚河流域的一部分开始与伊斯兰世界有了直接的交往。9世纪,有一个王子为了借助穆斯林的力量与他的叔叔争夺政权而皈依伊斯兰教,并且在夺取政权后把伊斯兰教确立为国教,他的国家就是喀喇汗王朝。"喀喇"在突厥语系的语言里意思是黑的、正的、大的。喀喇汗王朝后来向东向南扩张,以喀什为第二首都,开启了今天新疆地区伊斯兰化的进程。

图 11 - 1　13—14 世纪的商旅客栈

穆斯林来华最多的时代是元朝。13、14世纪时,因为蒙古人打通了欧亚大陆,很多中亚和西亚的"色目人"来到元朝担任官员、军人,以及技工、匠人等,其中大多数是穆斯林。到了水陆交通都已经比较发达的14—17世纪,又有不少西亚和中亚的苏非教士来到中国来传播他们的思想。

图 11 - 1 在伊斯兰世界流传颇广,展示的是一座 13—14 世纪的商旅客栈(Caravanseri)。在所有前现代的伊斯兰社会中,都有很多客栈供商队停留,由当政者出钱修建。里面有清真寺,有货仓,有可以谈判和做买卖的地方,也有喂养牲畜的地方。这幅画的风格比较轻松、诙谐,可见这种客栈和骑着骆驼经商贸易的商队在伊斯兰社会中很普遍。目前在西亚和中亚各国,保持良好并且能供旅游者参观、购物和餐饮的旧日商旅客栈为数颇多。

同样,元朝也有很多人从东方向西方迁移,把中国出产的丝绸、瓷器等带到中亚、伊朗等地。图 11 - 2 表现的应该是一个汉族姑娘要嫁到波斯去,她的嫁妆里就有青花瓷器。这位姑娘带着惆怅和不舍前往远方。元朝时在波斯的蒙古人建立了伊利汗国;从元朝大都到伊利汗国,可以走陆路,也可以走海路。马可·波罗一家人离开中国是因为蒙古伯岳吾部的一位公主阔

图 11 – 2　嫁往西方的汉人女子

阔真被大汗忽必烈许给伊利汗阿鲁浑为续弦,于是马可·波罗一家参加了沿海路前往的送亲队伍。辗转行船两年多后,一行人到达伊利汗国首都时,阿鲁浑已经去世。于是阔阔真又被送到波斯东部,准备嫁给阿鲁浑之弟、刚继任伊利汗的海合都。但由于伊利汗国上层发生激烈斗争,海合都不久即由阿鲁浑的儿子合赞所取代。于是不远万里来到波斯成婚的阔阔真公主最终成了合赞汗的皇后。

伊斯兰教法概要

《古兰经》有 30 卷 114 章,分成《麦加篇》和《麦地那篇》。出生于云南,在开罗的艾资哈尔大学留学八年的北京大学马坚教授把全部《古兰经》译成中文。前面讲过,把经过证实的穆罕默德在世时的言行编辑在一起,就成为《圣训》,被称作"哈底斯"(Hadith)或"逊奈"(Sunnah),前者意为"言语",后者意为"行为""道路",收录先知和他的门弟子的主张和做法。伊斯兰教建立初期,门弟子和再传弟子仍然在世,各家的引述争议不多;但到了8 世纪,不同人的引述就有很大的区别,甚至出现伪造。于是有人展开系统性的追记和核证,编纂了穆罕默德和他的门弟子的宗教主张和社会主张。

图11-3 《古兰经》书影 图11-4 中阿对照《古兰经》 图11-5 《圣训》书影

到了9世纪,逊尼派编纂的《圣训》有6集,什叶派有4集,内容上互有出入,但差别不是很大。在所有《圣训》中,9世纪的布哈里所编纂的历来最受学者的信任和重视,因此得到的注释也最详尽。图11-5展示的是1981年出版的汉译《圣训》,译者是两位维吾尔族学者,第一位从阿拉伯文译为维吾尔文,第二位从维吾尔文译为汉文。

伊斯兰教的教法被称作沙里亚(Sharia)。今天有很多信徒主张用伊斯兰教法取代现代民法与刑法来管理社会。这是当前伊斯兰世界的一个重要争端。究竟是要用世俗法律,还是用宗教法律来统治信徒和异教徒呢?沙里亚包括了怎样统治其他宗教信徒和不信者的办法。《古兰经》里把信仰基督教、犹太教或琐罗亚斯德教的人,称作"有经之人",视他们为应当受到保护的第二等公民;把信仰多神教、自然宗教者及无神论者称为"不信者"(Kufr,英译 Infidel),视作第三等公民。

所有的穆斯林都要"信真主、信天使、信经典、信使者、信末日、信前定"。必须信仰唯一的真主"安拉",他就是犹太教与基督教所信仰的那一个造物主和主宰者,他无始无终、无形无相、无声无色、无所不在、无所不知、无所不能。要信天使,天使是真主所造,常担任真主的和人之间的信使,最出名的是向穆罕默德宣示真主启示的吉卜利勒。要信的经典就是《古兰经》,但也包括犹太教的"摩西五书"(Torah)以及基督教的"福音书"(Gospels)等。使者有很多,早期著名的有易卜拉欣(亚伯拉罕)、穆萨(摩西)和尔萨(耶稣),但是最后的也是最主要的使者是穆罕默德。要相信末日审判、死后复活,这和基督教的信仰很一致。穆斯林父母经常会告诫小孩,每个人的肩膀上永远有两个小天使,一个在右边记录善思、善言和善行,一个在左边记录罪行,到末日时就根据这种记载来决定命运。至于什么是前定,历来的经注学家、圣训学家、教法学家和教义学家都没有清晰而一致的论断。许多穆斯林把它解释为生命中的一切都是真主事前决定的,因此属于"宿命论"。大部分穆斯林在说到未来的计划时,总要加上 Inshallah(如果真主许可),相当于英语中的 God Willing。然而,伊斯兰教的教义和历史说明,伊斯兰教不是出世宗教,信仰者既能享受来世的福乐,也能享受现世的福利,所以伊斯兰是"两世吉庆"的入世宗教。

穆斯林有"五功":念、礼、斋、课、朝。实际上,因为生活、工作的需要,很多人不一定能完备五功;在伊斯兰律法中,也有变通权宜的余地。"念"是要经常重复"清真言"(Shahada)——"万物非主,唯有真主,穆罕默德是真主的使者"——这句穆斯林必须在各种场合经常重复颂念的最重要的表白。它是穆斯林的基本信仰,当着证人的面把这句话重复三次,就可以成为穆斯林。"礼"(Salat)就是礼拜,每天要做五次祈祷,星期五要去聚礼,但是真正能做到的人只是少数。"斋"(Sawm)是斋戒,每年伊斯兰历的九月要守斋。在这个月里,太阳出来之后不能吃东西,不能喝水,不能行房,日落后才能进食,因此在穆斯林社会里家人朋友会在斋月日落后一起吃开斋饭(Iftar)。斋月时,病人、孕妇和旅行者可以免于守斋,但是应该另外找一段时间补上。"课"(Zakat)是法定的施舍,穆斯林每年要拿出超过生活所需限度(满贯)的财产的四十分之一给穷人,这不是慈善而是义务。有的伊斯兰国家由政府征收再交给慈善机构,多数国家由宗教机构征收。具体的做法有时会引起法学家的争议:多少才算生活所需?如果一个人只有一头骆驼,多少才是超过生活所需的四十分之一?"朝"(Hajj)就是朝觐,每个身体健康的穆斯林一生应该去麦加朝圣一次。因为经济、健康条件以及道路安全之类的问题,很多人都没有办法做到。后来,苏非派发展出一种替换的概念,就是可以用某苏非先贤的陵墓替代麦加作为朝觐之地,比如说,去某个苏非的圣墓七次,等于去麦加一次。瓦哈比主义者最反对这种做法,但是南亚、中亚,包括中国新疆的许多穆斯林都愿意接受苏非派的替代观点。

中国穆斯林速写

按照来源,中国穆斯林大致可以分为两个部分:一部分是自唐宋以来经由陆上或海上丝绸之路,主要是因为经商,逐渐来到中国的穆斯林。这部分人的后裔几乎全部都已与汉民族世代通婚,使用汉语,称为回族。他们分布在全国各地,但在西北各省、云南以及东部某些城市人数较多。总的来说,回族在中国呈现"大分散,小集中"的格局。另一部分则是阿拉伯帝国扩张到中亚以后,通过战争、贸易、婚姻等,经由陆路进入今日中国领土的穆斯林,或是被这些人转化为穆斯林的当地居民。这部分穆斯林大多是说阿尔泰语系突厥语族语言的族群,主要居住在新疆或其周边,包括维吾尔族、乌孜别克族、柯尔克孜族、哈萨克族、撒拉族、塔塔尔族等;另外,还有少数说印欧语系语言的塔吉克族和说阿尔泰语系蒙古语族的东乡族和保安族等。

下一讲会讲到突厥人的西迁。在突厥人一千多年的西迁历史过程中,属于突厥语族群之一的撒拉族的祖先很早就到了今日土库曼斯坦。由于内部纷争,有一些人于700多年前又回头向东走,定居在今天甘肃和青海交界处的黄河岸边,现在有十多万人。我曾经去过那里,听当地的大人和孩子讲撒拉语,后来还把撒拉语录音带拿给几个土耳其朋友听,他们都说能听懂几个单字,但听不出整段话是说什么。

图11-6是喀什火车站前的艾提尕尔清真寺,建于15世纪,是新疆最重要的清真寺。星期五中午,车站附近到处是聚礼的信徒。喀什从10世纪开始就是中亚的重要文化中心,同时朝东西两个方向进行文化辐射。全世

图11-6　艾提尕尔清真寺　　　　　　图11-7　北京牛街清真寺

界第一部突厥语大词典就是11世纪生活在喀什的穆罕默德·喀什噶里用阿拉伯文所写;"喀什噶里"的意思是喀什噶尔人。

　　图11-7是北京牛街的清真寺,建于元朝,已经有八百多年的历史。从它的建筑风格中可以看到汉地文化的明显影响。

　　图11-8是广州的一座清真古寺,叫怀圣寺,始建于唐高祖武德年间,是中国现存最早的清真寺。因为地下水侵蚀的问题,怀圣寺的建筑已经有点倾斜,现在正在讨论如何维修保护它。图中穿白衣者是清真寺的阿訇,不但欢迎我进去参观,还和我一起照相。图11-9是一座专为女性穆斯林而建的清真寺,因为穆斯林在做礼拜时男女要分开。

图11-8　广州怀圣寺　　　　　　图11-9　专供女性礼拜的清真寺

在山东济南的南大寺门前有一块石碑(图 11 – 10)。碑文题为《来复铭》,是 16 世纪时的掌教陈思所撰。铭文内容是:

> 无极太极,两仪五行。元于无声,始于无形。皇降衷彝,锡命吾人。与生俱生,与形俱形。仁人合道,理器相成。圣愚异禀,予赋维均。是故,心为郭廓,性为形体。繇太虚有天之名,繇气化有道之名,合虚与气有性之名,合性与知觉有心之名。存心养性,以事其天。慎修厥身,以俟其命。主敬穷理,以养此性。戒慎恐惧,以体此道。不愧屋漏,以事此心。斯与造物为徒矣。不尔,天顾畀之,人顾弃之,其将何以复帝者之命?

作者的汉学功夫极深。碑文的前半部分讲宇宙和人的形成,"皇降衷彝,锡命吾人",指真主降下经文,这些属于"来"。后半部分讲人的生命意义和如

图 11 – 10 济南南大寺碑文

何修身养性,"斯与造物为徒矣",这就是"复",意指人都要回归真主。作者借用宋明理学的语言与概念,几乎不露痕迹地阐述伊斯兰教的教理。可以认为,因为作者既精通儒家哲学,又保持坚定的伊斯兰信仰,所以选择"附儒而行"的宣教方法,写出这篇充满中国古典哲学味道的《来复铭》。

大约 2007 年,我曾去拜望北外的纳忠老教授。他写了很多关于阿拉伯历

史与文化的书,是一位饱学之士。他年轻的时候曾在开罗艾资哈尔大学留学,得到相当于阿拉伯语文学博士的学位,回国后曾担任过白崇禧的顾问,1949年以后一直做学问。和与他同时在开罗留学的马坚教授一样,纳忠教授也是云南人。云南跟信仰佛教的缅甸、泰国很接近,而伊斯兰教从海路传到广东、福建,从陆路传到新疆、甘肃、宁夏、陕西,为什么云南会有许多穆斯林呢?

图 11 – 11　赛典赤·赡思丁墓

这是因为成吉思汗西征的时候先到了中亚,当地很多人归降了蒙古,成吉思汗、窝阔台、贵由等大汗都很喜欢这些人,所以中亚穆斯林在蒙古政权里很受重用。忽必烈因为一时无法征服南宋,就先攻占了云南和缅甸,把很多中亚军政人员留在云南。后来云南的政务不顺,他便派多年来为他效力的中亚人赛典赤·赡思丁为治理云南的行政长官。赛典赤·赡思丁去世后,他的儿子又接替了他的职位,一家人连续统治云南将近一百年。现在云南许多姓撒、纳、速、马的(如郑和,他本姓马,明成祖赐他姓郑),都是中亚穆斯林的后裔。

还有一个发生在山东的例子。15世纪初,也就是郑和下西洋的时候,明朝和东南亚诸国的交往非常频繁。棉兰老岛附近的苏禄群岛上有一个小王国,国王来中国觐见明朝的皇帝,皇帝赏赐他很多礼物。但这位国王在回国的途中,在山东德州附近病逝了,明朝以亲王之礼就地葬之,并为他修建了坟墓。因为当时中国已经有很多穆斯林了,明朝政府就指定了两户穆斯林为他守墓。直到今天,在德州苏禄王墓旁边,仍有很多穆斯林聚居。这位国王来中国的时候,带着自己的王后和两个儿子,后来他的大儿子回国继位,小儿子和母亲以及一些随从则留在德州。所以今天德州的穆斯林中,有一部分人的祖先是六百年前被明朝官员派去守墓的,另一部分人的祖先是由苏禄国经北京到山东的。山东有一些穆斯林的祖先可以追溯到南洋苏禄国,这是一段历史佳话。

中国的穆斯林也分很多教派,以逊尼派为主,但也有什叶派的影响;苏非主义也在 11 世纪前后传入,并流行于新疆、甘肃、宁夏等地。苏非主义在中国的影响很大,但是不论是哪个教派,他们的思想、仪式都是外来而非内生的。因此中国的伊斯兰宗派是流而不是源。

中国伊斯兰教派的分化时间也不长,因为在海路开通之前,西亚是很遥远的地方,中国穆斯林基本上不清楚西亚伊斯兰教的动态。所以伊斯兰教从陆路传到中国后,在哈密以东,基本上是一样的。发生分化是在海路开通,可以到麦加朝圣之后。18 世纪,有些人朝圣回来后觉得,伊斯兰教跟自己原来所知道的不一样。于是就产生了新教、老教之间的区分,也曾有很严重的对立和冲突。但无论如何,中国伊斯兰教派的理论分歧,不像在埃及、叙利亚等地那么大。

以儒诠经,信主独一

在中国的穆斯林群体中,"老教"统称格底目;"新教"有伊赫瓦尼等派别;"门宦"则主要产生于苏非主义传入中国的过程中,包括"虎夫耶"(教乘道乘并重,"低念派")、"哲赫林耶"(教乘道乘并重,"高念派")、"格底林耶"(先道后教,"认主先要认本身")、"库布尔耶"("张门",静修参悟)等,此外还有"西道堂"("汉学派")。教乘(Shari'ah)的意思是"遵守五功",道乘(Tariqah)的意思是在遵守教乘的基础上,在导师的指引下,由外在的身体力行转入内心的精神修炼,通过拜功、斋戒、静坐和连祷迪克尔等功修,"参天地化育之理,悟真主之大能及德性",去认识和接近真主,以达"穷理明心显性"。

西道堂由马启西(1867—1914)创立于甘肃临潭县,坚信"清真天方之教,认主独一,至贵乃大",融汇了大量中国传统文化,是所有穆斯林教派中受汉学影响最深的。在 20 世纪初,其中一部分信众建立了一个集体道堂组织。大家集体生活,共同礼拜,财产公有,具有乌托邦的性质,但却以伊斯兰教作为基本的信仰。其实天主教也有这样的修会，神父和修士可以从事传教之外的职业，如教书、做编辑、当医生等，财产共有。耶稣会就属于这种组织，修士要发誓守贞洁，发誓服从长上，还要发"神贫"誓，就是自己绝不可以有私人财产，生病的时候由修会照顾，晚年的时候由修会赡养。西道堂信众的这个组织大概与之类似。

马启西有一副对联："清岂易清，欲清须一尘不染。 真诚难真，要真宜万缘皆空。"就是用中国的语言概括了伊斯兰的思想。"勤礼五功体认乎无声无嗅。 谨斋三月操存于不睹不闻。"不睹不闻就是说非礼勿视、非礼勿闻，所以伊斯兰教的很多思想跟儒家有相通的地方。二者的根本不同在于儒家是不太相信鬼神的。孔子不否认鬼神，但是不愿意去讨论鬼神，"子不语怪力乱神"。而儒家的很多道理被中国的伊斯兰学者拿去，把它的语言丰富起来，赋予它另外一个意思。

在 15、16 世纪，就有一位自称"真回老人"的伊斯兰学者王岱舆撰写了阐释伊斯兰教义理的著作《正教真诠》。在中国的穆斯林里，不通阿拉伯文跟波斯文的话，称不上阿訇或者学者，而回儒中最有名的伊斯兰教学者是清朝初年的南京人刘智，他撰写的《天方性理》就参考了中文、波斯文、阿拉伯文的著作。刘智还著有《天方典礼》等书，里面包含了很多苏非派的思想。

很多清真寺的匾额和对联，反映了中国穆斯林在宗教信仰本身、对义务的理解、善行观等方面的认识。比如"认主独一""尊无二上"，反映了他们以安拉为唯一的主的思想。"惟精惟一"，本来是儒家的语言，也被穆斯林借用了。佛教用语"普慈"，也出现在伊斯兰教术语中。"真有无象""无极之真"讲的是真主无形无象、非物质性的特点。伊斯兰教绝不绘画真主的形象。"临下其赫""天临在兹""察乎上下"，则是强调真主的全知全能。

中国的清真寺都有楹联，这是中国传统文化的特色，而在阿拉伯世界，清真寺主要就是把《古兰经》里的阿拉伯经文写上去。"贵圣贤，在西域，传经典，教后人，认主独一。 众穆民，来东土，守清真，遵古行，归信无二。"这是河北保定清真西寺殿前抱厦对联。"须实践五功，天心大可见矣。 莫分言三乘,吾道一以贯之。"这是甘肃临夏新王寺的对联,"吾道一以贯之"是孔子的话,被穆斯林们接受和引用了。"尔来礼拜乎?须摩着心头,干过多少罪行,由此处鞠躬叩首。　谁是讲经者?必破除情面,说些惊吓话语,好叫人入耳悚神。"这是我专程去拜访的宁夏同心清真大寺殿内抱联之一,意思就是说讲经的人不要那么圆融,要以疾言厉色使人醒悟;而礼拜的时候,必须要真的摸着心头,看看自己干了多少坏事,只有真正忏悔了才叫礼拜。

可以说,不管中国伊斯兰教的哪一个派别,都受到中国传统文化的影响。图 11 - 12 上的是一位新疆的苏非信徒,但是他铺的那块布上有一个双喜字。苏非信徒有一种宗教体验的方法是使用念珠,念珠上有 99 颗珠子,因为在《古兰经》里有真主的

图 11 - 12　一位苏非信徒

99 个名字,至仁、至善、至慈等等。他们利用念珠重复念诵,久了之后在一个安静的场合里,就会得到那种宗教的体验;这种念珠和佛教、天主教等所用的念珠的作用基本相同。

伊斯兰文明在很多方面都给中国带来了很大的影响。比如回回医学在明朝的时候是很重要的,所谓的回回接骨术和回回药方便是由他们从中亚传过来的。他们在天文、历法方面也有很多贡献,因为中国传统历法到了明朝初年出现了很多问题,不够精确,朱元璋下令参考来自中亚的回回历为明朝制订历法。清真的烹饪当然大家就更为熟悉了。阿拉伯人的航海术非常先进,郑和出身穆斯林家庭,他的重要助手马欢也是穆斯林,他率领的舰队中有不少穆斯林。

11 世纪,中国处于宋代,诞生了范仲淹、司马光、欧阳修、苏轼、王安石、程颐等重要的人物,同时期伊斯兰文明也诞生了许多重要的人物。伊斯兰世界最著名的诗人菲尔多西(Firdawsi)就生活在这个时代。他用韵体诗讲述了波斯的历史,叫作《诸王纪》(Shahnameh),Shah 就是王的意思。在伊朗

没有革命之前,国王就叫 Shah。

伊本·西那(Ibn Sina)是必须要提及的人物。他在西方被称作阿维森纳(Avicenna),生于今天的乌兹别克斯坦。他从小学习经学,通晓法律,也懂得亚里士多德的哲学。但是他后来发现自己的天分在于医学。他 19 岁时就被调到巴格达去做御医,这期间他以阿拉伯文撰写了《医典》(*Canon of Medicine*)这部巨作。后来此书又被翻译成拉丁文,一直到 16 世纪文艺复兴后的一段时间里,欧洲的医学教科书主要还是用他的《医典》。

11 世纪在中亚,有一位属于突厥语族的穆斯林国王叫马哈茂德,他攻占了印度的德里,建立了囊括中亚南部、伊朗高原东部、阿富汗、印度河流域等地的王朝,定都在今天阿富汗的伽色尼(Ghazni),所以被称为伽色尼王朝。几乎同时,神圣罗马帝国在位的国王叫作奥托三世。他在 23 岁的时候就荣登宝座。因为想要控制教会的力量,奥托三世进军意大利,册封自己的堂兄为教皇。这位教皇反过来又为奥托三世加冕。

我之所以讲这些,就是希望在讨论中国穆斯林的时候,不要忘记中国是世界的一部分,中国穆斯林更是世界穆斯林的一部分。欧亚大陆的文明发展依赖的是交流和互相学习,伊斯兰教进入中国是人类文明交流的表现。

即使是在认识中国穆斯林时,也不能只局限于中国的范围之内,而需要有一个横向的视野,看到那些和中华文明相互影响、相互交融的外国文化。只有具备了这样的视野,当你认识世界、对事情做出判断的时候,才能具备更全面而不偏执的判断力。政治家如此,军事家如此,做生意的如此,做学问的更该如此,甚至在日常生活里面,柴米油盐的小事,都需要这样的判断力。但是这样的判断力不是从专业知识、专业技能来的,而是来自于愿意接受不同渠道的信息,并学会把它们融会贯通之后形成的。我之所以在这里絮絮而言,就是因为我觉得现在的大学教育路线,已经离弃从苏联学来的专科技能培训而偏向较为全面的通识教育了。我在过去接受教育和在美国以及中国香港从事教育工作的时候,亲眼看到了它的好处,所以希望你们也能自我培养较为全面的认知能力。

第十二讲

突厥的崛起与西迁

本讲的主题是突厥语民族的西迁。我们将关注他们从亚洲东部迁徙到欧洲的原因和过程。欧亚大陆上曾经有过三次影响到人类历史发展的大规模人口迁徙。每次大规模人口迁徙，都会带来文明的交往与冲突、传播与融合。这三次大规模迁徙，第一次是匈奴的西迁，第二次是突厥的西迁，第三次则是蒙古的西征。

突厥西迁始于匈奴西迁之后七百年，蒙古西征则发生在突厥西迁之后七百年。公元 6 世纪，突厥人西迁时，匈奴人作为一个整体已经不存在了。公元 13 世纪，蒙古人西征并统治中亚、西亚和东欧各地时，当地许多人口都操阿尔泰语系突厥语族的语言并信仰伊斯兰教。

突厥的起源

突厥人的发源地与匈奴人的发源地大致相同，都在贝加尔湖之南，大兴安岭之西的蒙古高原。公元 5、6 世纪时，在今天蒙古国西北部叶尼塞河上游，有一群人被称为突厥；"突厥"这个词直到 6 世纪中叶，才首次出现在中国的史书中，此前中国史书称那一地区的族群为丁零、敕勒、铁勒等。当时亚洲草原的统治者，东部是柔然，西部为嚈哒；突厥即被柔然所统治。嚈哒人（Hepthalites），又称白匈奴，一说是匈奴人迁移到中亚后与当地人融合而形成的。突厥崛起后，取代了柔然人和哌哒人的统治地位。

这些人的语言都属于阿尔泰语系。阿尔泰语系主要分为蒙古语族、突厥语族和满–通古斯语族。满语，还有中国东北与西伯利亚东部的一些族群（如赫哲人、鄂伦春人、鄂温克人）的语言都属于满–通古斯语族。许多学者认为朝鲜语也属于阿尔泰语系，但也有学者并不同意这种归类。

关于哌哒人，有说法认为他们就是历史上给欧洲造成很大冲击的阿瓦尔人（Avars），这些人被突厥人驱逐，一路向西越过伏尔加河，到了今天的匈牙利一带，与拜占庭帝国发生战争，甚至差点攻陷君士坦丁堡。由此可见人类迁徙的波状变化。

早期突厥人有很好的冶炼技术，臣服于柔然的时候被称为"锻奴"，意味着他们会制造马掌、马刺之类的马具；他们也能铸造很好的兵器，因此具有相当的军事优势。当时大多数游牧民族都信奉萨满教。这是一种自然宗教，相信山、河、石、树等都有神灵存在。除此之外，萨满教还信奉天，称之为"腾格里"，认为"腾格里"会降临附着在某个人身上，这个人就被称作萨满（Shaman）——也就是北方所谓"跳大神"中的大神。因为神灵附体了，他就会以变化的声音来说话，比如告诉病人为什么会得病，或者如何治疗。这种信仰和习俗可能汉族原本就有，更可能是从北方草原民族传过来的，因为中国南方民间有跳大神风俗的地区比较少。突厥人崛起后，很快统治了蒙古草原和锡尔河以北的草原，后来又逐渐南下到河中地区。蒙古草原上的部落群素来以游牧为生，而塔里木盆地和河中地区的人口自古以来都是以农耕和贸易为主。所以突厥人扩展到这里之后，自然会在游牧特性中增加农耕元素，因此影响到他们的生活方式、统治方式，甚至是思维模式。

变化之一是文字的出现。考古研究发现，突厥人很早就有了自己的文字，一向被欧洲学者称为鲁尼文（Runic；早期在亚洲草原上发现鲁尼文石碑的欧洲学者当时将这种文字误认为拉丁文广泛使用前，由日耳曼人在 2 世纪时创造的被称为鲁尼文的文字，所以鲁尼文这个名称有两种含义，在本讲中，是指早期的突厥文字）。鲁尼文是根据早期突厥语而创造的突厥文字，现在已经被释读。

鲁尼文（古突厥文）最著名的遗存是19世纪末俄国学者在今天蒙古国境内发现的《阙特勤碑》。这块碑是公元732年东突厥的毗伽可汗为了纪念他的弟弟而树立的。在突厥语中，"阙"是人名，"特勤"就是王子的意思。这块碑的正面和左右两侧刻的是鲁尼文

图12-1　阙特勤碑碑文

（古突厥文），背面是汉文，由唐玄宗撰写。虽然碑的背面是汉文，但是那时的中国学者们没有条件做这方面的研究。1922年，一位丹麦学者释读成功，公布了碑文的内容，中国学者才把《阙特勤碑》上的鲁尼文（古突厥文）译注出来。值得一提的是，这块石碑应该是唐朝廷派工匠修造的，汉文碑文更肯定是汉人工匠刻写的。但是这块石碑上两种文字的内容、语气和基本态度都不一样。唐王朝对周边民族所建的政权经常使用羁縻政策（这和古代波斯帝国的做法类似），并不直接管理。作为被羁縻者的周边政权自然有时阳奉阴违。而这一双语的《阙特勤碑》简直就是光天化日之下"背奉正违"。

考古学家也发现，在北方草原上，散布着许多石人。它们的相貌很像是东方的蒙古人种。根据时间计算以及其他佐证，专家们认定这些石人是突厥人的遗迹。但这些石人究竟是用于宗教信仰、划分领土，还是纪念领袖，则不太清楚。图12-2是新疆昭苏草原上的一个石人。

图12-2　昭苏草原的突厥石人

图 12-3 突厥战士像

图 12-3 是唐朝人画的突厥战士的像。突厥人最初住在北方草原地带，在其北的针叶林带有取之不尽用之不竭的木材可以用来制弓。他们把两片长条桦木黏在一起弯成双弧形，加上牛筋制成的弦而成为弓。这种弓的射速和射程可以与 13 世纪英国人最自豪的长弓（Long Bow）相比拟。但是长弓有一人高，要个子高、力气大的射手站在地上拉弓射箭。而这种双弧弓轻便易携，可以在马上使用。突厥人擅于利用马镫，用双腿和脚控制马匹，因此双手不用持缰，可以使用弓箭。他们与所有的游牧民族一样，以打猎、放牧为生，都是优秀的骑士和射手，时常在战斗中佯装逃跑，引诱对手追击，根据后面的马蹄声来判断对手的距离，当对手进入射程内时，突然转身拉弓射箭。

突厥汗国

6 世纪上半叶，突厥首领集结不同族群部落攻灭柔然。552 年，突厥汗国建立。突厥的崛起很"突然"。之所以说"突然"，是因为草原民族政权具有不同于农耕民族政权的特殊性。游牧民族的结合随机性比较大，他们共同游牧、迁徙，聚集的人多了，很快就可以征服大片土地。而农耕民族想要征服其他人的土地，只能一步一步地进行，比如秦始皇统一天下，是从商鞅变法之后经过秦国历代统治者的对内改革与对外合纵连横，用两百多年的时间才完成的。

突厥汗国和其他草原帝国一样，没有清楚的继承制度，甚至一千年后已经完全不再游牧的奥斯曼帝国也是如此。他们亲属的辈分也不明晰。突厥语跟蒙古语类似，都把同一个大家庭里年纪较大的男性叫阿哥，他可以是汉族说的亲兄、堂兄、表兄、叔叔、伯伯等，而把同一个家庭里面年纪比较长的女性叫阿姐，而这个女性可以是我们说的亲姐、堂姐、表姐、姑姑、阿姨等，没有辈分之分。而汉语里面"哥"这类说法是唐朝以后，受到突厥人和蒙古人的影响才出现。南北朝时期的《木兰辞》，"阿爷无大儿，木兰无长兄"，没有说木兰无阿哥。因为汉语常用叠音字，所以阿哥就变成了哥哥，阿姐就变成了姐姐。

没有固定继承制度的好处就在于强者为尊，不至于出现白痴懒汉之类的统治者，但坏处就在于会导致很多人角逐高位，从而产生矛盾、分裂，甚至经常有兄弟相残的情况，突厥帝国就是这个样子。另外，因为统治地域有时很广阔，而草原民族没有管理远方并征收赋税的传统，统治能力达不到那么远的距离，所以匈奴、突厥一旦扩张就必须分成两个以上的汗国进行统治，因此草原帝国时常要面临分裂的问题。

对突厥的记载，最早、最清楚的莫过于汉文资料。全世界的突厥学者都必须要参考汉文的著作，尤其是《新唐书》和《旧唐书》。汉以后，中原常常面临北方民族的威胁，或是被北方民族建立的政权统治。晋朝南迁后，第一个建立北方民族政权的是刘渊。刘渊是匈奴人，冒称姓刘，建立的政权也以汉为号。南北朝时期的匈奴、鲜卑、氐、羌、羯五胡中，匈奴是最早的。当时汉族的势力已经退到长江一带，洛阳都已经是鲜卑人建立的北魏的首都。鲜卑人的都城本来在大同，孝文帝拓跋宏迁都洛阳。隋朝统一中原，结束了南北分裂，河套以南及黄河流域重回汉族势力范围，但这并不意味着北方民族的威胁消失了。统一后的隋开始经营北方，隋文帝和隋炀帝都很有雄心，用远交近攻、离强合弱的办法对付突厥。582年，突厥可汗调兵40万从东北、北、西北三路攻隋，但隋利用外交手段，中立了部分突厥首领。583年，隋军分八路反攻，军事与权谋并用，最终制服了东突厥，汉族历史上说这是东突厥"内附"。附带说一句，一旦北方民族"内附"，他们便会开始一个汉化的过程，也会大量与汉族通婚，其结果就是血统逐渐融合，生活中以汉文化为主，但却是带有边疆民族风格与内涵的新的汉文化。也就是说，北方民族对历史上汉文化的发展有着不容否认的贡献。

地图12–1是约622年时东西突厥的示意图。622年是唐高祖武德五年。此时西突厥已经到了撒马尔罕、布哈拉一带，二者都是粟特人的地方。锡尔河素来是游牧民族和农耕民族的分界线，这时候游牧民族已经越过锡尔河，控制了河中地区不少地方，与波斯萨珊王朝以阿姆河为界。

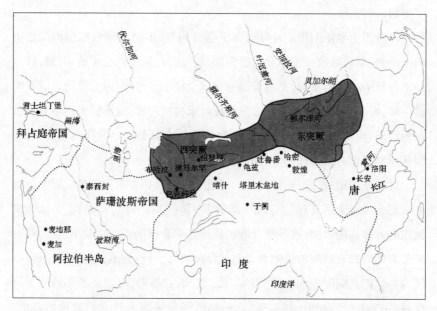

地图12–1　约622年的东西突厥

隋炀帝之后，因为中原的动荡，突厥乘势复起。突厥人本身没有清晰的种族概念，所以任用了大量西域胡人（主要是粟特人）为官。前面讲过，粟特人从来没有自己的政权，但是他们擅长贸易，因此擅长与不同的民族交往。与突厥人相比，粟特人的历史更加久远，文化更为精致，对统治国家、管理社会也更加熟悉，所以常常被突厥汗国任命为高官。同样，中国北方的汉人高层在国力不强时也时常因为和突厥贵族联姻而受突厥的册封。唐朝的建立者李渊便接受过突厥汗国的封号和官爵。

《旧唐书·突厥传上》记载，东突厥有一位颉利可汗。李渊起兵反隋时，颉利可汗曾经试图阻碍唐朝统一北方；唐太宗李世民发动宣武门之变不久，颉利可汗发兵攻打长安。李世民一方面积极备战，一方面仅率几名忠臣策马到渭水之滨，隔河斥责颉利可汗背信违约，颉利可汗碍于形势又自觉理亏，于是斩白马与唐太宗订下"便桥之盟"。

另外，颉利可汗在突厥内部也有反对者，《旧唐书·突厥传上》说他"每委任诸胡，疏远族类，胡人贪冒，性多翻覆，以故法令滋彰，兵革岁动，国人患之，诸部携贰。频年大雪，六畜多死，国中大馁。颉利用度不给，复重敛诸部，由是下不堪命，内外叛之"，就是说他喜欢任用西域胡人，疏远了自己的同族宗亲，而且法律烦苛，穷兵黩武，加之连续遭遇天灾，只得抽重税维持统治，最终导致反叛。公元 629 年，唐太宗贞观三年，唐朝出兵攻打东突厥。这一年也是玄奘法师出发去印度的一年。由于唐太宗战胜东突厥，整个东突厥的领地包括今天的内蒙古一带都归属了唐朝。

此时西突厥占领了自准噶尔盆地向西一直到河中地区的广大地域。这一地区原来是嚈哒人的地盘，商业颇为发达。为了与嚈哒人争夺此地，西突厥曾联络嚈哒以西的波斯萨珊王朝，东西夹攻，击败了嚈哒人。消灭了嚈哒人之后，突厥就与波斯萨珊王朝接壤了。同样，为了与萨珊王朝抗争，西突厥又联络波斯以西的拜占庭帝国夹攻波斯。拜占庭与萨珊王朝是多年宿敌，于是二者之间的斗争愈演愈烈，很有利于阿拉伯-伊斯兰力量的兴起。拜占庭帝国因为有地中海作为屏障，还可以维持国祚，而萨珊王朝则很快就被阿拉伯帝国消灭了。伊斯兰教的势力之所以能够迅速扩张，与西突厥人煽动拜占庭和萨珊波斯王朝的斗争不无关系。西突厥以为自己可以坐山观虎斗，不想最后是阿拉伯人渔翁得利。

玄奘在《大唐西域记》中说龟兹国王在 630 年左右，"引构突厥，杀此城人。少长俱戮，略无噍类。城今荒芜，人烟断绝"。这是玄奘经过龟兹时看到的情况。龟兹本来是吐火罗人聚居的小国，他们的国王因为百姓不听从命令，于是就邀请突厥人来帮忙，结果那些帮忙的人就把本地的人给杀掉了。游牧民族最初对农耕不尊重也不理解，只贪图眼前的利益，抢掠、屠杀是常见的事情。

到628年，西突厥汗国又分裂为两部，内部纷争不已，这种情况很快被唐朝利用。到659年，西突厥全境都归属唐朝，唐的势力拓展到了今天的乌兹别克斯坦一带，在那里设置了羁縻府州。公元680年，因为远离唐朝的统治中心，唐的管理鞭长莫及，突厥汗国又曾经一度复兴。可是到了744年，新近由蒙古高原南下的回纥联盟在唐军的配合下，推翻了突厥汗国，杀突厥可汗，建立了漠北回纥汗国，突厥遗族星散各地。回纥因为与唐亲善，唐德宗时自请把汉名改为"回鹘"，意指勇猛如鹘。

前面讲过，中亚的核心地区在阿姆河和锡尔河之间，被称作河中地区，是粟特人的老家，今天大致属于乌兹别克斯坦。7世纪中叶，穆斯林已经征服了伊朗，8世纪初势力已经到达撒马尔罕。所以当突厥-回鹘人大批到达中亚草原时，河中地区本来讲波斯语、信仰琐罗亚斯德教的居民已经开始转奉伊斯兰教了。9世纪，河中地区建立了第一个由非阿拉伯人建立的伊斯兰政权，叫作萨曼王朝（Samanids），以今天乌兹别克斯坦的布哈拉为首都。萨曼王朝的统治者虽然不是阿拉伯人，但受巴格达的哈里发册封。因为地理位置的关系，萨曼王朝的兵源往往来自北方草原上的突厥人。9、10世纪，布哈拉有奴隶市场，很多突厥人自愿被卖为奴，成为波斯人的侍从或者士兵。渐渐地，有一些突厥人地位上升，成为官员。另外，伊斯兰教法规定，不可把其他穆斯林当奴隶，因此一旦突厥奴隶信奉伊斯兰教，就被视为自由人。

与基督教不同，伊斯兰教没有专业的传教士，并不特意对外传教。但是也有一些穆斯林是愿意传教的，其中最具代表性的是信奉苏非主义的教民。这些主要是波斯人的苏非在草原上苦修，托钵传教，影响了许多草原上的游牧民。草原游牧人口本来信奉的萨满教是一种比较原始简单的崇拜，在接触到伊斯兰教之后，他们觉得《古兰经》跟自己原来的信仰并没有抵触，于是不但接受了伊斯兰教，而且把萨满教的一些观念和教义带到伊斯兰教中去了。因此，中亚的伊斯兰教与阿拉伯半岛的伊斯兰教确实是有区别的。中国新疆的伊斯兰教跟中亚的伊斯兰教很接近，当然因为也受到中国文化的影响，和中亚伊斯兰教又有一些差别。所以，一方面是部分突厥人进入伊斯兰世界，另一方面则是伊斯兰教的苏非派信徒进入突厥人的世界中。

波斯语中，以锡尔河作为大致的界线，锡尔河以南叫作 Iran（伊朗），是雅利安人的世界，锡尔河以北叫作 Turan（图兰），属于突厥人的世界。二者相互渗透后，就发生了宗教的融合——说突厥语的人信了伊斯兰教，但这些人的思维模式以及崇拜的仪式，往往带有萨满教的痕迹。类似的情况也发生于中国的藏传佛教中。藏传佛教属于大乘佛教，但是其中也融合了许多西藏原有的苯教的元素，与中原和印度的佛教大不相同。中亚伊斯兰教中很多萨满教的痕迹，被阿拉伯半岛许多穆斯林认为是违反教规的。但实际上，它正是两种风俗的结合，是文明交往的一个典型例子。

图 12-4 是萨曼王朝的第一座伊斯兰建筑，是一座陵墓。建筑风格上还带有琐罗亚斯德教的痕迹，在圆顶上模拟阳光照向四方的情景，而伊斯兰教是不会崇拜太阳的。因为琐罗亚斯德教和埃及的法老王都崇拜太阳，所以穆斯林进行宗教活动时故意避开日升、日正当午和日落的时刻。

图 12-4　萨曼王朝的伊斯兰建筑

喀喇汗王朝

回纥（回鹘）最初居住在突厥人的北方，曾是突厥人的臣属，也曾使用突厥语和鲁尼文。虽然现在突厥这个词仍然保存在人们口中,但已经是作为一种语言的名称,或者泛指使用这种语言的广大人群,而不是指一个特定的民族。

840年,来自蒙古高原北部的黠戛斯人(可能就是今天吉尔吉斯人的祖先)南下击败了回鹘人,回鹘人分为三部分逃亡。一部分逃到河西走廊,称为甘州回鹘。另外一部分迁徙到新疆的吐鲁番一带,统治了那里本来信奉佛教和摩尼教的吐火罗语和汉语人群,这就是所谓的高昌(西州)回鹘。高昌本来是佛教非常兴盛的地方,佛教反过来影响了外来的征服者——当地的行政语言使用回鹘语,但是回鹘人却在思想上认同了被征服者,信仰了佛教。也就是说,9世纪以后,高昌回鹘人佛教化,而本地人则回鹘化。另一部分回鹘人翻过葱岭(帕米尔高原)进入楚河流域,称为葱岭回鹘。葱岭回鹘占据的地方是西突厥葛逻禄部的土地,之后葛逻禄部与葱岭回鹘融合为一。由于在一次政权继承中发生冲突,一个争位者以改信伊斯兰教为条件,向中亚地区的穆斯林求援。后来他建立了喀喇汗王朝(Karakhanid),果真皈依伊斯兰教。

到10世纪末,大批的草原游牧民族已经信仰了伊斯兰教。喀喇汗王朝厉行伊斯兰政策,开始了为期40年的"圣战"。"圣战"(Jihad,吉哈德)在阿拉伯语里有两个意思:一是在心理上克服自己的罪过,真正地信仰《古兰经》;二是以战争对付异教徒,迫使异教徒改宗伊斯兰教。所以,当今的恐怖主义者往往自称"圣战"者,而多数的伊斯兰学者都说真正的吉哈德应该存于人心。

喀喇汗王朝以伊斯兰教为国教后,以喀什为陪都和基地,转而向东方发展,向塔里木盆地信奉佛教的于阗国以及阿克苏、库车等地(如前所述,这些国家本是由斯基泰人和吐火罗人建立的)发动多次战争,经过四十多年,于阗国被伊斯兰化。但是新疆东部的高昌与哈密地区的回鹘人(维吾尔人口,不计汉人和蒙古人)的伊斯兰化则要到明朝初年(15世纪)时才完成。其实,北疆和部分南疆在明清两代都是由信奉藏传佛教的卫拉特蒙古人所建的准噶尔汗国统治,这种情况一直到乾隆时期(18世纪中期)才结束。不少人以为整个新疆固有的宗教是伊斯兰教,固有的居民是突厥族裔,二者都不符合历史事实。喀什于11世纪才伊斯兰化,其他地区则更是经过好几个世纪才大致完成伊斯兰化,但是还有信仰佛教的蒙古族和藏族。

10世纪末,喀喇汗王朝联合另外一个突厥族裔在今日阿富汗建立的伽色尼王朝,一起吞并了萨曼王朝。喀喇汗王朝疆域最大的时候东起塔里木盆地,西边占有河中地区,可谓幅员辽阔。在文化方面,11世纪,在喀什诞生了两部重要著作。一本是尤素甫·哈斯·哈吉甫所著的《福乐智慧》,讲的是星星跟月亮的故事,以隐喻的方式教导主政者为政之道,以及君臣的伦理等内容,实际上是一部政治思想方面的著作。另一部就是喀什噶里用阿拉伯文写的《突厥语大词典》。这部书不只是词典,更类似于百科全书,主要是用阿拉伯文介绍突厥语各族群的语言、天文、地理知识等,因此成为今天研究突厥语、突厥学的必读书。

伽色尼王朝

萨曼王朝有很多来自锡尔河以北、说各种突厥语言的雇佣军,其中有一名军人成为呼罗珊地区的总督,这就像盛唐时期安禄山任辽东节度使一样。呼罗珊(Khorasan,在伊朗语里是东部的意思)可谓伊朗历史上的重要地区、波斯文化圈的腹地,大致包括阿富汗、土库曼斯坦的大部分和伊朗东北部。这位总督因为失宠,就带领突厥士兵攻占了伽色尼(今阿富汗的加兹尼,见地图12-2),建立了伽色尼王朝,开始与萨曼王朝分庭抗礼。伽色尼的苏丹马哈茂德(马穆德)在公元1000年左右,屡次进攻劫掠印度的德里地区,开始了穆斯林在印度占统治地位的局面。

从12世纪开始,印度半岛上最重要的国度是以德里为首都的德里苏丹国,统治者来自中亚。印度半岛的居民主要是印度教徒,但很多区域的统治者,至少德里的统治者,在12—19世纪这八百年中一直是穆斯林。先是德

地图 12 - 2　伽色尼王朝

里苏丹国,16 世纪之后是莫卧儿王朝,印度半岛上的这两大政权始终由穆斯林统治。葡萄牙、荷兰、法国和英国先后占领过印度半岛上的许多地区,但直到 1858 年英国才放逐莫卧儿帝国皇帝,维多利亚女王正式成为印度元首。

　　12 世纪,波斯人的地区有伽色尼王朝,印度建立了德里苏丹国,本来主要是佛教地区的中国新疆正在伊斯兰化,而乌古斯系的塞尔柱突厥人在希腊人的小亚细亚建立了塞尔柱王朝。这些地区的新统治者都是信仰伊斯兰教的突厥语族裔。

第十三讲

突厥语民族的扩展：从锡尔河到多瑙河

原本游牧于蒙古高原的突厥人自公元6—7世纪西迁之后，于9世纪大批南渡锡尔河，进入中亚河中地区；从10世纪开始，这些突厥语民族又渐次跨过阿姆河，深入波斯人的世界。

11世纪，属于突厥语族，信奉伊斯兰教的军人在波斯文明圈的东部建立了伽色尼王朝，在印度北部建立了德里苏丹国，在中亚建立喀喇汗王朝并对中国新疆进行"圣战"，而属于突厥语族乌古斯语支的塞尔柱人则在多世纪以来以希腊人为主的小亚细亚建立了塞尔柱王朝。

13世纪蒙古人三次西进，成为中亚、西亚和东欧大片地区的统治者。但从14世纪中叶起，大多数西迁的蒙古人都已融入这些地区说突厥语言的穆斯林人口中，与之共同形成了今日绝大多数信奉伊斯兰教的突厥语诸民族，其中有鞑靼人、巴什基尔人、土耳其人、阿塞拜疆人、土库曼人、乌兹别克人、哈萨克人、吉尔吉斯人、维吾尔人、撒拉人、图瓦人等。

乌古斯部南渡阿姆河

在突厥语民族向西迁徙的过程中,有一个已经信奉了伊斯兰教的部落联盟和留在中亚的葛逻禄部分手,继续向西走,他们被称作乌古斯(Ou-ghuz)人。乌古斯人中的塞尔柱(Seljuk,以首领名字命名)部落是后来走得最远的一支。他们最有决定性的行程是在 11 世纪初渡过锡尔河和阿姆河,闯入波斯人的世界。之后,塞尔柱人分批向南、向西征伐,于 1042 年打到波斯重镇哈马丹,再南下占领也是突厥语族人所建立的伽色尼王国。1055 年他们打到巴格达。已经有名无实的阿拔斯王朝哈里发披着先知穆罕默德穿的斗篷,执着先知的手杖出城迎接塞尔柱人首领突格里勒(Tughril,塞尔柱之孙),封他为"东方与西方的国王"和"苏丹"。从此塞尔柱人挟天子以令诸侯,俨然是西亚各地的统治者。伊斯兰世界的主导力量也从这时开始,由阿拉伯人手中转到受波斯文化影响很深的突厥部族手中。

不久塞尔柱人再度向西,进入叙利亚;然后有一部分人决定进入伊斯兰势力从未到达的小亚细亚。对世界历史产生巨大影响的事件,是 1071 年塞尔柱人在今天亚美尼亚境内的曼兹喀特(Manzikert)俘虏了拜占庭帝国的皇帝。此后塞尔柱人士气大盛,各地的突厥语族群也纷至沓来,迅速占领了拜占庭帝国最重要的腹地小亚细亚(即"安纳托里亚")。12 世纪初,部分塞尔柱人在小亚细亚自建王朝(详见后);13 世纪末,另一支乌古斯突厥人——奥斯曼人——自立国家,后来扩张为横跨欧、亚、非三洲的大帝国。此外,乌古斯人的另一部分进据里海的东西两岸,分别称为土库曼人和阿塞拜疆人。

塞尔柱人和其他突厥语族部落进入小亚细亚之后,与当地的希腊人和亚美尼亚人交往甚多。通过轻税之类的手段,使很多当地人转而信奉伊斯兰教,同时乌古斯突厥语也成为官方语言。而许多本已是穆斯林的人口,如鞑靼人、波斯人和库尔德人,也成为日后奥斯曼帝国的骨干。几个世纪后,源于亚洲草原的塞尔柱突厥人吃惯了橄榄、无花果、墨鱼和大虾,希腊人、亚美尼亚人、犹太人则以乌古斯突厥语为主要生活语言,由此创造了人类历史上又一个大规模文明交流的案例。

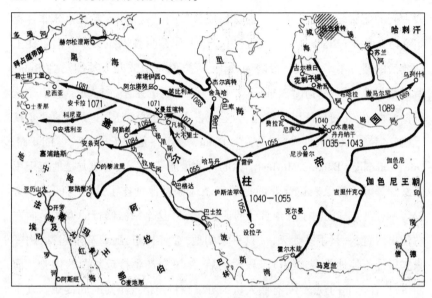

地图 13-1　塞尔柱人的扩张和塞尔柱帝国

塞尔柱王朝

　　塞尔柱部落先控制了伊朗东部,又据有伊朗西部。有讽刺意味的是,1055 年之前,控制巴格达哈里发的是操波斯语、信奉什叶派的布韦希(白益)王朝,而巴格达的阿拉伯裔哈里发在名义上却是逊尼派的政治和宗教领袖。塞尔柱人消灭布韦希王朝之举,受到很多人的欢迎;从 1055 年开始,塞尔柱突厥人成为伊斯兰世界最强大的力量。他们在 1071 年的曼兹喀特战役中俘虏了拜占庭帝国的皇帝之后,更加受到各地穆斯林的拥护。

　　12 世纪,塞尔柱人在西亚的势力分裂成几个王国,其中最大和最有实力的是罗姆(即罗马)苏丹国,以今天土耳其中南部的科尼亚为首都,以波斯语为行政语言,以乌古斯突厥语为生活语言。13 世纪初恰好是蒙古人西进的时代,所以许多住在波斯文明区东部的穆斯林向西逃亡。他们能够到达的最远的地方就是科尼亚。蒙古军 1243 年占领科尼亚,塞尔柱王国成为蒙古人的藩属国。集聚科尼亚的难民应该没有遭受厄运,著名的苏非神秘主义诗人鲁米(Rumi)就生活在这里。他为什么叫鲁米呢? 因为塞尔柱王朝统治的地方本来是罗马帝国的领土,阿拉伯人和波斯人称罗马为 Rum,所以塞尔柱王国被称作"Seljuks of Rum"("罗姆的塞尔柱王朝")。于是这位操波斯语,在阿富汗出生长大,为避蒙古人而随父亲迁居"罗马的塞尔柱王朝"的诗人就被人称作"罗马人"(Rumi,鲁米);他的正式名字是 Jalal ad-Din Muhammad Balkhi, Mevlevi。他的诗歌最能够感染人的地方是他擅于用美女和醇酒的意象表达苏非的神秘宗教体验。他创作了几万句的韵体诗(Masnavi),并且创建了一个自己的苏非宗派。这个宗派修行的方法是向左右伸出双臂,一只手掌朝天,一只手掌朝地,穿着长袍,随着音乐起舞,用一只脚撑地不停地旋转。经过一段时间后,舞者会产生接近真主的体验。前面讲过,在苏非的观念中,有些人认为可以在特定情况下短时间接触到真主(有神灵附体的感觉),有些人则认为自己和真主合而为一,可以维持很久。鲁米持后一种看法,后来他被一位他所钦佩的阿塞拜疆哲学家批判,于是觉得自己全错了,从此放弃了自己创立的苏非宗派,隐居深山不理世事。但是他和他父亲的纪念堂却在科尼亚完整保存至今,是现在土耳其共和国重要的文化遗产之一。

突厥-蒙古文化

说到突厥部族的历史,就不能不提蒙古人。因为蒙古人西征以及其后进行统治时,曾把大量已经皈依伊斯兰教的突厥人纳入蒙古集团,因此人数较少的蒙古人在元朝疆土之外建立的几个汗国在几代人之后逐一突厥化,并且伊斯兰化。

除了蒙古大汗直属的元朝之外,蒙古人还先后建立了窝阔台汗国、察合台汗国、钦察汗国、伊利汗国。窝阔台继成吉思汗之后成为蒙古大汗,但窝阔台汗国却很快就被钦察汗国和察合台汗国瓜分。突厥-蒙古文化的形成主要是发生在钦察汗国和察合台汗国境内。虽然伊利汗国的主流文化是波斯文化,突厥-蒙古文化不可能在波斯文化的核心区形成,但是在伊利汗国的边缘区,如阿塞拜疆和土库曼斯坦,仍然出现了突厥-蒙古文化。

蒙古人西征之前,钦察草原上,包括伏尔加河下游和乌拉尔山脉附近,有不少突厥部族,而这些突厥部族大都已经信奉伊斯兰教。(在黑海以北,曾经有一个讲突厥语言,信奉犹太教的可萨汗国,9、10 世纪时占据贸易要道;见第七讲。)蒙古西征时,带着很多语言相近、生活方式类似的突厥族裔游牧部落潮水般地自东向西迁徙。这样,钦察汗国中为数不多的蒙古人就与蒙古大汗治下的蒙古人逐渐疏离,而与当地人口逐渐融合。这就是钦察汗国蒙古人突厥化和伊斯兰化的根本原因。察合台汗国的统治阶层距离蒙古本土较近,仍然有鲜明的蒙古特色,但渐渐地也都使用突厥语族的语言,并且皈依了伊斯兰教。

察合台汗国的控制范围大致包括今天的中国新疆、吉尔吉斯斯坦、乌兹别克斯坦。14 世纪中叶以后分成为东、西两个汗国。14 世纪下半叶,西察合台汗国中有一个名叫帖木儿的下级军官,他后来的所作所为改变了世界历史的进程。

帖木儿早年在战争中瘸了一条腿,欧洲人给他起了一个不雅的名字,叫“Tamerlane”,意思是“瘸子帖木儿”。帖木儿出身巴剌斯部,这是一个早期依附蒙古的突厥部族;他说的是中亚地区的突厥语言,但自称是蒙古人。

帖木儿以撒马尔罕为基地,以结义的方式建立了自己最初的势力。值得提起的是,在游牧民族里,歃血为盟的结义兄弟常常成为草原政治势力的最基本核心组织。帖木儿自认是成吉思汗的继承者,在战争中也学习成吉思汗的做法,宽大对待主动归降的敌人,而对反抗的城市则进行血腥冷酷的屠城。这样,幸存的敌人逃到别处,会传播蒙古军队的恐怖,从而令蒙古军队先声夺人。这种办法以比较小的消耗获得较大的收益和声势,屡试不爽。据估计,成吉思汗时代的蒙古人只有一百余万,后来却征服了伊斯兰世界的几千万人和南宋、西藏、大理上亿的人口。帖木儿认为自己是蒙古人,而他的祖先是在战争中加入蒙古集团的一个突厥部族,无论如何他也无法把家世追溯到成吉思汗的"黄金家族"。所以他虽然建立了一个大帝国,却终生不敢称"汗",只自称埃米尔(Emir,都督),连他给自己修建的陵墓都叫作埃米尔陵。后来他娶了察合台汗国的一位公主,以作为蒙古皇族的驸马为荣。他的子孙已成为黄金家族的成员,于是开始称"汗"。

帖木儿四处兴兵征伐的后果之一是延长了拜占庭帝国的寿命。此时拜占庭帝国在奥斯曼帝国的连续攻击下已经奄奄一息。1402 年,帖木儿打到小亚细亚,在安卡拉战役中大败奥斯曼军队,还特意羞辱奥斯曼的苏丹,使奥斯曼人必须回头照顾东方,无暇顾及拜占庭,所以后者才得以继续残喘了大约半个世纪。他远征的后果之二是攻打并且弱化了北方的蒙古钦察汗国(亦称金帐汗国),使草原上群雄并起,削弱了蒙古统治者的总体力量。

1370 年帖木儿杀死西察合台汗国的汗王并建立了自己的国家;在中国,朱元璋建立明朝是在 1368 年。帖木儿在 1405 年去世,而这一年正是郑和首次下西洋的时间。帖木儿崛起的时候也恰好是奥斯曼帝国向欧洲扩张、节节胜利的时期。最后,帖木儿是在向明朝进军的路上去世的。当时欧亚大陆上的几大帝国就这样联系了起来。

回到蒙古人。成吉思汗的妻子在他创业早期,曾经被敌人掳走,等到救回来后已经有了身孕,不久生了一个孩子,就是成吉思汗的大儿子术赤。成吉思汗的其他三个儿子都认为术赤不是父亲的孩子,所以常有争执(特别是次子察合台与术赤最为不和)。但是成吉思汗对他的妻子很宽厚,也很喜欢术赤,对他视如己出。术赤的长子名叫拔都,也是成吉思汗的长孙。成吉思汗在攻灭花剌子模之后东返。他去世后,三子窝阔台继任蒙古大汗。窝阔台于 1335 年派拔都率领各个宗王的长子去攻打以前未曾接触过的伏尔加河之西的地方。这次长征很有成就,被称为"长子西征",证明了蒙古人的第三代仍然很有战斗力。1242年,窝阔台去世,拔都率军东返,企图争夺大汗之位,但是途中听闻大汗之位已为窝阔台之子贵由所得,于是以伏尔加河下游的萨莱(Saray)为首都建立了上面提到的钦察汗国,统治亚洲西部草原、伏尔加河流域、高加索地区和包括莫斯科、基辅等地的大片东欧领土。拔都有个后代,叫月即别,是金帐汗国的第九位汗,在他统治时期(14世纪初),金帐汗国信仰了伊斯兰教。直接原因是月即别本人受到一位苏非教士的劝化,根本原因则是穆斯林在金帐汗国的藩属和子民中占很高的比例。

金帐汗国在全面伊斯兰化的同时分裂为西部的蓝帐汗国和东部的白帐汗国。蓝帐汗国继续统治斯拉夫人一百多年,后来与鞑靼人完全融合,形成了欧洲的突厥-蒙古力量。14世纪后期,白帐汗国曾与帖木儿合作,但不久又被帖木儿打败,导致白帐汗国激烈内争。其后几经转变,白帐的一支成为今天哈萨克民族的起源。白帐的另外一支自称是月即别的后人,"月即别"即乌兹别克的汉语别译。乌兹别克人在15世纪南下河中地区,灭掉帖木儿汗国,成为河中地区的新统治者。新到的草原民族与原来的河中地区的人口大量通婚融合后,形成近世的乌兹别克民族。有趣的是,五百年后的今天,乌兹别克斯坦共和国却奉帖木儿为先祖和民族英雄!

乌兹别克人(月即别人)赶走了帖木儿汗国的后裔,其中一位是帖木儿的六世孙巴布尔(Babur)。他相貌堂堂,允文允武,但年轻时运气不佳。他被乌兹别克人从费尔干纳盆地(主要在今乌兹别克东部)赶走后,转战中亚各地,三次占据撒马尔罕,却又三次失去。巴布尔是帖木儿的直系后代,母亲是成吉思汗的苗裔,所以当时人们认为他血统尊贵,惋惜这位没有领土的汗王。运气最终还是站在黄金家族一边:在走投无路之下,1526年巴布尔带了一批人到印度河流域,打败了当地的统治者,在拉合尔(Lahore,今巴基斯坦第二大城,文化中心)建立了统治印度直到1857年的莫卧儿王朝。

巴布尔能用中亚突厥语和波斯语写作,曾用阿拉伯字母拼写中亚(安集延地区)突厥语写成自传《巴布尔回忆录》(*The Baburnama*),内容很详

图 13 - 1　巴布尔像

细,成为世界各地突厥语族的文学经典,也是研究那个时代中亚、印度的重要材料。这本书在中亚历史上和突厥语文学的发展史中,都是一部经典著作。他把自己写作用的文字称作 Turki,一般学者将之称为察合台文(Chaghatai),是 20 世纪之前乌兹别克人和中国新疆维吾尔族使用的标准文字。

使用中亚地区突厥语写作的还有一个人叫纳沃伊(Alisher Navoi)。他和巴布尔差不多同时代,出生在今天的乌兹别克斯坦,也在阿富汗生活过。纳沃伊用波斯文写过非常好的诗,也开先例地用他的母语写作诗歌。他作的突厥语诗歌在很多方面参考了波斯语诗歌的形式,但是因为语言的差异,不可能照葫芦画瓢,所以他创造了自己的诗歌形式。纳沃伊的诗与巴布尔的自传,合起来成为 16 世纪突厥语文学的基石。

奥斯曼帝国

帖木儿帝国的领土主要是在中亚,而在西亚继塞尔柱人而兴的是奥斯曼人。13 世纪中叶蒙古人占领了科尼亚,严重冲击了塞尔柱汗国的统治,引起各地群雄并立。奥斯曼人最初是臣属于塞尔柱罗姆苏丹国的小部落。1299 年塞尔柱罗姆苏丹国分裂之后,有一个部落的首领奥斯曼宣布成立自己的公国。

奥斯曼公国的根基在小亚细亚的西北部,与东罗马帝国的首都君士坦丁堡隔着马尔马拉海相望。后来他们抢占了一小部分东罗马帝国在欧洲的领土,把首都迁到今天土耳其和希腊、保加利亚边境附近的埃迪尔内(Edirne;希腊名为 Adrianople)。在奥斯曼人频频进攻的压力下,东罗马帝国摇摇欲坠,只是 1402 年帖木儿入侵小亚细亚的中心安卡拉,使奥斯曼人放缓西进。1453 年,年仅 21 岁的奥斯曼苏丹穆罕默德二世率领联军最终攻陷了君士坦丁堡,结束了罗马帝国 1500 年的历史。在君士坦丁堡保卫战中,罗马帝国的第 195 个也是最后一任皇帝战死在城墙上。

奥斯曼帝国的前十位苏丹,个个勤政善治,能文能武,所以奥斯曼帝国连续 250 年不停地扩张领土和势力,也因此不断有土地和其他资源封赏给有功的人,造成帝国上升期的良性循环。1529 年,第十任苏丹苏莱曼率领军队包围了维也纳,几乎攻占这座城市,给欧洲带来了极大的震撼。到苏莱曼苏丹 1566 年去世时,奥斯曼帝国兼跨欧、亚、非三洲,统领麦地那与麦加,成为伊斯兰世界无可争议的领袖与欧洲最强的国家。一旦没有地方可以征服,帝国的扩张停止,"饼"的大小就固定了,但分"饼"的人——官员们的后代和各类新生势力——却越来越多,因而时常引起内部矛盾和地方动乱。第十一任苏丹塞利姆二世开始沉迷酒色,被称作"酒鬼塞利姆"。

和历史上其他由游牧民族建立的帝国一样,奥斯曼帝国也没有固定的继承办法。早期,各个王子经常被派出去做地方总督或者带兵出外打仗,大家各显身手,用成绩来竞争,老苏丹死后一般由实力最强的儿子继位。中期宫廷政治发展得非常复杂,皇后和妃子大都有家庭或其他政治联系,所以新苏丹的人选大多是由宫廷密谋政治决定,被选中继承大统的王子才有机会出去接受历练,而因为怕其他的兄弟不服或谋反,登基后的苏丹就会(根据一项对伊斯兰律法荒诞的解释)把兄弟逐一杀掉。最后连皇室也觉得这样太过残忍,于是又实行了另一种做法,就是被选中上位的苏丹把自己的兄弟们一个个都惯养成酗酒好色之徒,至少是在皇宫里足不出户,不懂政治、军事和外交,以此来免除对苏丹的威胁。

即使欧洲人从 18 世纪开始蚕食奥斯曼帝国的领土,但直到 20 世纪初,奥斯曼帝国仍然领有东南欧、西亚、北非的大片地区,直到第一次世界

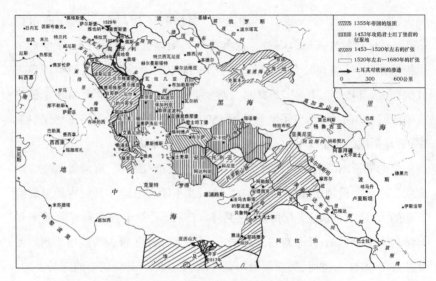

地图 13-2　1355—1680 年奥斯曼帝国的扩张

大战才陷入不可逆转的崩溃。1923 年,奥斯曼帝国被现代的土耳其共和国所取代。

　　下面三幅画像里,左边的一位是奥斯曼公国的第二任领袖奥尔汗·加齐(Orhan Gazi),他和他父亲奥斯曼还有些胆怯,不敢自称苏丹。Gazi 本来是一个突厥语的荣誉称号,指那些为信仰而征战的边疆战士。中间的就是攻陷了君士坦丁堡的穆罕默德二世,"法提赫"(征服者)苏丹。右边的是奥

图 13-2　奥尔汗·加齐　图 13-3　穆罕默德二世　图 13-4　苏莱曼大帝

斯曼帝国鼎盛时期的统治者,最著名的苏莱曼大帝。在他 1566 年去世后,奥斯曼帝国就开始走下坡路了。很多奥斯曼苏丹的后妃都是欧洲人,所以后来的苏丹在血统上跟蒙古时代的祖先相距越来越远,这一点从这三幅画像中人物的外貌上也可以看出来。但是,他们的语言和自我意识仍然是突厥的。今天只有说突厥语的民族,而没有突厥民族,因为这些苏丹以及他们的臣属,都在不断与其他人群融合,有的跟波斯人混血,有的跟斯拉夫人混血,有的跟希腊人混血;今天以土耳其语为母语的穆斯林中,很多人有阿拉伯人、高加索人或巴尔干人的血统。

图 13 – 5 是塞利姆三世,他即位于 18 世纪末的 1789 年,当时欧洲已经十分发达而强盛。他觉得不学欧洲,无以生存,奥斯曼帝国和现代土耳其"脱亚入欧"的想法就是从他开始的。1789 年恰好是法国大革命爆发的那一年,因此他在位时,有一些被法兰西共和国驱逐的贵族到了土耳其,他们帮助奥斯曼人建立起第一所军校,建设新

图 13 – 5　塞利姆三世

式的军队,学习现代科学等。因此,土耳其现代化进程的开始比中国要早很多。改革者多艰险,塞利姆三世于 1807 年被反对改革的保守势力杀害。

图 13 – 6 是奥斯曼帝国的倒数第三位苏丹阿卜杜勒·哈米德二世,他于 1909 年退位,一直活到 1918 年。在 1876 年年底,奥斯曼帝国的议会颁布了一部宪法,哈米德二世宣布实行君主立宪制。但实际上没过多久,他就借机停止议会的运作,冻结了宪法。再后来虽然恢复宪法,却始终有名无实,没有发挥实际作用。如果真正实行君主立宪,本来可以保住君主的地位,但是由于当权者不情愿放弃自己手中的任何权力,最终导致君主制的结

图 13-6　哈米德二世

束,这和中国清末的预备立宪有相似的地方。哈米德二世之后,奥斯曼帝国还有两位苏丹,穆罕默德五世和六世,但到那个时候,奥斯曼政府的实权已经被受过欧洲教育的民族主义派——青年土耳其党人所把持。

结束奥斯曼帝国,建立今天的土耳其的,是"土耳其人之父"穆斯塔法·凯末尔·阿塔图克(Mustafa Kemal Atatürk)。"阿塔图克"在土耳其文中的意思是"土耳其人之父"。大多数突厥族裔与阿拉伯人一样,不使用姓,而是用"自己的名字+父亲的名字+祖父的名字+部族名/地名"这样的方式来称呼。满洲人、蒙古人最初也是这样的。土耳其在 1923 年从奥斯曼帝国变成现在的土耳其共和国,在 1928 年通过法律,首先是废除奥斯曼文(以阿拉伯字母拼写的奥斯曼-土耳其人的语言),改用拉丁字母拼写;其次是规定每一个人都要取一个姓。凯末尔是土耳其的英雄,在第一次世界大战中,奥斯曼帝国与德国和奥匈帝国结盟,希腊人、英国人、法国人分别占领了奥斯曼帝国的很多领土。奥斯曼帝国处处战败,只有凯末尔打了几次胜仗。他在达达尼尔海峡大败协约国的登陆部队,保卫了伊斯坦布尔。所以,土耳其大国民议会授予他"阿塔图克"之姓,以纪念其不朽功勋。

凯末尔从 1923 年到 1938 年一直担任土耳其共和国的总统,土耳其共和国所有的框架性改革都是由他做出的。土耳其人学习欧洲的努力从他们的衣着上就能看出来。从奥尔汗·加齐到哈米德二世时期,土耳其的服饰已经有了很大的转变,到凯末尔时,土耳其人已经完全采用西式的穿着了。

图 13 – 7　凯末尔及其僚属

图 13 – 7 中凯末尔和他身边的人,从外表上看跟当时的欧洲人已经没有区别了。

土耳其位于欧洲跟亚洲之间,其大部分领土在亚洲,小部分在欧洲,伊斯坦布尔这个城市就地跨欧亚两洲。所以,土耳其人希望脱亚入欧,一直在争取加入欧盟,但直到今天仍然没有被接受。其中的原因既有经济上的,也有宗教上的。首先,土耳其有 8000 万人口,跟德国人口差不多,一旦加入欧盟,它的经济发展好坏就会影响到整个欧盟。其次,其他的欧盟成员都是基督教国家,而土耳其 98% 的人口都是穆斯林,在宗教激进主义抬头和欧洲感受到威胁之际,土耳其真正进入欧洲的可能性很低。

图 13 – 8 是最负盛名的土耳其浴室。好的土耳其浴是用蒸汽的方法,人躺在大理石板上,从底下加热,所以大理石板是温热的。从石板的一头浇暖水,石板略有坡度,所以暖水会从身体下面的大理石上流过去。水是温热的,有淡淡的蒸汽,还有人负责搓洗。洗好后穿上浴袍,喝杯茶或酒,再吃些

图 13 - 8　土耳其浴室

点心才算结束。过去的上等人家往往由女性带着儿童，由佣人带着食品，一起去洗浴。在苏莱曼清真寺旁边，就有一个土耳其历史上最好的建筑师，希腊人希南（Mimar Sinan）给苏莱曼苏丹设计的私人浴室，今天已经向游客开放了。

图 13 - 9 是土耳其伊斯兰艺术风格的瓷砖。土耳其的国花是郁金香。现在郁金香最负盛名的产地是荷兰，但郁金香其实是从伊朗传到土耳其，再传到西欧的。奥斯曼帝国最辉煌奢华的时候，曾经有一段时间，一般上层人物都要拿一朵郁金香，连苏丹都这样。那时候举行晚宴，就捉来一万只乌龟，每只乌龟驮着一支蜡烛，用这种方法来照明，足见帝国的强盛与奢华。

图 13 - 9　土耳其瓷砖

图 13 - 10　中国风格的土耳其瓷盘

奥斯曼帝国也从中国订购进口许多瓷器，广州曾有很多专门替伊斯兰世界的君主或者贵族设计、制造瓷器、绘画之类艺术品的商铺。图 13 – 10 就是一件中国风格的土耳其瓷盘。

图 13 – 11 是博斯普鲁斯海峡，照片正中的塔是公元 6 世纪时由拜占庭的君主修建的，距今已经有 1300 多年了。前文曾讲过，这个地方本来是古希腊的城邦，君士坦丁大帝在公元 330 年左右把它定为新都，改名叫君士坦丁堡。1453 年拜占庭帝国灭亡，这里又成为奥斯曼帝国的首

图 13 – 11　博斯普鲁斯海峡

都，直到 1923 年。今天土耳其的首都在安卡拉，但伊斯坦布尔是毫无疑问的土耳其的经济和文化中心，有 1500 万人口。

图 13 – 12 是苏丹艾哈迈德清真寺（Sultan Ahmet Cami）。奥斯曼帝国攻陷君士坦丁堡之后，做了两件事情。第一是把拜占庭 6 世纪的拱形教堂，即东正教的圣智大教堂（Hagia Sophia），加盖了四座宣礼塔，改为清真寺。第二是自己又盖了一座比前者还要雄伟的、拥有六座宣礼塔的苏丹艾哈迈德清真寺，因为寺内装饰的主调是蓝色，所以被外国人称为蓝色清真寺（Blue Mosque）。

图 13 – 13 是奥斯曼帝国第二个首都埃迪尔内的塞利米耶清真寺（Se-limiye Mosque）。埃迪尔内在今天土耳其与保加利亚、希腊的边境，属于欧洲。奥斯曼帝国在攻陷君士坦丁堡之前，就已经占领巴尔干半岛的大部分，包括塞尔维亚。所以尽管塞尔维亚是一个东正教国家，塞尔维亚的军队却随同奥斯曼军队一起围攻过君士坦丁堡。塞利米耶清真寺被公认为伊斯兰建筑最杰出的代表之一，它的建筑师是出生于希腊人家庭的希南。

奥斯曼帝国有这样一个制度，就是通过体能跟智力的测验，选拔一批十

图 13 - 12 蓝色清真寺

图 13 - 13 塞利米耶清真寺

几岁的基督教少年充当苏丹的私人奴隶。苏丹让他们接受最好的教育,然后让他们转信伊斯兰教。其中比较差的充当苏丹的仆从,优秀的会成为官员、技术人员。希南就是这样的出身,他的父亲是建筑工匠,他自己成为奥斯曼帝国最伟大的建筑师,塞利米耶清真寺是他 97 岁时的收山作品。除了塞利米耶清真寺,伊斯坦布尔的苏莱曼清真寺也是希南的作品,圣智大教堂的改造也出于希南之手。希南在自传中说,自己一生最荣耀和快乐的时刻,就是当苏丹出征的时候,他能在苏丹的坐骑旁边跑,与苏丹说上几句话。

图 13 – 14 是我在埃迪尔内拍
摄的一张街景。埃迪尔内在土耳其
边境,接近希腊和保加利亚,可是那
里的居民中有很多人长着东方人的
面孔。这是因为奥斯曼苏丹曾实行
戍边政策,派了很多亚洲人到边境
去戍守、屯垦。他们的后代繁衍生
息,留在那里。奥斯曼是一个大帝

图 13 – 14　埃迪尔内街景

国,和中国唐朝起用安禄山、高仙芝等异族人一样,有很多不同民族的人生
活在奥斯曼帝国并为它效力。

土耳其今天是一个伊斯兰教趋
于复兴而世俗化仍占主流的地方。
是否认同世俗化,从女性身上更容
易看出来——包头巾的更加认同传
统,不包头巾更加世俗化。这两种
人在今天的土耳其都可以看到。几
乎所有土耳其人都是穆斯林,但不
是所有的穆斯林都主张回归以前的

图 13 – 15　希腊 5 世纪时的基督教遗迹

装束或者制度。此外,伊斯坦布尔仍然是希腊正教大牧首居住的地方,这里
当然也有天主教会。5 世纪的时候,基督教刚刚在希腊地区兴起,有一些修
士隐居在深山中的修道院里,留下了不少遗迹,很多保存至今,现在已经向
游客开放了(图 13 – 15)。在奥斯曼帝国时期,很多苏丹执行宽容的宗教政
策,对基督教和犹太教的宗教设施与信仰是不加干涉的,只是用税收的方法
鼓励人们改宗伊斯兰教。

突厥语各民族

今天突厥语族的分布极广,最西的突厥语族群大概居住在波斯尼亚。土耳其人(不包括库尔德等民族)是最主要的突厥语民族,有6000—7000万人。再东就是阿塞拜疆人,阿塞拜疆过去和伊朗一样属于波斯帝国,后来被俄罗斯占领,一度并入苏联,今天成为独立的国家。在阿塞拜疆之南是伊朗的两个阿塞拜疆省;东阿塞拜疆省的省会在大不里士(Tabriz),曾经是伊利汗国的首都。在伊朗北面的伏尔加河流域,今天俄罗斯境内,从11世纪开始,就有不少使用突厥语的人口聚居,其中一种叫作巴什基尔人,还有一种叫作鞑靼人。前者有巴什科尔托斯坦共和国,主要在乌拉尔山南段的西侧,首都是乌法;后者有鞑靼斯坦自治共和国,在伏尔加河中游,首都在喀山。列宁就曾经是喀山大学的学生。喀山是俄罗斯第三大城市,和莫斯科、圣彼得堡同为俄罗斯三座 A 级历史文化名城。喀山的人口中将近一半是鞑靼人。

图 13 - 16　作者与乌兹别克友人

从伊朗向东,就进入中亚,突厥语民族聚居的国家依次是土库曼斯坦和乌兹别克斯坦。左边照片上是我和三个乌兹别克斯坦人。从他们的长相就能看出,中亚这个地区真的是一个民族和文化的熔炉。这三个人都觉得自己是乌兹别克人,可是他们的长相却有明显的差异。其实在中国的新疆也是这样,哈密的维吾尔族和喀什的维吾尔族、和田的维吾尔族从外貌上看,经常是很不一样的,但他们彼此之间不觉得有多大的差别,因为接受的是一样的文化熏陶。在中亚,如吉尔吉斯斯坦、哈萨克斯坦,也有很多俄罗斯人,多数俄罗斯人是信仰东正教的。中亚的很多地方,如吉尔吉斯斯坦和哈萨克斯坦,都使用西里尔(俄罗斯)字母拼写他们的语言,蒙古人民共和国有六七十年也是这样,直到近几年蒙古国政府才决定要教学生使用传统蒙古文。至今仍然使用成吉思汗时代遗留下来的蒙古文作为官方文字的,只有中国的内蒙古自治区。

再向东,就到了中国新疆境内了,这里最主要的操突厥语族语言的民族当然是维吾尔族,还有哈萨克族、柯尔克孜族等。和我合影的这位老人属于突厥语族中比较小的一个人群,叫图瓦人。图瓦人在俄罗斯有一个自治共和国,人口大约13万。他们介于蒙古人跟突厥人之间,讲突厥语,但在生活上深受蒙古人的影响。

图 13 – 17　作者与图瓦族友人

再向东,就是居住在河西走廊的裕固族,他们是世界上说突厥语的主要人群中少数不信仰伊斯兰教的,他们信的是藏传佛教。我所知道的世界上最靠东的说突厥语的族群是位于青海和甘肃交界、距黄河源头不远处的撒拉族,大约有 12—13 万人,前文已经介绍。这就是今天突厥语族大概的分布情况。

如果对世界上各种不同的突厥语言进行区分,大致可以分为三类。第一类是西部的乌古斯语,包括今天的土耳其人、阿塞拜疆人和土库曼人的语言;土耳其人和阿塞拜疆人不用专门学习就可以彼此对话。第二类是东部的乌兹别克语和维吾尔语。元代和明代时,这两个族群同被察合台汗国统治,彼此来往很方便,有几乎相同的口语和共同使用的书面语(即察合台文,前讲已介绍过)。第三类是北部钦察草原上和伏尔加河流域的突厥语部族说的钦察语,包括哈萨克语和几种鞑靼语;吉尔吉斯语也可以归入这一类,但也可以算是第二类。以上不是科学的严格划分,而是有用的简便识别法。

第十四讲

蒙古治下的欧亚大陆

现在学界有一种说法认为,从蒙古帝国开始,才有了真正的"世界史"。前面讲了很多欧亚大陆东西方的经济、文化交流以及民族的迁徙,但这些联系和影响,一直是间接的、断断续续的。甚至像怛逻斯之役,虽然有颇为重要的影响,其本质也不过是一场遭遇战,可以看作偶然的事件。欧亚大陆的东端和西端真正在政治上发生具体、实际的联系,建立起通畅、繁荣的交流,要从蒙古帝国的时代开始算起。

前面讲到奥斯曼帝国,后面还要细讲帖木儿帝国,加上明代中国,这三大帝国可以说是 14 世纪亚洲历史的主角,而它们都与蒙古人关系密切。明朝是推翻蒙古人的元朝之后建立的。帖木儿是属于蒙古集团的突厥人,即突厥-蒙古人,他在西察合台汗国的政治斗争中脱颖而出,又与钦察汗国分裂后的白帐汗国互动颇多。奥斯曼帝国之前的塞尔柱罗姆苏丹国被西征的蒙古人击溃,导致它的属地分裂成许多小国,奥斯曼公国才得以从中趁势而起。东欧的俄罗斯人被蒙古人统治两百年,他们自认是为了挣脱蒙古人套在他们身上的轭才组成国家。因此,即使不从全球化是否由蒙古人开启来考虑,蒙古帝国的历史作用也是一个值得认真研究的课题。

蒙古三次西征

蒙古人最初居住在今天的蒙古高原北部。"蒙古"这个词在成吉思汗以前已经存在，但作为一个民族名称来使用则是成吉思汗之后的事。成吉思汗出自一个游牧在斡难河附近的小部落，凭借个人的军事才能、魅力，通过战争、结盟，组建了一个大的部落联盟。这个部落联盟开了一个大会，推举他为成吉思汗。"成吉思"是蒙古语的音译，有海的意思，表示广博宏大。

现在研究蒙古史，最重要的材料是蒙古人写的《蒙古秘史》，以及后来明朝人写的《元史》。《蒙古秘史》是用蒙古文写的，但是原本已经失传。明朝初年的学者用汉字为《蒙古秘史》进行意译、标音，并且以汉文写了摘要，称为《元朝秘史》。这本书已经被翻译成很多国家的语言，凡是研究蒙古史的学者，都会细读《蒙古秘史》。此外还有两种非常重要的波斯文材料，就是13世纪中叶时曾为蒙古人长期服务，并到过蒙古首都哈拉和林的波斯人志费尼所写的《世界征服者史》和曾任伊利汗国合赞汗宰相的拉施特在14世纪初主持编写的《史集》。

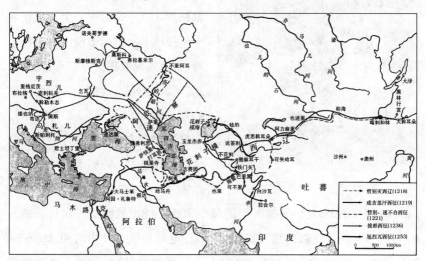

地图 14-1　蒙古人的扩张

地图 14 - 1 是蒙古扩张的地图。蒙古西征是一个历史的偶然。草原民族有一种向外拓展的自然倾向,因为他们要不停地驱赶着牛群、羊群去寻找新的水草,同时他们也知道南方的气候比较温暖,物产比较丰富,南方的农耕民族手工艺也很精巧,可以提供很多他们需要的东西,因此游牧民南下有一定的必然性,但是向西扩张却并非必然。

实际上在成吉思汗西征之前,蒙古人最大的敌人是他们的世仇金国。此外,当时控制西域的是西辽。我们在前面没有专门讲过西辽,这里补充一下西辽的来历。在契丹人建的辽国被女真人的金取代之后,辽国一部分上层人物逃亡西方,以今天的吉尔吉斯斯坦一带为核心建立了政权,控制了今天的吉尔吉斯斯坦、哈萨克斯坦、中国新疆的大片土地,其西境接近里海,被称为西辽。这个政权信仰佛教,以契丹人为主,又被称为喀喇契丹,英文是Kara-Khitai,是"黑色的契丹"的意思。

图 14 - 1　成吉思汗

成吉思汗统一蒙古高原之后,有一些敌对部落向西逃至西辽,后来甚至篡夺了西辽的汗位。成吉思汗派遣大将哲别征服了西辽,从此就跟西辽以西的另外一个国家花剌子模接壤了。花剌子模人讲一种突厥语,位置大致在里海以东,咸海南岸,阿姆河下游,首都先在阿姆河畔的乌尔根赤(Urganch,玉龙杰赤),后来在撒马尔罕,是当时中亚最强大的一股势力。花剌子模文化较为昌盛,一位被称为花剌子密(al-Khwarizmi,阿拉伯语"花剌子模人")的数学家在 9 世纪发明了一套计算的方法,成为今天高等代数的重要部分,今天在电脑程序中常用的词 Algorithm 就是 al-Kwarizmi 的英文音译。蒙古人击败西辽后,就与花剌子模互通使团,展开商业贸易。有一次,成吉思汗派遣一个主要由穆斯林组成的数百人的使团前往花剌子模,经过边境城市讹答剌(Otrar)的时候,地方守将利欲熏心,想要夺取这些商人的货物。于是就写了个报告给苏丹,说蒙古人派来的贸易使团里面有许多奸细,请求把他们都杀掉并没收他们的财产。这个贪心的边境首长恰巧是花剌子模苏丹摩诃末的同宗长辈,所以摩诃末便同意了。使团里有一个幸存者逃回去向蒙古官员报告,成吉思汗听说后勃然大怒,思考祈祷三天后,决定改变原来攻打西夏的计划,然后花了两年时间部署攻打花剌子模。这就是第一次蒙古西征的原因。

第一次西征很顺利,摩诃末逃到了里海一个岛上,不久就死在那里。可是他有一个儿子叫札兰丁,始终不肯投降,于是蒙古军队一路追赶,征服了很多地方,一直打到了阿富汗和印度境内。他曾经被蒙古兵包围,走投无路下纵马跳入印度河逃生,赢得了成吉思汗的钦佩,感叹道,"天下当父亲的谁会不想有这样的儿子?"札兰丁的故事在中亚至今仍家喻户晓。

蒙古第二次西征的时候,成吉思汗已经去世了,当时的统治者是他的三儿子窝阔台。这次西征被人称作"长子西征",因为其参加者是蒙古各宗支的长子或者长孙,由成吉思汗长子术赤的长子拔都率领,一直打到多瑙河畔和亚德里亚海边。由于大汗去世,拔都临时决定回去参加选举大汗的宗亲大会。当他回到伏尔加河西岸的萨莱(Saray)时,听说窝阔台之子贵由已经当选大汗,便喟然长叹,决定留在西部,以萨莱为都城建立了钦察汗国。

第三次西征由成吉思汗四子拖雷之子、蒙哥汗的弟弟旭烈兀指挥,消灭了阿拉伯人的阿拔斯王朝,处死了哈里发,一直打到叙利亚的大马士革附近。正当旭烈兀准备继续进攻的时候,听到蒙哥汗去世的消息。于是他立刻带着主力东归,准备参加选举大汗的宗亲会,只留下少数军队交给一个十分忠诚的部将指挥。结果这个部将寡不敌众,惨败于埃及的马木留克军队,这是蒙古三次西征的最大挫折。蒙古军从此锐气受挫,西征攻势就此停了下来。

总而言之,从1219年成吉思汗攻打花剌子模到1259年蒙哥在攻打南宋的战争中战死,旭烈兀领兵东归,前后四十年的蒙古西征给欧亚大陆带来了非常大的动荡和冲击。蒙古军队之所以能战无不胜,除了游牧民族本身的骁勇善战,还有几个独特的地方。蒙古军队的行进速度极其惊人,总是让对手措手不及。根据军事学家统计,在机动车出现以前,从来没有一支军队能像蒙古军队那么快速地行军。这首先是因为蒙古军队有优秀的马匹,其次是三军用命,最后则是因为蒙古人特殊的作战方式。每个蒙古士兵都带着七八匹马,驮着随身的辎重补给,所以不需要建立补给线。行进的时候,经常更换骑乘的马匹,使马匹能够轮流得到休息。其实蒙古的驿站也是这样。如果实在没有补给,就以马肉、马血为食。蒙古军队擅长使用疑兵之计,有时候在马尾巴上系上树枝,跑起来尘土飞扬,100 匹马能造成好像20000 匹马在奔跑那样尘土飞扬的假象。蒙古兵还很擅长假装撤退,引诱敌军来追,然后以伏兵击败对手。此外蒙古人非常善于使用心理攻势。他们攻城之前会派人前去进行恐吓——要是坚守顽抗,攻下城市后就要屠城,主动投降的则会被宽恕。逃跑的败兵、难民就会把这个消息传往各处,先声夺人,动摇各地守军和百姓的意志。逼使对手投降献城令蒙古军的伤亡大大减少,降低蒙古扩张的成本。

成吉思汗在去世之前,就把他已经征服的土地按照蒙古人分牧场的习惯,分给他的四个儿子,这就是后来建立的蒙古四大汗国。大儿子术赤第一次西征时功勋卓著,分到北方欧亚大草原,但是他 1225 年就去世,他所分到的钦察汗国由儿子拔都统领,领土主要是咸海、里海以北,伏尔加河、顿河流域的钦察草原;大部分斯拉夫部落和许多突厥部落都在钦察汗国的统治下。二儿子察合台建立了察合台汗国,后来分成东西两部,西察合台汗国差不多是今天的乌兹别克斯坦,东察合台汗国与今天的中国新疆范围基本一致,从河西走廊到喀什,都是东察合台汗国的领地。四儿子拖雷分到成吉思汗在蒙古高原的老基地,但他早逝,他的儿子旭烈兀在西征之后建立了伊利汗国,主要领土是在波斯。成吉思汗在攻打西夏的过程中去世,蒙古贵族召开宗亲大会,大家争吵、协商的结果是由三子窝阔台继承汗位。因为窝阔台是全蒙古的大汗,所以他自己从成吉思汗那里得到的土地是最小的,大致在额尔齐斯河、鄂毕河流域,首都在今天中国新疆。但是窝阔台和短暂继承他的贵由死后,大汗之位转入拖雷的后人手中;窝阔台汗国的土地很快就被察合台汗国与钦察汗国瓜分了。

蒙元时期的海陆交通

13世纪和14世纪是现代到来之前亚欧大陆上交通最顺畅的时期。这不仅是因为蒙古人征服了交通道路上的各个政权,东西道路被纳入同一个政治集团的控制之下,也因为蒙古人支持工商业,促进贸易。当然蒙古人和其他游牧民族一样,最初是以掠夺战利品为目标的,后来才慢慢学会驻军、征税,也学会了重视文化。

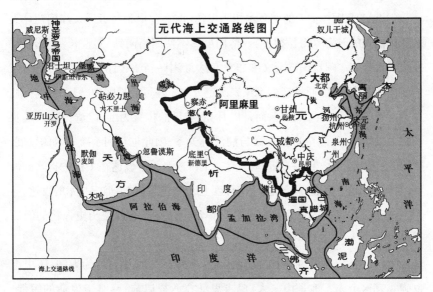

地图14-2 元代海上交通路线图

当时东西往来的陆上交通路线很方便,这里重点讲一下海上的交通。其实自唐以后,海上的交通就已经很发达了。南宋的时候,广州、泉州、宁波都是重要的海港,这几个城市和后来的扬州,都有大量的波斯和阿拉伯蕃客。所以当代中国回族在南方的聚集地,广州是一个,泉州是一个,宁波是一个。郑和下西洋的时候,他带的助手中很多都是宁波的穆斯林,其中有些还会阿拉伯文。从中国出发后经过马六甲海峡、印度的古里(Galicut),到了波斯湾的入口处,那里有一个港口叫忽鲁谟斯(忽里模子),自古以来就是波斯地区的贸易港,也是古时去阿拉伯半岛西南部和非洲东岸的中转站。因为当时航海技术的制约,横渡阿拉伯海比较困难,想去阿拉伯半岛的西南部和非洲东岸一般沿着海岸航行。所以忽鲁谟斯是到波斯、阿拉伯半岛,以至东非进行商贸活动的重要中转站。

中国的广州、泉州、宁波聚集了大量阿拉伯和波斯商人,这些人很富有,也积极参与当时的政治活动。南宋末年,泉州的市舶司就由阿拉伯人后裔蒲寿庚担任。

中世纪时,阿拉伯人的航海术相当发达(前文曾提到西班牙人和葡萄牙人从阿拉伯人的航海术得益很多)。他们虽然不使用指南针,但擅长观察天象,发明了六分仪。阿拉伯的天文学非常发达,其中一个原因是最初的阿拉伯人生活在沙漠中,只能通过观察天象来确定方位。还可能是因为,穆斯林进行礼拜需要确定时间时不以太阳,而是以月亮、星星的位置为准,以避免陷入埃及人的太阳崇拜,而月亮的位置又与潮汐有关,因此也有利于航海术的发展。阿拉伯的故事集《一千零一夜》里面有一个讲述水手辛巴达在大洋中冒险的故事,他到过爪哇、苏门答腊等地,一定程度上反映了阿拉伯人航海技术的发达。

蒙元时期交通的发达可以从哪里体现出来呢? 有四位历史人物的经历值得讲一讲。

第一位是丘处机,他因曾出现在金庸先生的小说里而广为人知,历史上也确实有这个人。他是山东人,成吉思汗在西征以前,感慨于生命的短促,于是派人邀请丘处机到蒙古宣法。丘处机知道蒙古人已经征服了大片的土地,也希望能得到政治上的保护,所以尽管那个时候他已经七十多岁了,还是同意去北方见成吉思汗。丘处机到蒙古的时候,成吉思汗已经出兵西征花剌子模,于是他继续西行,经行大漠西域,一直到了撒马尔罕,最后终于在今天的阿富汗见到了成吉思汗。成吉思汗十分尊重丘处机，因此丘处机也借机用道家的道理劝告成吉思汗不要多杀人，成吉思汗则下令豁免了全真道的赋役。丘处机回来之后，他的弟子就尽量渲染这件事情，写了本书叫《长春真人西游记》，记录丘处机西行路上的见闻。

图14-2　《长春真人西游记》书影

第二位是耶律楚材。耶律楚材是契丹人的后代，契丹被金取代后，他的祖辈就臣服于金，他的父亲也成为金朝的大臣。成吉思汗灭金之后，他又出仕于蒙古。耶律楚材精通蒙古语、契丹语，汉学的功底也很好，擅长诗词。因为他的父、祖都是以契丹人的身份出仕于异族政权，于是就根据《左传》里面"虽楚有材，晋实用之"这句话，起名"耶律楚材"。他跟丘处机两个人同时在成吉思汗的营帐里，他50多岁，丘处机70多岁。耶律楚材信佛，时常跟丘处机争论佛道两家的优劣。成吉思汗死后，耶律楚材在窝阔台任大汗时担任中书令，重用文人，制止杀戮，制定礼仪、制度等等，做了很多事。

另外两位是西方人。第一位是马可·波罗（1254—1324），他是一个信仰天主教的威尼斯富商子弟。当时威尼斯有很多富商，原因就在于蒙古西征打通了东西交往的道路，又鼓励工商业，所以东西方的货物能够经由君士坦丁堡往来流通。假如君士坦丁堡只是拜占庭帝国的首都，跟东方没有联系的话，威尼斯、热那亚这些城市很难兴旺起来。马可·波罗的家族就是靠这种贸易发达起来的。马可·波罗小的时候就跟着爸爸、叔叔，到过今天的中亚一带，后来他又在中国住了17年。

根据他和其他当时人的记载，在位于今天蒙古国中部的哈拉和林，当时有说50多种不同语言的人。因为每次蒙古军队征服了一个地方，就把当地有用的工匠等迁徙到哈拉和林,帮蒙古人造房子,造首饰。根据记载,有一个巴黎的金匠在布达佩斯被蒙古人俘虏,就被送到了这里。当时哈拉和林也有很多宗教,天主教的人讲天主教的道理,景教的人讲景教的道理,伊斯兰教的人讲伊斯兰教的道理。蒙古的统治者会去听不同宗教的辩论,或者选一个他最信任的人当辩论会的裁判。蒙古人本来是信仰萨满教的,但在宗教上一直很开放,忽必烈的皇后就是景教徒。在中亚、西亚的蒙古人上层大约到了 14 世纪中叶纷纷转信伊斯兰教,而留在东亚的蒙古人直到 15 世纪才逐渐转变为信仰藏传佛教。

马可·波罗回到意大利后在内战中被俘。他在狱中把在中国的经历口述给一位以出版当时流行的故事为业的俘虏,于是就有了《马可·波罗游记》。书中记载,他曾接受大汗的委任去管理扬州,其实应该是管理扬州的外国人。因为根据当时的制度,本地的百姓有名册、户籍,由当地政府管理,而流动人口或者外来人口,则另外有专人管理,马可·波罗可能就是管理外来人口的。有人怀疑马可·波罗并没有到过中国,因为有好多大家习以为常的中国人的特征在他的游记里面没有记载,比如中国人用筷子吃饭、女子缠足之类。可是实际上,完全有可能是因为马可·波罗当时生活在外来人的圈子里,接触到的也大多数是蒙古人、色目人,这些外来人并不使用筷子,也不缠足,这些事情对他来说也根本就不重要。也有可能因为他口述自己的经验时身陷囹圄,很多事情没有想起来,或者记载他谈话的人理解不了筷子、缠足之类是怎么回事,所以没有写下来。他对元朝的很多记载非常具体,非凭空编造所能为,而且现在的研究都可以证实其所言不虚。

马可·波罗走过很多地方。他初到中国是经过今天的阿富汗,再到喀什噶尔,又从兰州去了哈拉和林,最后到了大都北京。此外他还去过成都,甚至到过缅甸的古都蒲甘(Pagan)。他还在杭州这个地方生活过。最后为护送元朝的贵族少女阔阔真嫁给伊利汗国的阿鲁浑汗,他随队从泉州出发,经过两年多的时间才到了波斯湾入口处的忽鲁谟斯。到了伊利汗国后,阿鲁浑汗已经去世了,阔阔真后来嫁给了阿鲁浑汗的儿子合赞汗。伊朗有一个考古队专门研究马可·波罗在伊朗的行踪,确认了不少他到过的地方。离开伊利汗国后,马可·波罗经过黑海岸边的特拉比松(Trebizond)、君士坦丁堡回到威尼斯。

最后要讲的一位名叫伊本·白图泰(Ibn Battuta,1304—1377)。伊本·白图泰出生在北非的丹吉尔(Tangier),是一位富有的穆斯林苏非,他从十几岁开始就四处旅行。1325年,他借着到麦加朝圣的机会,从摩洛哥首都菲斯(Fez)出发,到突尼斯、开罗,渡过红海到了麦加。他在穿越利比亚的旅途中遇到一

图14-3　伊本·白图泰

位突尼斯商人,这位商人很喜欢他,把女儿嫁给了他。但是在婚宴上白图泰和岳父发生了争吵,于是就离婚了,之后娶了一个突尼斯学者的女儿。他到了很多地方,足迹踏遍北非、东欧、西亚、中亚、印度、东南亚、中国,用28年走了将近12万公里的路程。

白图泰有一件颇为有趣的轶事。我们须知,所谓教法专家必须精通《古兰经》,懂阿拉伯文。白图泰曾遇到土耳其的一个教法专家,白图泰用阿拉伯语和他讲话,可是这位教法专家却没听懂,于是就用当地的语言说:"你说的是麦加时代的古阿拉伯文,我勉强能听懂一两个字。"目的是要别人听到他这句话。白图泰不懂当地的语言,但记忆力非常好,把他的话记住了。后来他去请教别人,弄清了这句话的意思。白图泰很能体谅对方,没有戳穿他,只是临走时用古阿拉伯文说了一句"谢谢你"。不知道这位教法学者听明白这句简单的阿拉伯语没有?

白图泰后来到了当时的德里苏丹国,那里多数人也信奉伊斯兰教。因为他懂教法,被苏丹任命为法官,每年的薪水是5000第纳尔,而那个时候一

地图14－3 马可·波罗和伊本·白图泰的旅程

个家庭每月的平均花费只有 5 个第纳尔。8 年之后,他又想去中国。于是苏丹就让他作为使者带礼物给元朝的大汗,包括 200 个擅长歌舞的奴隶,15个打杂的幼童,100 匹马,各式布匹、碗、剑等等,还有 1000 个士兵保护他。没想他在中途遭遇叛乱和风暴,礼物丢失,使团的成员也都走散了。他不敢这样回去复命,于是继续前往中国,在中途还去了马尔代夫和斯里兰卡。最终他从泉州登陆,到了杭州、北京、广州。在中国待了三年之后,他又从海路辗转回到故乡,终于在 1354 年,离家 29 年后回到菲斯。他在路上还目睹了黑死病的爆发。回到故乡没多久后他再次出发,到了西班牙和非洲西部。

蒙古人对历史的影响

我之所以要讲蒙古人,不是因为我对他们情有独钟,而是因为蒙古人对现代世界的构成产生了巨大的影响。蒙古人在很短的时间内,从欧亚大陆东部的蒙古高原移动到西部的东欧、地中海,这种迁徙方式跟突厥人不同。突厥人是在 6 世纪离开蒙古高原,7 世纪到了河西走廊以及今天的葱岭一带,一部分人在那里定居,与当地人通婚,然后再有一部分人向西迁徙,他们的迁徙是一种长时间的迁徙。突厥人从蒙古高原到达君士坦丁堡附近耗费了七百多年,而蒙古人是在很短的时间内就打通了横贯欧亚大陆的通道,建立了欧亚大陆上有史以来最大的帝国,这在速度和规模上都是空前绝后的。

蒙古人的进攻破坏了当时许多地方的社会秩序,特别是伊斯兰文明受到很严重的破坏。伊斯兰教的阿拔斯哈里发帝国就是毁于第三次蒙古西征。旭烈兀在进攻之前,先放消息给巴格达的哈里发,要求对方献城投降。遭到拒绝的蒙古军队果然在破城后进行了屠城。当时有一个人爬到一座清真寺宣礼塔的顶上,得以幸免并目睹了惨状;后来他把屠杀过程描写出来,给伊斯兰世界留下了蒙古人残暴的证据。蒙古人对哈里发也很残忍,因其身份尊贵,所以按蒙古人的规矩不让他死时流血,于是用毯子裹着哈里发的身体,以马匹将他踩踏而死。从此以后,伊斯兰世界就再没有一个全球性的、在法理上或者心理上得到共同认同的精神领袖了。蒙古人统治伊利汗国初期，可能出于无知，或是胜利者的骄傲，曾经一度不许穆斯林按教法规定的割喉放血方式屠宰牛羊。但是，此后不到四代人，或者说一百年内，中亚、西亚等地的蒙古统治者大多信仰了伊斯兰教；在语言上，在伊朗的蒙古人改说波斯语，其余的大都转而使用各地的突厥语方言。

东欧的东正教秩序同样受到重创。俄罗斯人、乌克兰人是在 10 世纪才变成基督教徒的，在 11 世纪时发展水平仍然比较低。他们原本是森林民族，被草原上来的蒙古人统治了。蒙古人占领了莫斯科，向西一直打到多瑙河边和亚得里亚海东岸，与意大利隔海相望。蒙古人建立的金帐汗国（及后来的蓝帐汗国）统治斯拉夫人两百年，但他们后来没有信奉东正教而是大都皈依了伊斯兰教。15 世纪中期以后，斯拉夫人挣脱了他们憎恨的蒙古-鞑靼人的控制；不久，又反过来歧视鞑靼人。然而，蒙古人和斯拉夫人的上层还是有不少通婚的例子，在政治上彼此联盟的也不少。

除了带来巨大的破坏，蒙古帝国的建立同样带来了文化交流进步的机遇。东亚的很多东西，比如活字印刷、火药，正是通过蒙古人才大规模传入欧洲的。此外，蒙古人的攻城技术后来也被欧洲军事学家视为典范。

蒙古人虽然是草原上的民族，但是成吉思汗和他的继承者的一系列政策说明他们确实做到了有容乃大。他们对于人种、语言、宗教，多半是采取宽容的政策。以不超过 100 万的蒙古人能够统治如此广阔的领土，原因就在于他们能够兼容并包。另外，蒙古人对中国的人口结构也有很大影响。中国今天的穆斯林，除了维吾尔族、哈萨克族等民族的穆斯林以外，绝大多数都是在蒙古时代从西亚和中亚进入中国境内的。这是因为蒙古人积极任用色目人。他们把治下的人口分四等，蒙古人、色目人、汉人、南人。色目人的意思不是眼睛有颜色的人，而是指"各色名目的人"，其中主要就是从西域、中亚来的穆斯林。汉人，指的是淮河以北原来金朝统治下和蒙古较早征服的四川、云南人；南人，则是指原来在南宋统治下以汉族为主的人口。

最后，蒙古西征在心理上给欧洲人造成了不小影响。13 世纪的蒙古西征以及后来帖木儿的进攻,对欧洲的经济、文化、宗教都造成了很严重的破坏,给欧洲人造成了巨大的心理创伤,出现了所谓"黄祸"的说法——他们对亚洲人强烈的防范心态确实有蒙古人的巨大影响。另外,整个欧洲在14世纪爆发了很严重的黑死病,也就是鼠疫,极有可能是通过蒙古军队传入的。这次鼠疫造成北非、西亚、欧洲的人口大量死亡。

正是由于瘟疫,意大利的文学家薄伽丘才会写出引导文艺复兴的经典文学作品《十日谈》。这应该属于灾难带来的佳音。由于瘟疫在北非也很严重,一位在埃及治学多年的历史学者伊本·赫勒敦(Ibn Khaldun)也对人口变化做了研究,开创了社会学及统计学这两门学问。

所以,蒙古人对世界的长期影响是多方面的。即便就其最负面的传播瘟疫而言,也对文学、社会学及统计学有所启发。人类文明的发展交流是长期的和复杂的,不是简单地点对点,也不是短期就可以见到影响的。蒙古人对人类历史的总体影响要等到700年后的20世纪下半叶,才被一部分欧洲和日本学者给予新的评价,引起了我的注意。

第十五讲

帖木儿称雄与郑和远航

蒙古帝国解体后,亚洲大陆上的主要力量是位于东亚的中国明朝,以及由突厥-蒙古部族所建立的位于中亚及西亚的帖木儿帝国。帖木儿帝国振兴了曾被蒙古人破坏的波斯-伊斯兰文化。因为它源于内陆,所以虽领有波斯湾东岸,却从未尝试渡海征服任何领土。中国的东部濒临海洋,与日本、高丽、南海诸国以及印度洋各地早有往来。明朝早期曾派郑和率领舰队七次"下西洋",但统治者囿于陆权观念而忽视海洋。15 世纪末,传统丝路因为陆上各国之间的战争而趋于衰落。进入 16 世纪,欧洲人在世界各地大举从事海上活动,人类历史进入新的时代。

帖木儿帝国的兴亡

蒙古西征的时候,有一个说突厥语的巴剌斯部落随军而行,到达撒马尔罕附近时停留下来。14 世纪上半叶,巴剌斯部落是那一带的统治群体,其中有一名叫帖木儿的军官。帖木儿年轻时曾参加过反叛西察合台汗国的行动,后来又效力于西察合台汗国,并且娶了一位察合台公主,因此以驸马自居。1369 年,帖木儿杀死与自己情同手足的西察合台汗国的汗王,宣称自

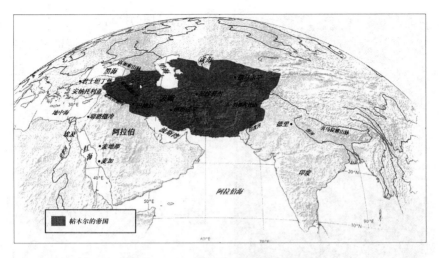

地图 15 - 1　约 1405 年的帖木儿帝国

己是察合台汗国的继承者,建立起以他为首领的政权。因为年轻时在战争中瘸了一条腿,后来被不喜欢他的人起了个外号,叫瘸子帖木儿(Tamerlane)。他渐次征服了很多地方,自称是"真主之鞭",是为执行真主的命令而战,但是他打击的对象往往是笃信真主的穆斯林。

帖木儿先后攻打过许多地方,也占据甚至屠杀过不少城市。包括花剌子模的玉龙杰赤(乌尔根赤)、伊朗的尼沙普尔、高加索的第比利斯、美索不达米亚的巴格达、小亚细亚的安卡拉和印度的德里。到 1405 年帖木儿去世的时候,他建立的国家已经是以撒马尔罕为首都,占有整个伊朗高原,东到印度德里,西到两河流域,南抵阿拉伯海和波斯湾,北到高加索山脉、咸海和锡尔河的世界性大帝国。帖木儿帝国共维持了 100 多年。

尽管帖木儿武功如此之盛,在中亚、西亚以及钦察草原上,人们仍然觉得只有成吉思汗的后代才有资格统治。所以帖木儿终生不敢称汗,而不得不立成吉思汗的后代为傀儡,他则自称埃米尔(Emir)。埃米尔是军事统帅的意思,许多伊斯兰世界的地方首长也称为埃米尔。帖木儿继承了西察合台汗国的土地,基本在葱岭以西,而在葱岭之东,从喀什到哈密一带,仍然在东察合台汗国的控制之下。

图15－1是乌兹别克斯坦国家博物馆里帖木儿的像。帖木儿帝国曾定都于今天乌兹别克斯坦的撒马尔罕，乌兹别克斯坦在独立后，把帖木儿视为民族英雄，正如蒙古国独立后把成吉思汗视为民族英雄一样。

图15－1　帖木儿像

波斯–伊斯兰文化的复兴

帖木儿信奉伊斯兰教，他的母语是河中区的突厥语，他也会说波斯语。他不会说蒙古语，却自称是蒙古人，这主要是为他日后的统治找寻合法性。与蒙古人特别是黄金家族拉上关系在政治上对他十分有利。他出生、成长的地方是波斯文化兴盛的区域，心中可能更中意波斯文化。直到今日，乌兹别克斯坦仍然深受波斯文化的影响，每个城市里都有很多塔吉克人，他们在社会上说乌兹别克语，回到家里则说波斯语（Farsi）。塔吉克人基本上是粟特人的后裔，但是粟特人说的东部伊朗语在9—11世纪萨曼王朝时代被伊朗西部的方言Farsi所取代，Farsi即今日伊朗的官方语言。

帖木儿汗国在蒙古帝国摧毁了中亚的波斯–阿拉伯伊斯兰文化之后，重树了这种文化的地位，同时也在这一地区树立了与波斯文化有关联的突厥–蒙古文化。

帖木儿和他的后人在撒马尔罕建立了不少伊斯兰经学院（Medrese或Madresa），使这里逐渐取代了旧日的巴格达，成为15世纪伊斯兰文化的中心。突厥–蒙古人，因为崇尚波斯文明，在两三代人中，重振了波斯–伊斯兰文明，这又是一个文明交流和融合的案例。这里举一个实际的例子：帖木儿

的孙子兀鲁伯(Ulugh Beg)9岁时就
被祖父带在身边随军出征,帖木儿
为他请了不少老师在营帐中给他上
课。后来他被分封到河中地区,除
了建立许多经学院外,还在撒马尔
罕修建了有当时全世界最大象限仪
的天文台。这不能不归功于帖木儿
生前有意对他进行文化熏陶。

帖木儿的儿子、兀鲁伯的父亲
沙哈鲁(Shah Rukh)把首都从撒马
尔罕迁到今日阿富汗的赫拉特(又
译哈烈,Herat),此地曾属于波斯的
呼罗珊省。此后波斯文化在帖木儿

图15-2　兀鲁伯像

帝国中的重要性日益增加。帖木儿汗国朝廷的日益波斯化,直接和间接促
成了15—16世纪波斯文化的复兴。波斯文学(主要是诗歌)和波斯艺术
(主要是细密画与工艺品)都在帖木儿汗国发扬光大。今天的波斯诗歌是
那个时候定型的,细密画也在帖木儿帝国时代有了很大发展。

兀鲁伯建立的天文台的遗址保存至今,以他的名字命名的《兀鲁伯天
文表》记录了1000多颗恒星的位置,以及太阳和一些行星的运行轨迹。兀
鲁伯精通数学和诗歌,还是教法学专家。阿拉伯语以"乌里玛"(Ulema)泛
指拥有伊斯兰教知识的学者,没有地位高低之分,只有学问深浅之别。乌
里玛一般都要在经堂学院里学习若干年,值得一提的是,兀鲁伯在他建立
的经堂学院里面开设了数学、物理和通识教育的课程,有时候亲自到学院
授课。

前面讲过的纳沃伊(Navoi)是帖木儿时代在赫拉特出生,在撒马尔罕受
教育的著名诗人。他先以用波斯文写作诗歌著称,后来又按波斯诗歌的格
式以他的母语突厥语写作诗歌,被称作"突厥人的乔叟"。乔叟(Chauser)是

14世纪第一个不用拉丁文而用英文写作的英国作家,他的名著《坎特伯雷故事集》(*The Canterbury Tales*)被公认是英国文学史上的开创性作品。此外,15世纪的诗人贾米(Jami)是公认的波斯语诗歌的集大成者,为今日的波斯语诗歌奠定了基础,他成长于帖木儿汗国的首都赫拉特,也在撒马尔罕生活过,作品很受帖木儿的奖掖。

15—16世纪著名的细密画大师比扎德(Bihzad)在赫拉特学成并且出名,后来他移居大不里士,在那里收徒授业,为伊朗萨法维王朝的细密画发展打下基础。16世纪,细密画逐渐传到奥斯曼帝国,至今仍然是土耳其著名的艺术形式。细密画大致分三种。第一种就是波斯的细密画,在蒙古西征之后,波斯的细密画表现出一些中国绘画的风格,如卷云、盘根、留白等。帖木儿汗国的细密画实际上就是由波斯风格发展出来的。第二种是奥斯曼帝国的细密画。第三种是印度的细密画。前面讲过,印度有300多年的时间是由说突厥语的蒙古人后代所建的莫卧儿王朝统治。"莫卧儿"

图15-3 带有中国风格的细密画

就是波斯人和印度人对"蒙古"这个词的发音,莫卧儿王朝就是蒙古王朝的意思。莫卧儿帝国的开创者巴布尔(见前讲)是帖木儿的后代,他被自钦察草原南下的乌兹别克人逐出中亚,逃到了印度,同时也把细密画带到了那里。这些都是波斯文化和突厥-蒙古文化结合的例证。

图15-3中这幅细密画很有特色,描绘的是一位英雄与龙搏斗的场景。中国人认为龙是好的,但在基督教世界和伊斯兰世界,都认为龙是坏的,屠龙常常成为英雄的业绩。比如传说中圣乔治很重要的功绩就是杀死了恶龙。

可是中国人则认为龙是吉祥的象征，以龙的传人自居。中西方文化中龙的形象也不一样，中国的龙融合了许多种不同动物的特征，比如牛的鼻子、鹰的爪子、鱼的鳞片等等，掌管降雨，而西方的龙往往有一对翅膀，会喷火。这是大家理解的不同。这幅画里面龙的形象略微接近中国龙的形象，画中的石头、树木，也体现了某些中国绘画的风格。这幅画可以说是以受中国绘画影响的波斯艺术形式，表现了一个主要是波斯文化的主题。

波斯细密画的内容的主要来源是 10 世纪时萨曼王朝末期波斯人菲尔多西用波斯韵文体写作的波斯历史《诸王纪》(*Shahnameh*)，这本书在帖木儿时代因为诗歌、细密画和工艺品制作的发达而得到广泛的流传。菲尔多西的家乡是位于今日伊朗东部的尼沙普尔，那里有一个菲尔多西纪念馆，有他的塑像，附近的小学生一定会由老师领着去参观这个凸显波斯文明的纪念馆。由此可见，虽然帖木儿在战争时曾经在尼沙普尔大肆屠杀，他后来建立的汗国却在 100 年间对经历了蒙古时代浩劫的波斯文化起到了保护与发扬光大的重要作用。

明朝初年的海上政策

帖木儿汗国时期，蒙古的势力已经被明朝逐出中国北方，但他们并没有被彻底击败，而是继续控制着长城以北的大片土地。在明朝的北方，东有鞑靼，西有瓦剌，瓦剌再向西才是帖木儿汗国的势力范围。其中西蒙古（瓦剌，亦称卫拉特）的一支后来逐渐迁徙到伏尔加河下游，被俄罗斯人称为卡尔梅克（Kalmyk）人，成为欧洲少数信仰佛教的人群。

明朝建立后，帖木儿汗国曾派遣使团绕道西藏到南京；明成祖迁都北京后，帖木儿汗国也曾派人到北京致敬。因此帖木儿时代中亚广大地区就已经和中国明朝建立了联系。最初帖木儿本人和明朝也比较友好，可是他晚年忽然决定要攻打明朝，结果在行军至讹答剌的时候病死。讹答剌就是当年花剌子模的地方长官杀害成吉思汗派遣的商队，引发第一次蒙古西征的地方。这里是从中亚到中国的必经之路。帖木儿的儿子沙哈鲁对明朝比较友好,双方彼此派遣使团到过对方的首都;明朝曾先后派出三位使臣多次到帖木儿汗国,其中陈诚在 1413 年至 1424 年之间曾经五次率团出使帖木儿汗国,到过哈烈(即赫拉特)和撒马尔罕,著有《西域行程记》《西域番国志》等书。

前面一讲已经提到,在宋元时代,中国和西亚的海上交通已经很发达了。明朝建立后,这些交通路线当然也延续了下来。明代对外关系的发生和发展依托于很多必要条件,其中重要的一点是蒙元帝国崩溃后国际格局面临的大动荡、大改组,以及亟待重建的欧亚大陆上的贸易往来。这里既有历史的延续、制度的继承,也有明朝人自身的抉择,他们对后世影响甚巨。

洪武朝是明代外交的奠基时期,明初人对于天下和中国的认识当然是有局限的,但他们对于周边乃至世界的认识,直接影响到明代中外关系。比如朱元璋立下的"家法",叫作《祖训录》:

> 至于开导后人,复为《祖训录》一篇,立为家法,大书揭于西庑,朝夕观览,以求至当。首尾六年,凡七誊稿,至今方定,岂非难哉……今令礼部刊印成书,以传永久。凡我子孙,钦承朕命,无作聪明,乱我已成之法,一字不可改易。

意思就是说朱元璋花了好几年的时间,七易其稿,定下了家法。"凡我子孙,钦承朕命,无作聪明,乱我已成之法,一字不可改易",就是要求明朝后世的皇帝,不要自作聪明,改变朱元璋的成法,一个字也不许改动。按照现在的说法,这样很缺乏与时俱进的精神,但是朱元璋是中国传统帝王专政的集大成者。

对于对外关系,朱元璋的家法里面有很具体的规定:

> 凡海外夷国,如安南、占城、高丽、暹罗、琉求、西洋、东洋及南蛮诸小国,限山隔海,僻在一隅,得其地不足以供给,得其民不足以使令。若其自不揣量,来挠我边,则彼为不祥;彼既不为中国患,而我兴

兵轻伐,亦不祥也。吾恐后世子孙倚中国富强,贪一时战功,无故兴兵,致伤人命,切记不可。但胡戎逼近中国西北,世为边患,必选将练兵,时谨备之。

意思就是,凡是地处海外的小国,如安南、占城、高丽、暹罗、琉求、西洋、东洋及南蛮诸小国,与中国山海相隔,地处偏远,即使占领了它们的土地、人民也得不到什么人力物力上的好处。双方不论是谁主动去攻击对方,都会带来不祥。这是很保守的农业社会的思维。"吾恐后世子孙倚中国富强,贪一时战功,无故兴兵,致伤人命,切记不可。"这句话我相信直到今日还有一定的意义。"但胡戎逼近中国西北,世为边患,必选将练兵,时谨备之。"这里的意思是应该全力防备的就是历史上多次进入中原的北方民族。

郑和七次下西洋

朱元璋没想到,他去世不久,就发生了明成祖派遣郑和下西洋之事。郑和参加过靖难之役,是拥立永乐帝有功的从龙之臣。靖难之役,其实就是身为叔叔的燕王朱棣发动政变,推翻了侄子建文帝的统治。靖难之役得胜后,朱棣成为明朝皇帝,他曾下令编纂《永乐大典》,五次亲征漠北,派郑和下西洋,1421 年迁都北京,修建今日的北京故宫,又在东北设立奴儿干都司,文治武功十分显赫。其中仅郑和下西洋一项,船队中动辄包括两三百艘大小船只,人员最多时达到 2.8 万人。

前面讲过,郑和的祖先在 13 世纪中叶被蒙古人从中亚带到云南。郑和本来姓马,后来被永乐帝赐姓郑。既然是皇帝赐姓,为何不赐国姓"朱"呢?这是因为郑和是 13 岁时在云南被俘虏的,之后成为永乐帝朱棣身边的小太监,既不是大臣,也不是著名学者,不值得赐国姓——赐国姓是要有一定的地位。另有说法认为,靖难之役时,马和在一个叫作郑村坝的地方表现英勇,立下了战功,所以后来被赐姓郑,马和改名为郑和。

郑和在 1405 年开始下西洋,这正是帖木儿去世那一年。此后他一共七次下西洋,1433 年结束,大致上和陈诚五次从陆路出访帖木儿汗国的时间重合。郑和的家世很清楚,他的父亲名叫马哈只。"哈只"的意思是"朝觐者",也就是对曾去过麦加的穆斯林的尊称。前面讲到,云南有很多来自中亚的穆斯林。他们是在随同忽必烈征云南的时候留下来,帮助蒙古人统治云南的。郑和的家世也是如此。简单地说,他们就是蒙古人占领中亚后被带到了中国境内帮助攻打湖北、四川、云南,最后留在那里的中亚人的后裔。郑和船队中的通译和管理航海事务的人也多为穆斯林,因为他们在那时候比较善于航海贸易;这另一方面也是为了交往方便,中国回族的父系以来自中亚的穆斯林为主,所以当时许多人都会阿拉伯文和/或波斯文,特别是有宗教素养、念过一点经堂学院的人。但是郑和本人自幼成为太监,曾经在宫中受菩萨戒成为佛教徒。他下西洋时,每每选择访问佛教昌盛的地方,并受到欢迎,这可能与他尊崇佛教有关。

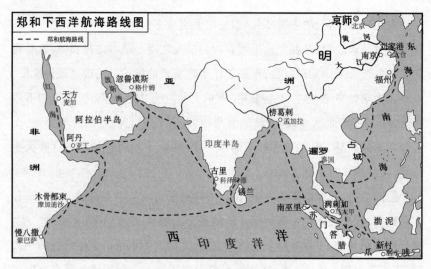

地图 15 - 2　郑和下西洋航海路线图

郑和七下西洋,几乎每次都是从南京附近的刘家港出海,每一次都必然经过马六甲海峡,经过印度南部的古里到忽鲁谟斯,然后才去别的地方。郑和下西洋的目的至今仍然有很多争议。宣扬国威绝对是其中之一，即朱棣希望通过下西洋使海外知道有一个明朝，知道明朝的皇帝很有作为，希望海外各国来朝，建立朝贡贸易。也有学者认为，因为靖难之役中建文皇帝下落不明，而民间传说建文帝并没有自焚而亡，而是逃亡海外，所以郑和下西洋是为了寻找他的下落。

但我认为除了上述两种主流说法外，一定还有别的原因。明朝的确是欧亚大陆上的一个大国，需要了解其他重要地方的具体情况。明朝派人艰难地绕过北元的势力，经由西藏跟帖木儿汗国建立关系，说明和另外一个大国往来确是明朝的外交政策；在《祖训录》里朱元璋也提到了这一点。既然海路早已能通波斯，而帖木儿帝国的版图又包括波斯，那么经过海路到达帖木儿汗国不是一个有效可行的办法吗？有一张洪武年间制作的《大明混一图》可以证明，明朝的确清楚从南京到波斯的海上路线，派郑和去波斯不是为了发现新航路。有一种臆想认为，明朝试图超过元朝在海路的经营，也想要像西班牙王室鼓励哥伦布航海那样，做出新发现（详见后）。我也有一种比较合乎历史发展的猜想：张骞通西域是因为汉武帝想通过西域来包抄匈奴。明朝的永乐帝在登基之前负责防卫北方，他把首都从南京搬到北京，就是为了便利防守北部边疆，所以他对北方的威胁和他的父皇看法一致，始终耿耿于怀。朱棣可能是想派遣使者与西边的帖木儿汗国联络，希望跟帖木儿汗国互通声气，包抄瓦剌蒙古的势力。

我这个猜测不是凭空虚造的。首先，郑和航海之前，永乐皇帝在诏书中就特别提到"今遣太监郑和往西域忽鲁谟斯等国公干"，忽鲁谟斯（今译霍尔木兹）就是波斯湾的入口，他没有提到东非、印度、苏门答腊之类的地方。所以郑和七次航海，每一次都到位于波斯湾东南部的忽鲁谟斯。其次，郑和手下有一个叫马欢的宁波穆斯林，回国后曾写了《瀛涯胜览》，他有一首诗："忽鲁谟斯近海傍，大宛米息通行商。曾闻博望使绝域，何如当代覃恩光。"忽鲁谟斯是由阿拉伯海进入波斯湾的第一个海港，所以说它"近海傍"。大宛就是今天的费尔干纳盆地，当初汉武帝想要汗血宝马，派张骞去的地方就是大宛；明初这里是帖木儿帝国的心脏地区，距离蒙古人仍然盘踞的新疆非常近。米息就是埃及，阿拉伯语为"Misr"，汉语音译即是"米息"；明初这里是马木留克王朝当政，商业很发达，是地中海世界和亚洲各国交通的重要枢纽。前两句的意思是忽鲁谟斯向东可以到费尔干纳，向西可以到埃及，商路都很顺畅。第三句"曾闻博望使绝域"，是把郑和比做张骞。张骞回来以后，汉武帝封他为博望侯。结尾句"何如当代覃恩光"，马欢认为郑和受到的皇帝的恩典一定会超过张骞。张骞"使绝域"是为了联络西域来夹攻匈奴，但是结果并不十分成功。马欢这么说，是不是表示郑和去联络帖木儿汗国的任务完成得更好呢？

前些年有一本关于郑和下西洋的书，内容颇多穿凿附会。书名叫《1421：中国发现世界》(*1421: The Year China Discovered the World*)，在中国还一度十分流行。作者是英国的前海军军官，曾担任潜水艇的舰长。他列举了很多种"可能"，没有说确实发生了什么，只说假如怎么样的话，便有可能怎样。可能即便有，几率有多大呢？书中说郑和的船队到了印度尼西亚，本来是应该向西走，但是有一支分遣队转而向东，到了今天的新西兰，从新西兰到了南美洲的边缘，发现了美洲。他说按照他的海军常识，综合考虑海流的温度、方向等等，有可能会是这样。不知道是出于民族自尊心还是虚荣心，有很多中国人愿意相信他所说的。他来中国演讲过很多次，把郑和和中国说得太了不起了，我只能说，too good to be true。当时哥伦布还没有为了寻找到亚洲的新航线而意外到达中美洲，葡萄牙人也还没有因为想绕过非洲而意外到达南美洲东北角。中国素来没有过地圆说的讨论，也不知道有澳大利亚和新西兰，郑和为什么会派一个分遣队向东去发现什么地方呢？

从本质上说，15世纪初期的明朝也不可能像一个世纪后的欧洲民族国家那样，探索新大陆、建立殖民地。中国千百年来是个农业大国，几乎可以自给自足；中国又是陆地大国，除了近海的岛屿之外，所有国土都可以由陆路抵达。中国统治者并非不想开拓疆土，而是没有越过海洋寻找国土的想法。杜甫的《兵车行》中的一句话"武皇开边意未已"就能说明这一点；拓展疆土是"开边",不是下海。因此明代中国没有建立海外殖民地的政治和文化传统。这里讲一个生动的例子:郑和第一次下西洋到苏门答腊时,有一个中国逃犯潮州人陈祖义,在苏门答腊南部的旧港(Palembang)建立了一支武装力量,自立为王,经常抢劫客商。郑和到达后,谕令其投降,陈见郑和的官军船多兵广,于是诈降,暗中却谋划袭击官军。郑和知悉后对陈用兵,杀死"贼党"数千人,生擒陈祖义,将他解回南京"伏诛"。陈祖义的遭遇和后来西班牙、葡萄牙、荷兰、法国、英国的冒险家因为在海外抢夺到土地而受皇家册封的事例相差何异天壤?

图 15 – 4 《大明混一图》

图 15 – 4 就是《大明混一图》,学者们根据地图上标注的地名,推测这是洪武年间制作的。从这张地图可以看出,郑和开始远航的时候中国人大

致是如何认识世界地理的。这张地图与 200 年后利玛窦绘制的《坤舆万国全图》很不一样，最重要的一点就是《大明混一图》完全没有美洲的内容。那个时候中国人还不知道有美洲，如果画上美洲的话，此图就一定是伪造的了。在这张图上，朝鲜半岛被放大了好多倍；也可以看出，从中国可以绕过印度半岛，进入阿拉伯海。

公元 15—16 世纪的世界态势

除了分析郑和下西洋对中国历史发展进程的影响之外，我们还应该把郑和下西洋放到世界历史，尤其是蒙古帝国之后的世界历史的整体中去考察。郑和下西洋的时候，世界是什么样子呢？

当时的朝鲜是李朝主政。为了奖励文化学术，李朝建立了集贤殿，设立成均馆教授儒学。李朝世宗大王在 1443 年创立了音标字母训民正音，即当代朝鲜文字的原型，但是因为当时仍然以汉字为主，所以这套字母文字在早期并不流行。直到今天，儒学、孔子在韩国仍然备受尊重。我去过成均馆大学，成均馆大学的校长邀请我跟他一道祭拜孔子，直到现在仍然每年春秋两季向孔子报告共有多少弟子。

安南，即今天越南的古称，在当时是明朝的藩属，开科举士，诵《论语》，宗教方面基本上信仰大乘佛教。在明成祖的时候，明朝一度占领了安南，在那里设置了布政使司，但后来因为没有办法长期坚守，又撤了出来。

日本是室町幕府时期。当时日本和中国一直有贸易上的问题。明朝以及后来的清朝，都认为海外贸易的商人是来朝贡的，把对方带来的货物视为贡品，然后赏赐更高价值的物品补偿对方，称为朝贡贸易。所以才有乾隆时期闹的笑话——1792 年英国人来华贸易，清朝仍然希望以朝贡贸易的方式来对待，还要对方行叩拜礼。朝贡贸易的方式之一叫作"勘合贸易"，就是说向有资格来贸易的商人颁发证明，注名某某船，什么时候来过中国，可以凭此券再来一次。只有拿到凭证的商人才能来贸易。这种凭证分为两部分,双方各拿一半,作为检验的凭证。日本商人有勘合券时,就用勘合券,没有勘合券的话就直接来海边骚扰,甚至抢劫,这就是所谓的倭寇。

15 世纪时,菲律宾群岛上的居民主要是游耕农民、猎人和渔民,实行一种叫作巴朗加(barangay)的制度,村落靠着广泛的亲缘关系组织在一起。15 世纪,伊斯兰教传入菲律宾,出现了新的社会和政治观念。苏禄王在明成祖的时候曾来华朝觐,后病逝于山东德州。

郑和下西洋的时候,马六甲地区已经以伊斯兰教为主建立了苏丹国,并且在 1408 年得到明朝的册封。从那时起,很多华人从广东、福建等地移居当时的海上贸易中心马六甲。久而久之,华人改说马来语言,穿着当地的服饰。但到葡萄牙人、荷兰人和英国人来到的时候,发现这些人跟其他人还是不一样,最主要的特征是他们不信奉伊斯兰教。这种马来化的汉族移民,在东南亚的华人社区称作"峇峇-娘惹",在英语里叫作"Peranakans"。

暹罗在当时叫作阿瑜陀耶王朝,信仰南传佛教,阿瑜陀耶城是当时非常富有和四通八达的城市。暹罗通过柬埔寨,受到印度文化的很大影响。

到 14 世纪,苏门答腊北部已开始伊斯兰化,其他各地也出现了不少海港国家。贸易发展后,伊斯兰教传播得愈发广泛,阿拉伯、印度、欧洲、中国的商人和朝圣者在沿海地区频繁贸易,非常活跃。

锡兰岛位于印度半岛的东南角。今天,岛的北部有很多主要来自印度南部、信仰印度教的泰米尔人;南部居民以信仰佛教的僧伽罗人为主,保有一个佛祖的佛牙舍利。僧伽罗人的英文是 Sinhalese,Sinhal 就是狮子的意思,所以这个地方在中国古代被称作狮子山国、狮子国。新加坡(Singapore)被称为狮城,其中 Singa 也是狮子的意思。

郑和下西洋时,印度北部德里苏丹国的赛义德王朝,是帖木儿征服北印度之后扶植上位的波斯化的突厥裔军人政权;帖木儿的儿子沙哈鲁也对赛义德王朝有很大影响。他们大概兼有塔吉克人和突厥人的血统,说一种不同于正规波斯语的波斯语言,但信奉逊尼派伊斯兰教,并且热心推广波斯文化。德里苏丹国一直存在到 16 世纪,亡于帖木儿的后代巴布尔。15 世纪的印度南部则是维查耶那加尔(Vijayanagar)王国,信仰复兴的婆罗门教(欧洲学者开始称之为印度教),鼓励使用梵文,是婆罗门文化和达罗毗荼文化的中心。印度洋上的交通要道古里就在印度西南部,归维查耶那加尔王国管辖。1405 年,郑和曾在这里立碑,写着"去中国十万余里,民物咸若,熙曎同风,刻石于兹,永昭万世"。

总结一下。13 世纪的蒙古西征,摧毁了很多伊斯兰文明的成就,但是也把中国文化的很多东西带到了西方,比如绘画、青花瓷、火药、纸币。突厥人和突厥-蒙古人,在欧亚大陆东西交通要道上都曾拥有雄厚的实力。他们往往先掌握一朝的军权,进而取而代之,成为政治统治者。今天的阿富汗和伊朗都曾是帖木儿汗国的一部分,但是在文化上,阿富汗和伊朗从来没有突厥化,它们始终以波斯文化为主。即便是操突厥语的统治者也都心仪波斯文化。其实中国维吾尔族的语言也受到很多波斯语的影响。帖木儿汗国从1449 年迁都赫拉特之后,波斯语的地位进一步提升,成为与突厥语并列的重要语言。波斯诗歌艺术的集大成者,不是今天的伊朗人,而是帖木儿汗国时期一个叫贾米的学者。而细密画也是在赫拉特发扬光大,后来经由设拉子、伊斯法罕、大不里士传播到土耳其。

在这一时期的宗教上还有一个很重要的发展,即一个被称作纳克什班迪(Naqshbandiyah)的苏非派教团在中亚发展起来。这个教团的创始人纳格什班迪(1314—1389)出生在中亚的布哈拉,本身是说波斯语的,但是这个教团初期以说突厥语的人为主,逐渐发展成中亚地区最重要的苏非教团。后来,它传播广泛,影响东及中国河西走廊,西达罗马尼亚,曾经得到帖木儿汗国统治者和后来取代帖木儿汗国的乌兹别克斯坦昔班尼汗国的大力支持。

郑和下西洋体现了明朝初年国力的雄厚,但是很快因为财政问题和朝廷内部的争议难以为继。郑和下西洋和欧洲人海外扩张的时期相同,过程和结果却很不一样。欧洲人是一批一批逐渐扩散的,在美洲、非洲和亚洲由不同的人建立了很多殖民地，逐一受到本国政权的认可。郑和下西洋从客观上讲，在航海史上、在军队的运作和补给上面，是皇权集中的明朝的国家行为，的确是了不起的成就，但是对世界历史整体的发展并没有产生太大的冲击。所以我认为，因为郑和下西洋发生得太早，而且完全出于皇家的意志和财政支持，导致中国和整个世界当时都还没有准备好接纳、利用这七次远航所创造的商贸或是移民的可能性。

本书的讲述从公元前300多年亚历山大的东征开始，结束于公元1500年前后。1500年有什么特别的意义呢？这一年大体上可以视为欧洲勃兴，开始对外扩张的时间。

1501年，成吉思汗长子术赤的一个旁支后代昔班尼汗，带领乌兹别克游牧民赶走了帖木儿的后裔巴布尔，占领了撒马尔罕。同年，波斯在经过一段混乱后，属于突厥族裔的伊斯玛仪国王（Shah Ismail）依靠土库曼部族和什叶派信徒的支持，统一了波斯，建立以什叶派为正统的萨法维王朝（Safavids）。于是，波斯萨法维王朝和乌兹别克汗国因为宗教派别的不同，也因为争夺地区霸权而互相斗争。同一时期，奥斯曼帝国的赛利姆一世也带兵和波斯萨法维王朝交战。因此，丝绸之路的陆路交通不再安全，而海上交通的发展也使陆上交通的重要性不断降低。因此，自蒙古时代以来东西畅通的陆上交通再次中断。杜甫的诗句"落日照大旗，马鸣风萧萧"成为近五百年来陆上丝绸之路的写照。

所以，1500年是近代世界的起点，西盛而东衰，欧洲人开始在世界上发挥越来越重要的作用。这里讲的欧洲人是广义的欧洲人，包括后来的美洲人、澳大利亚人等。1500年也是中华文化趋于停滞的开始，中华文化在11世纪的时候非常有活力，在8、9世纪的时候活力更盛。如前文所言，唐朝特别有活力的一个基本原因在于不排斥外来的影响，服饰、饮食、社交行为上，都愿意接受外来的东西，甚至女子也能打马球。但中华文明到了后来不但禁止女子打马球，甚至女子连走路也因为要裹小脚而举步维艰。所以停滞或发展同心胸是不是广阔，愿不愿意接受外来的东西，有很大的关系。当然接受外来影响要经过自身的筛选,并非凡是外来的都要学习、拿来。但如果总是强调保护自己的传统,而保护的结果就是外来的新事物都不想接受,那一定会落后于人,最后受制于人。历史上不少民族都是前车之鉴。1500 年以后,世界大势的发展就可以证明这一点。

索　引

参考书目

中文

(1)《伊斯兰教在中国》,甘肃省民族研究所编,宁夏人民出版社,1982年9月第1版。

(2)《唐·吐蕃·大食政治关系史》,王小甫著,北京大学出版社,1992年12月第1版。

(3)《佛国记》,(晋)法显著,吴玉贵译释,佛光山文化事业有限公司(台北),1996年
    8月初版。

(4)《大唐西域记》,(唐)玄奘著,王邦维译释,佛光山文化事业有限公司(台北),
    1998年2月初版。

(5)《草原帝国》(*L'Empire des Steppe*),〔法〕勒内·格鲁塞(René Grosset)著,蓝琪
    译,商务印书馆(北京),1998年5月第1版(法文原作1939年出版)。

(6)《古道西风——考古新发现所见中西文化交流》,林梅村著,2000年6月第1版。

(7)《种姓与印度教社会》,尚会鹏著,北京大学出版社,2001年5月第1版。

(8)《中古中国与外来文明》,荣新江著,三联书店(北京),2001年12月第1版。

(9)《中东国家通史:伊朗卷》,王新中、冀开运著,商务印书馆(北京),2002年4月
    第1版。

(10)《世界历史地图集》,张芝联、刘学荣主编,中国地图出版社,2002年4月第1版。

(11)《中亚苏非主义史》,张文德著,中国社会科学院出版社,2002年9月第1版。

(12)《三元集——冯今源宗教学术论著文选》(上、下册),冯今源著,宗教文化出版
     社,2002年11月第1版。

(13)《回鹘文献与回鹘文化》,杨富学著,民族出版社,2003 年 9 月第 1 版。

(14)《文明史纲》(*Grammaire des civilisations*),〔法〕费尔南·布罗代尔(Fernand Braudel)著,肖昶等译,广西师范大学出版社,2003 年 12 月第 1 版(法文原作 1987 年出版)。

(15)《二十五史新编:元史》,刘迎胜新撰,中华书局(香港),2004 年 2 月再版(1998 年 5 月初版)。

(16)《丝绸之路散记》,林梅村著,人民美术出版社,2004 年 5 月第 1 版。

(17)《简明伊斯兰史》,金宜久著,东大图书公司(台北),2004 年 8 月。

(18)《突厥世系》,阿布尔-哈齐-把阿秃儿汗著,罗贤佑译,中华书局(北京),2005 年 1 月第 1 版(本书以察合台文写成,作者为 17 世纪中亚希瓦王朝之汗王;汉译本转译自 19 世纪末之法文译本)。

(19)《唐代的外来文明》(*The Golden Peaches of Samarkand: A Study of Tang Exotics*),〔美〕爱德华·谢弗(Edward Schaffer)著,吴玉贵译,陕西师范大学出版社,2005 年 12 月第 1 版。

(20)《粟特人在中国——历史、考古、语言的新探索》,荣新江、华澜、张志清主编,中华书局,2005 年 12 月第 1 版。

(21)《论中印文化交流》,季羡林著,新世界出版社,2006 年 1 月第 1 版。

(22)《中西文化关系史》,张国刚、吴莉苇著,高等教育出版社,2006 年 5 月第 1 版。

(23)《伊斯兰教文化150问》,中国社会科学院世界宗教研究所伊斯兰教研究室编,金宜久主编,东方出版社,2006 年 6 月第 1 版。

(24)《丝绸之路考古十五讲》,林梅村著,北京大学出版社,2006 年 8 月第 1 版。

(25)《全球通史——从史前史到21世纪(第7版)》(*A Global History: From Prehistory to the 21 Century*,7th edition)(上、下册),〔美〕斯塔夫里阿诺斯(L. S. Stavrianos)著,吴象婴等译,北京大学出版社,2006 年 10 月第 2 版。

(26)《察合台汗国史研究》,刘迎胜著,上海古籍出版社,2006 年 12 月第 1 版。

(27)《成吉思汗:近代世界的创造者》(*Genghis Khan and the Making of the Modern World*),〔美〕杰克·魏泽福(Jack Weatherford)著,黄中宪译,时报出版社(台北),2006 年 12 月初版(英文原作 2004 年出版)。

(28)《蒙古入侵时期的突厥斯坦》(上、下),〔俄〕巴托尔德著,张锡彤、张广达译,上海古籍出版社,2007 年 6 月版。

(29)《松漠之间——考古新发现所见中外文化交流》,林梅村著,三联书店(北京),2007 年 9 月第 1 版。

(30)《准噶尔史略》,《准噶尔史略》编写组编著,广西师范大学出版社,2007 年 9 月第 1 版。

(31)《当代中国宗教研究精选丛书——伊斯兰教卷》,金宜久主编,民族出版社2008 年 1 月第 1 版。

(32)《大食·西域与古代中国》,马建春著,上海古籍出版社,2008 年 5 月第 1 版。

(33)《中外文化交流史》(上、下两卷),何芳川主编,国际文化出版公司,2008 年 5 月第 1 版。

(34)《华戎交汇——敦煌民族与中西交通》,荣新江著,甘肃教育出版社,2008 年 9 月第 1 版。

(35)《简明新全球史(英文影印本)》(*Traditions and Encounters: A Brief Global History*),〔美〕杰里·本特利,(Jerry H. Bentley)、赫伯特·齐格勒(Herbert F. Ziegler)、希瑟·斯特利兹(Heather E. Streets)著,北京大学出版社,2008 年 10 月第 1 版。

(36)《隋唐长安:性别,记忆及其他》,荣新江著,三联书店(香港),2009 年 9 月第 1 版。

(37)《世界征服者史》(上、下册),〔伊朗〕志费尼著,何高济译(原作为波斯文,本书转译自 J. A. 波伊勒之英译本),商务印书馆(北京),2010 年。

(38)《现代国家与民族建构——20 世纪前期土耳其民族主义研究》,昝涛著,三联书店(北京),2011 年 8 月第 1 版。

(39)《印度教概论》,邱永晖著,社会科学文献出版社,2012 年 3 月第 1 版。

(40)《海陆交通与世界文明》,陈春声主编,商务印书馆(北京),2013 年 3 月第 1 版。

(41)《颠覆世界史的蒙古》,〔日〕杉山正明著,周俊宇译,八旗文化/远足文化(台北),2014 年 3 月(日文原作 1999 年出版)。

（42）《忽必烈的挑战》,〔日〕杉山正明著,周俊宇译,八旗文化/远足文化(台北),

2014 年 4 月第 1 版(日文原作 1995 年出版)。

（43）《中国中古与粟特文明》,荣新江著,三联书店(北京),2014 年 8 月第 1 版。

（44）《回鹘时代:10—13 世纪陆上丝绸之路贸易研究》,杨蕤著,中国社会科学出版

社,2015 年 6 月第 1 版。

（45）《丝绸之路与东西文化交流》,荣新江著,北京大学出版社,2015 年 8 月第 1 版。

（46）《世界史之诞生——蒙古帝国与东西洋史观的终结》,〔日〕冈田英弘著,陈心

慧译,八旗文化出版社(台北),2016 年 3 月(日文原作 1999 年出版)。

（47）《丝绸之路 2000 年(修订版)》(*The Silk Road: Two Thousand Years in the Heart of
Asia*),〔英〕吴芳思(Frances Wood)著,赵学工译,上海辞书出版社,2016 年 4 月
第 1 版(英文原作 2002 年出版)。

（48）《重新讲述蒙元史》,张志强主编,三联书店(北京),2016 年 6 月第 1 版。

（49）《丝绸之路全史》,郑彭年著,天津人民出版社,2016 年 7 月第 1 版。

（50）《奥斯曼帝国的衰亡:一战中东,1914—1920》(*The Fall of the Ottomans: The
Great War in the Middle East*),〔英〕尤金.·罗根(Eugene Rogan)著,王阳阳译,
广西师范大学出版社,2017 年 1 月第 1 版。

（51）《大中东行纪》,张信刚著,广西师范大学出版社,2011 年 9 月第 1 版;2017 年 3
月增订版。

英文书目

（1）*Inner Asian Frontiers of China*, by Owen Lattimore, Beacon Press, 1951.

（2）*The Ottoman Empire—The Classical Age 1300-1600*, by Halil Inalcik, Phoenix
Press, 2000 (First published by Weidenfeld and Nicolson in 1973).

（3）*Muslim Cities in the Later Middle Ages*, by Ira M. Lapidus, Cambridge University
Press, 1984.

（4）*The Cambridge Illustrated History of the Islamic Societies*, edited by Francis Robinson,
Cambridge University Press, 1996.

（5）*The Shambhala Guide to Sufism*, by Carl W. Ernst, Shambhala, 1997.

(6)*Essays in Ottoman History*, by Halil Inalcik, Eren Publishing (Istanbul), 1998.

(7)*History of Inner Asia*, Svat Soucek, Cambridge University Press, 2000.

(8)*The Secret History of the Mongols: The Life and Times of Chinggis Khan*, translated, edited with an introduction by Urgunge Onon, RouteledgeCurzon, 2001.

(9)*The Emergence of Modern Turkey*, 3rd edition, by Bernard Lewis, Oxford University Press, 2002.

(10)*The Golden Age of Islam* (*Islam dans sa première grandeur*), by Maurice Lombard (English translation by Joan Spencer), Markus Wiener Publishers, 2004.

(11)*The Travels of Marco Polo*, by Marco Polo (with an introduction by Paul Smethurst), Barnes and Nobles, 2005.

(12)*A History of Iran: Empire of the Mind*, by Michael Axworthy, Basic Books, 2008.

(13)*World History Atlas*, Jeremy Black, General Editor, Dorling Kindersley Publishing, 2nd, edition, 2008.

(14)*Empires in World History*, by Jane Burbank and Frederick Cooper, Princeton University Press, 2010.

(15)*Light from The East: How the Science of Medieval Islam Helped to Shape the Western World*, by John Freely, L. B. Tauris, 2011.